本书为北京用友公益基金会资助项目
"历史上中原著名商业人物的资料整理与研究"（2017YX07）成果

繁华的赓续

——中原商业文化传承与创新

贾兵强◎著

河南大学出版社
·郑州·

图书在版编目(CIP)数据

繁华的赓续：中原商业文化传承与创新 / 贾兵强著. -- 郑州：河南大学出版社，2022.1
ISBN 978-7-5649-5016-3

Ⅰ.①繁… Ⅱ.①贾… Ⅲ.①商业文化-研究-河南 Ⅳ.①F729

中国版本图书馆 CIP 数据核字(2022)第 024652 号

繁华的赓续：中原商业文化传承与创新
FANHUA DE GENGXU:ZHONGYUAN SHANGYE WENHUA CHUANCHENG YU CHUANGXIN

责任编辑　张雪彩
责任校对　林方丽
封面设计　郭　灿

出　版	河南大学出版社
	地址:郑州市郑东新区商务外环中华大厦2401号　邮编:450046
	电话:0371-86059715(高等教育与职业教育分公司)　网址:hupress.henu.edu.cn
	0371-86059701(营销部)
排　版	河南大学出版社设计排版部
印　刷	郑州印之星印务有限公司
版　次	2022年1月第1版
开　本	710 mm×1010 mm　1/16
字　数	280千字

印　次　2022年1月第1次印刷
印　张　14.75
定　价　49.00元

(本书如有印装质量问题，请与河南大学出版社营销部联系调换。)

序 言

戴庞海

（郑州大学历史学院教授）

  中原地区是商业、商人、商品和商路之源，中原著名商人提出了交换物品和经商理论，制定了商业规则和商业标准，并以其商业道德和商业行为孕育了中华商业精神，成为我国商业文化的源头。历史上中原著名商业人物坐贾行商的经营理念和从商之道是中原商业文化的主干，是中原文化的核心组成部分，是中华商业文明的重要源头。历史上中原著名商业人物有中华商业始祖商丘人王亥、儒商浚县人子贡、商圣南阳人范蠡、爱国商人新郑人弦高、产业商人洛阳人白圭、商业理论家商丘人计然、重商理论的倡导者洛阳人桑弘羊。同样明清以来的河南商人，诸如怀庆府的怀商、巩义康百万家族等也闻名省内外。所以说，中原作为商业历史文化资源最为丰富的地区，历史上中原著名商人在中华商业文化体系中占有重要的地位，因而开展历史上中原著名商业人物研究十分必要。

  兵强在读博士研究生期间，我曾经给他们讲授《中国古代文化史》，几次接触下来发现他勤奋好学，对他印象很深，也很好。兵强博士毕业后，我们经常联系并有相关课题研究，发现他真诚踏实，治学态度也非常严谨。可以说，我们之间的关系是亦师亦友，情同手足。2017年国庆节前，兵强把获批北京用友公益基金会资助项目"历史上中原著名商业人物的资料整理与研究"告诉我时，我非常高兴，因为我是中国商业史学会豫商史专业委员会副主任委员和中国商业史学会商业人物专业委员会副主任委员。在一定程度上说，该课题从申报到结项，我全程关注。

  为精准、全面和系统搜集课题资料，该项目组函询中国商业史学会豫商史专业委员会、中国商业史学会商业人物专业委员会、中国农业历史学会和河南省范蠡商文化促进会等专家10人次,先后到中国国家图书馆、中国第一历史档案馆、中国人民大学清史研究所、河南省社会科学院历史与考古研究所、河南省图书馆地方文献部、中国商文化博物馆和郑州大学图书馆河南文献阅览室等实地查阅文献资料30余次,赴河南省地方史志办公室、豫商文化馆、郑州大学中原历史与文化研究院、河南牧业经济学院豫商文化研究所、南阳师范学院汉文化研究中心、商丘师范学院汉梁文化研究中心、郑州商学院豫商文化研究中心翻拍、搜集和采集中原商业人物图文资料9次,通过中国国家图书馆、国家哲学社会科学文献中心、文化和旅游部清史纂修与研究中心、河南地方文献特色数据库传递权威文献12册,并且数次到郑州、安阳、商丘、南阳、洛阳、登封、巩义、鹿邑、淮阳和淇县等10个市(县)的文化和旅游管理部门、文博系统、文化遗产所在地进行实地考察和访谈,为课题研究打下坚实基础。

可以说,即将出版的《繁华的赓续:中原商业文化传承与创新》一书就是北京用友公益基金会资助项目"历史上中原著名商业人物的资料整理与研究"的结项成果,是在该课题调研报告《历史上著名商业人物的资料整理与研究——以河南为中心》28万余字基础上修改而来。该课题不仅系统收集、梳理中原历史上著名商业人物的文献资料,而且还对历史上豫商的时空分布、经商理念、文化遗存和豫商文化可持续发展等问题加以专门论述,不仅可以为中华优秀传统文化创造性转化、创新性发展提供来源,而且还可以为构筑中国精神、培育和践行社会主义核心价值观提供支撑。

在课题研究期间,兵强博士当选为中国商业史学会豫商史专业委员会理事、中国商业史学会商业人物专业委员会理事、中国农业历史学会理事和河南省范蠡商文化促进会常务理事,上述学术兼职也可以成为"历史上中原著名商业人物的资料整理与研究"成果的组成部分。尤其可喜可贺的是,兵强博士的著作《楚国农业科技与社会发展研究》获得第五届郭沫若中国历史学奖提名奖,他曾经到北京人民大会堂参加颁奖典礼,是河南省高校科研机构唯一获奖人员,我感到非常高兴,也深深地为兵强取得学术成就感到自豪!

祝愿兵强博士为豫商文化传承发展做出更多贡献,在学术研究的道路上不断求索,不断取得更大的佳绩!

2021年12月于郑州大学

目 录

绪 论 …………………………………………………………… 1
 一、研究背景与意义 ………………………………………… 1
 二、前人研究回顾 …………………………………………… 2
 三、研究内容和方法 ………………………………………… 9
 四、研究思路与创新点 ……………………………………… 16

上 编

第一章 商业人物资料搜集与文献整理 ……………………… 21
 第一节 商业人物 …………………………………………… 21
  一、先秦商业人物 ………………………………………… 22
  二、秦汉商业人物 ………………………………………… 32
  三、隋唐宋元商业人物 …………………………………… 39
  四、明清商业人物 ………………………………………… 44
 第二节 商业文献 …………………………………………… 50
  一、《尚书·酒诰》 ……………………………………… 51
  二、《质誓》 ……………………………………………… 55
  三、《史记·货殖列传》 ………………………………… 58
  四、《淮南子·人间训》 ………………………………… 62

第二章 商业人物的商业理念与实践 ………………………… 65
 第一节 王亥的"三重"商业思想 ………………………… 65
  一、重视畜牧业发展 ……………………………………… 66
  二、重视诚信经营 ………………………………………… 67
  三、重视经贸往来 ………………………………………… 68

第二节　桑弘羊盐铁专营财政思想 …… 69
一、桑弘羊财政思想的形成背景和理论基础 …… 69
二、桑弘羊财政思想的主要内容 …… 71
三、桑弘羊财政思想的时代价值 …… 74

第三节　北宋东京行会商人经营理念 …… 77
一、诚实守信 …… 78
二、重商营商 …… 80
三、顾客至上 …… 81

第四节　怀庆府怀帮的经营之道 …… 83
一、吃苦耐劳的从业品质 …… 84
二、体系完备的帮规店则 …… 85
三、类型多样的交易平台 …… 86
四、重义轻利的君子人格 …… 87

第三章　商业人物的商业集镇空间 …… 89

第一节　商业古镇 …… 89
一、开封朱仙镇 …… 90
二、社旗赊店镇 …… 94
三、淅川荆紫关镇 …… 97
四、滑县道口镇 …… 99

第二节　商业展陈 …… 101
一、巩义康百万庄园 …… 103
二、商丘归德古城 …… 107
三、洛阳山陕会馆 …… 110
四、开封清明上河园 …… 114

下　编

第四章　中原商业文化传承创新的现状 …… 121

第一节　中原商业文化传承创新SWOT分析 …… 122
一、SWOT理论界定 …… 122
二、中原商业文化传承创新现状的SWOT分析 …… 127

第二节　中原商业文化传承创新存在的问题 ……………………… 135
一、可持续发展观念淡薄 ……………………………………… 136
二、文化资源管理体制不顺 …………………………………… 137
三、投入资金相对不足 ………………………………………… 139
四、整合资源力度不够 ………………………………………… 139
五、产业链条比较薄弱 ………………………………………… 140
六、从业人员素质偏低 ………………………………………… 141

第五章　中原商业文化传承创新的经验借鉴 ………………………… 143
第一节　国外历史文化遗产的科学保护机制 …………………… 143
一、合理的投入机制 …………………………………………… 143
二、完善的保护体系 …………………………………………… 144
三、科学的保护理念 …………………………………………… 146
四、完备的法律保障 …………………………………………… 147

第二节　国内世界文化遗产可持续发展模式 …………………… 148
一、世界文化遗产武当山保护为要 …………………………… 149
二、世界自然遗产武陵源保护分区 …………………………… 151
三、国家历史文化名城中的世界文化遗产丽江和平遥融合开发 …… 153

第三节　中原文化资源品牌化发展模式 ………………………… 155
一、洛阳龙门打造石窟寺保护利用新标识 …………………… 156
二、安阳殷墟守正创新讲好汉字故事 ………………………… 158
三、郑州建设国际文化旅游名城 ……………………………… 160
四、鹿邑全国老子文化高地建设 ……………………………… 165
五、淮阳公共文化服务体系示范区 …………………………… 168
六、淇县中原历史文化旅游区建设 …………………………… 171

第四节　中原文化旅游融合发展模式 …………………………… 175
一、综合旅游模式 ……………………………………………… 176
二、专业旅游模式 ……………………………………………… 177
三、遗产生态旅游模式 ………………………………………… 178
四、文化社区旅游模式 ………………………………………… 180

第六章 中原商业文化传承创新路径 …… 182
第一节 中原商业文化传承创新的意义 …… 182
一、提升中原商业文化的软实力 …… 183
二、增强中原商业文化的凝聚力 …… 184
三、激发中原商业文化的创新力 …… 185
第二节 中原商业文化传承创新的基本原则 …… 185
一、可持续发展 …… 186
二、市场导向 …… 187
三、多元发展 …… 187
四、特色品牌 …… 188
五、传承为要 …… 188
第三节 中原商业文化传承创新的路径选择 …… 189
一、深入研究阐释 …… 190
二、创新发展理念 …… 191
三、改革管理体制 …… 193
四、多元投资 …… 194
五、科学展示 …… 195
六、文旅融合 …… 197
七、注重传播 …… 198
八、人才建设 …… 199

结　语 …… 203

参考文献 …… 209

附录1　历史上中原著名商业人物一览表 …… 217

附录2　河南省全国重点文物保护单位之商业文化遗存名单 …… 219

附录3　全国商业文化研究主要学术团体 …… 221

后　记 …… 225

绪 论

一、研究背景与意义

我国疆域辽阔,商文化地域特点明显。如:晋商学而优则贾,勤俭朴实,同舟共济;徽商贾而好学,贾儒融通;粤商敢为天下先,通达四海;等等。上述商帮把中华传统文化的精髓与实际经营活动融合在一起,孕育出了具有中国特色的商业文化。中原商业文化是中华商业文化的重要组成部分,也是中原文化的核心组成部分。自古以来,中原地区就有比较自觉的商业意识,是中华商业文化的肇始。如中华商业开山鼻祖是商丘人王亥,第一个儒商是浚县人子贡,第一个热心公益事业的是南阳人范蠡,第一个爱国商人是新郑人弦高。此外,中原还产生了中国商业文化史上许多第一。比如,第一个有战略思路的产业商人是洛阳人白圭,第一个商业理论家是商丘人计然,第一个重商理论的倡导者是洛阳人桑弘羊。由此可见,历史上中原著名商人在中华商业文化体系中占有重要的地位。

中原地区是"四商"(即商业、商人、商品和商路)之源,以王亥、子贡、范蠡、弦高、子产、计然、白圭、桑弘羊及政商吕不韦为代表的中原著名商人提出了交换物品和经商理论,制定了商业规则和商业标准,并以其商业道德和商业行为孕育了中华商业精神,成为我国商业文化的源头。因此,通过对以历史上中原著名商业人物为代表的中原商业文化研究,不仅可以为中华优秀传统文化创造性转化、创新性发展提供来源,而且还可以为构筑中国精神、培育和践行社会主义核心价值观提供支撑,有助于为国家弘扬中华优秀传统文化提供素材和对策建议。

在学术层面,一方面,本书系统梳理商业人物文献资料以及相关研究成果,为我国商业文化研究提供有价值的历史资料,从而丰富中原文化的内容,扩宽商业史的研究范围和视域;另一方面,本课题进一步凸显文献学、历史学、文化学、考古学、遗产学、经济学等多学科知识在中国史学科体系中的相互整合交叉研究的作用和地位。

在现实方面,习近平总书记在党的十九大报告中指出,深入挖掘中华优秀传统文化蕴含的思想观念、人文精神、道德规范,结合时代要求继承创新,让中华文化展现出永久魅力和时代风采。中共中央办公厅、国务院办公厅印发了《关于实施中华优秀传统文化传承发展工程的意见》,指出坚守中华文化立场、传承中华文化基因、汲取中国智慧、弘扬中国精神、传播中国价值,不断增强中华优秀传统文化的生命力和影响力,创造中华文化新辉煌。本书通过搜集整理中原商圣群、古都古商城、商业会馆以及古商埠重镇等商业文化资源,不仅对新时代让中原更加出彩具有重要的意义和作用,而且对传承中华商业文化、建设中华民族的商业信仰和商业道德规范、构筑中国商家的精神文化体系都有重大意义。

二、前人研究回顾

当华夏大多数区域还处于茹毛饮血时期时,中原大地就已有了较高水平的农耕文明,崛起了一个个繁荣发达的商业都会,活跃着成批的商人群体,出现了重视商业活动的政治家。河南著名商人创造了交换物品和经商理论,制定了商业规则和商业法典,并以其商业道德和商业行为孕育出商业精神,成为中国商业文化的源头。本书选取历史上中原著名商业人物为主要研究对象,与之相关的研究成果包括中国古代商业人物、河南商业文化、河南商人与新豫商等方面内容。

(一)国内学术史相关研究动态

在古代商人方面,自20世纪80年代至今,学术界围绕着商人与商会的研究理论与方法、研究成就与不足等问题发表出版了许多有价值的论著。如朱英的《辛亥革命时期新式商人社团研究》[1]和马敏的《官商之间:社会剧变中的近代绅商》[2]开创了研究近代商人商业活动的先河。唐力行在《商人与中国近

---

[1] 朱英:《辛亥革命时期新式商人社团研究》,中国人民大学出版社,1991。
[2] 马敏:《官商之间:社会剧变中的近代绅商》,天津人民出版社,1995。

世社会》①中从近代商人群体的形成、商人的地域分布、各具特色的经营活动及其方式、商人的社会生活与心态、商人与都市文化、都市社会经济的变迁及近世商人自身的变迁等方面进行详述。彭现美、周静静的《中国商人的历史变迁与中部地区的再次崛起》②以徽商、晋商和浙商为研究对象,对中国商人的历史变迁脉络进行系统研究。朱英的《苏州商团:近代商人的独特军事武装》③以苏州商团为个案,对商团作为商人独特军事武装力量进行初步考察与分析。陈支平的《中国商人历史研究中的制度与文化:一个新的路径》④认为中国古代商人的发展与停滞主要取决于国家与政治体制的变迁。霍新宾的《商团事变:民初商人政治参与的实证考察》⑤对国民革命初期广州商人的政治参与进行研究。房正的《论近代杭州商人对中国文化传承的贡献》⑥认为近代杭州商人为中国文化的保存、传播做出了重要的贡献。马海龙的《身份认同、社会资本与商业拓展——马来西亚的中国回族商人个案研究》⑦以中国回族移民在马来西亚从事纺织品业、旅游业和教育中介业的商人及企业为个案,考察了中国回族商人在马来西亚的商业地位和作用。此外,李全根的《中国最早的商人和商人称谓的历史考证》⑧、袁媛的《中国商人历史地位的变迁及其原因分析》⑨、颜良举的《"商人"概念的历史考评》⑩、谢志远的《中国古代商界小说中的女商人形象及其价值》⑪和向俊宇的《浅述我国古代商人地位的变迁》⑫等研究成果分别从商业文化不同视角深化了对商人的认识。另外,陈新

---

① 唐力行:《商人与中国近世社会》,浙江人民出版社,1993。
② 彭现美、周静静:《中国商人的历史变迁与中部地区的再次崛起》,《宿州教育学院学报》2007年第4期。
③ 朱英:《苏州商团:近代商人的独特军事武装》,《江苏社会科学》2008年第1期。
④ 陈支平:《中国商人历史研究中的制度与文化:一个新的路径》,《学术月刊》2009年第4期。
⑤ 霍新宾:《商团事变:民初商人政治参与的实证考察》,《求索》2010年第3期。
⑥ 房正:《论近代杭州商人对中国文化传承的贡献》,《科教文汇》2016年11月(中)。
⑦ 马海龙:《身份认同、社会资本与商业拓展——马来西亚的中国回族商人个案研究》,《华侨华人历史研究》2017年第2期。
⑧ 李全根:《中国最早的商人和商人称谓的历史考证》,《南京经济学院学报》1996年第3期。
⑨ 袁媛:《中国商人历史地位的变迁及其原因分析》,《甘肃农业》2005年第6期。
⑩ 颜良举:《"商人"概念的历史考评》,《和田师范专科学校学报(汉文综合版)》2006年第6期。
⑪ 谢志远:《中国古代商界小说中的女商人形象及其价值》,《湖南商学院学报》2013年第6期。
⑫ 向俊宇:《浅述我国古代商人地位的变迁》,《文学教育》2018年第11期。

元的《试论我国古代商人文化的特征》①认为商人文化是指古代商人在商业活动中的价值取向、行为准则和思维方式等方面的心理积淀，是古代商业文化的主体体现和核心内容。陈琛的《试述中国古代商人的社会责任意识》②认为中国古代商人具有浓厚的社会责任意识，主要表现在赈灾救治、支持地方教育和从事慈善事业方面。成光琳等的《中国商贸文化》③一书从古代商人、古代商人地位和古代商人的精神缺失等方面专门论述古代商人。

在河南商业文化方面，邬静娜的《话说"康百万"商业精神的复归》④分析了明清时期河南巩义"康百万庄园"的精神源流。曹瑞林和曹峥的《南阳社旗山陕会馆建筑雕刻中的商业文化》⑤通过对明清时期商人的经商理念、文化心理和审美情趣等的分析研究，探讨在社旗县山陕会馆中的商业文化内涵。王占华的《河南商业文化历史资源的旅游开发研究》⑥对河南商业文化特征进行归纳，提出开发文化资源的策略。宋朝丽的《豫商文化资源产业化开发的问题解析》⑦侧重于分析河南商业文化开发的现实困境。李国英的《"一带一路"背景下豫商文化传承与创新研究》⑧分析了"一带一路"倡议给豫商和豫商文化的发展提供了新的机遇与挑战。另外，张民服的《豫商的历史及其贡献》⑨、徐春燕的《明清时期豫商的发展及其特点》⑩、王周海等的《浅析"豫商历史文化"价值》⑪、安杰山的《豫商文化发展及特点研究》⑫、曾潍嘉的《明清时期豫商商

---

① 陈新元：《试论我国古代商人文化的特征》，《江苏商业管理干部学院学报》1992年第1期。
② 陈琛：《试述中国古代商人的社会责任意识》，《赤峰学院学报（汉文哲学社会科学版）》2014年第2期。
③ 成光琳、杜柳主编《中国商贸文化》，高等教育出版社，2019。
④ 邬静娜：《话说"康百万"商业精神的复归》，《中国经营报》2007年8月25日。
⑤ 曹瑞林、曹峥：《南阳社旗山陕会馆建筑雕刻中的商业文化》，《中原文物》2012年第5期。
⑥ 王占华：《河南商业文化历史资源的旅游开发研究》，《河南商业高等专科学校学报》2014年第5期。
⑦ 宋朝丽：《豫商文化资源产业化开发的问题解析》，《河南师范大学学报（哲学社会科学版）》2015年第2期。
⑧ 李国英：《"一带一路"背景下豫商文化传承与创新研究》，《河南牧业经济学院学报》2016年第1期。
⑨ 张民服：《豫商的历史及其贡献》，《协商论坛》2007年第8期。
⑩ 徐春燕：《明清时期豫商的发展及其特点》，《中州学刊》2013年第11期。
⑪ 王周海、孙丽娜、吴文峰：《浅析"豫商历史文化"价值》，《商》2013年第7期。
⑫ 安杰山：《豫商文化发展及特点研究》，《现代商贸工业》2013年第4期。

业伦理的内涵及特点探析》①、李发亮的《论先秦豫商德性文化内涵及现代价值》②等,对河南商业文化进行了相关探讨和研究。

在河南商人与新豫商方面,高树印的《从古豫商精神看新豫商文化》③阐述了豫商文化和豫商精神内涵以及古豫商精神对新豫商文化的影响。刘亚轩的《豫商精神的形成、发展及传承》④对豫商精神的形成过程进行了梳理。郭东辉的《中原传统文化对"新豫商"文化品牌培育的影响》⑤通过对中原传统文化中的商业因素进行归纳和分析,梳理了传统豫商文化的精神特质及其价值。赵莉的《从古豫商文化传统看新豫商精神价值》⑥阐述了新豫商在继承与发扬古代豫商文化与价值观的基础上,形成了浓厚的中原文化气息、深沉的故乡情感以及创业精神、奉献精神、诚信精神、人文精神、合作精神和开拓精神等。朱绍祖的《方志所见明清时期河南商人传记研究》⑦对明清方志中河南商人传记的史料价值和编纂特点进行论述,概括了明清河南商人的经营特色和经营理念。

在豫商文化史方面,戴庞海和陈隆文的《古代豫商列传》⑧对豫商的起源进行了探讨,并从夏代、商代、西周、春秋战国、秦汉、魏晋南北朝、隋唐、宋代、金元、明清等10个时期系统论述豫商的发展,是研究豫商发展史的首部著作。张民服和戴庞海的《豫商发展史》⑨对中原地区的商人和商帮在古代商品经济中发挥的积极作用进行了分析。陈昌远、陈隆文的《郑州西山古城遗址与中国早期商业贸易》⑩认为郑州西山古城址是中原地区的商业贸易中心。程民生

---

① 曾潍嘉:《明清时期豫商商业伦理的内涵及特点探析》,《中州学刊》2014年第8期。
② 李发亮:《论先秦豫商德性文化内涵及现代价值》,《商业时代》2014年第14期。
③ 高树印:《从古豫商精神看新豫商文化》,《协商论坛》2007年第8期。
④ 刘亚轩:《豫商精神的形成、发展及传承》,《河南商业高等专科学校学报》2011年第2期。
⑤ 郭东辉:《中原传统文化对"新豫商"文化品牌培育的影响》,《产业与科技论坛》2014年第22期。
⑥ 赵莉:《从古豫商文化传统看新豫商精神价值》,《河南商业高等专科学校学报》2014年第3期。
⑦ 朱绍祖:《方志所见明清时期河南商人传记研究》,硕士学位论文,西南大学,2016。
⑧ 戴庞海、陈隆文主编《古代豫商列传》,河南人民出版社,2007。
⑨ 张民服、戴庞海主编《豫商发展史》,河南人民出版社,2007。
⑩ 陈昌远、陈隆文:《郑州西山古城遗址与中国早期商业贸易》,《黄河科技大学学报》2010年第3期。

等的《古代河南经济史(下)》①对隋唐至清前期河南商人群体、商业以及城市经济进行了论述。程有为的《中原文化通史》②从史前三代、春秋战国、秦汉、魏晋南北朝、隋唐五代、宋金元、明清、晚清民国等8个时期,兼述了中原地区商业文化发展的历史轨迹与规律。前述的安杰山的《豫商文化发展及特点研究》对古豫商发展历程及所信奉的经商准则、豫商的仁义道德进行了阐释,李发亮的《论先秦豫商德性文化内涵及现代价值》认为崇尚"仁义"、注重"仁智"、强调"忠恕"是先秦豫商德性文化的主要特征。另外,《河南日报》学术版刊发的《商业文化:中华商业文明的精髓》③、刘亚轩的《古代河南城市商人》④、路向峰的《历史演进、理论内涵与建构路径:豫商伦理精神的当代阐释》⑤、吕晓萌的《新豫商的群体精神及其启示》⑥、王辉的《论豫商伦理精神及其现代转换》⑦等,也对豫商文化进行了相关探讨和研究。

在商业思想方面,胡寄窗的《中国经济思想史(上)》⑧对孔子以前经济思想、儒家经济思想、道家经济思想和中国经济思想史料进行了研究。柳思维的《略论中国商业思想的萌芽》⑨探讨了从远古到秦汉时期中国古代商业思想的起源与演变。张守军的《中国古代商业思想史——晁错的贵粟论》⑩对西汉政治家和思想家晁错的商业思想发展进行了梳理。阎应福的《关于对明清晋商思想研究的几点看法》⑪对明清时代的山西商人的商品供应管理的基本原则、商品价格管理进行了讨论。曹金华的《试论东汉的非抑商政策》⑫对东汉非抑商政策出现的原因进行了研究。张晓堂的《我国西汉时期三大商业思想

---

① 程民生、程峰、马玉臣:《古代河南经济史(下)》,河南大学出版社,2012。
② 程有为主编《中原文化通史》,河南人民出版社,2019。
③ 《商业文化:中华商业文明的精髓》,《河南日报》2007年3月16日,第9-10版。
④ 刘亚轩:《古代河南城市商人》,《河南商业高等专科学校学报》2013年第5期。
⑤ 路向峰:《历史演进、理论内涵与建构路径:豫商伦理精神的当代阐释》,《武汉科技大学学报(社会科学版)》2014年第6期。
⑥ 吕晓萌:《新豫商的群体精神及其启示》,《商业文化》2016年第29期。
⑦ 王辉:《论豫商伦理精神及其现代转换》,《河南工程学院学报(社会科学版)》2017年第3期。
⑧ 胡寄窗:《中国经济思想史(上)》,上海人民出版社,1962。
⑨ 柳思维:《略论中国商业思想的萌芽》,《湖南商学院学报》2008年第4期。
⑩ 张守军:《中国古代商业思想史——晁错的贵粟论》,《商业研究》1994年第4期。
⑪ 阎应福:《关于对明清晋商思想研究的几点看法》,《北京商业》2012年第4期。
⑫ 曹金华:《试论东汉的非抑商政策》,《江苏社会科学》1995年第5期。

流派研究》①对西汉抑商派、重商派和官营派的内容、产生原因进行了分析。王洪涌等的《两汉时期商业活动类词汇研究》②基于调查的443个商业词语，分析了先秦两汉时期的商贾、商业活动和商业管理的商业词汇和语义发展的规律。李秀丽的《中国古代的市场管理模式》③把中国古代的市场管理思想总结为直接行政控制、自由放任、经济干预和调控三种模式。尹建强的《论东周的商业与交通之关系》④认为春秋战国时期国家道路的修建和运河的开凿促进了商业的大发展、商业都会的兴盛和富商大贾的出现。晋文的《桑弘羊评传》⑤研究了桑弘羊的成就和思想价值。另外，姚家华的《先秦两汉及唐宋的商业经营管理思想》⑥，初德维发表的4篇相关论文即《春秋战国时期商业活动及其市场管理》⑦、《唐代的交易市场及其管理》⑧、《宋代的商业活动及特点》⑨和《明清时期的商业活动及管理》⑩，分别对各历史时期我国商业思想进行了研究。

(二) 国外相关研究动态

国外学界与该课题相关的研究主要涉及商业生态系统治理、商业模式创新、商业文化构建等。瓦斯(Vos)于2006年首次提出了商业生态系统治理的概念。⑪ Marc Sosna等对商业模式创新的推动力进行了研究。⑫ Juelin Yin等

---

① 张晓堂：《我国西汉时期三大商业思想流派研究》，《北京商学院学报》1999年第4期。
② 王洪涌、蔡敏：《两汉时期商业活动类词汇研究》，《华中学术》2014年第2期。
③ 李秀丽：《中国古代的市场管理模式》，《辽宁工程技术大学学报（社会科学版）》2007年第1期。
④ 尹建强：《论东周的商业与交通之关系》，《广西社会科学》2010年第5期。
⑤ 晋文：《桑弘羊评传》，南京大学出版社，2011。
⑥ 姚家华：《先秦两汉及唐宋的商业经营管理思想》，《财经研究》1988年第11期。
⑦ 初德维：《春秋战国时期商业活动及其市场管理》，《价格与市场》1999年第7期。
⑧ 初德维：《唐代的交易市场及其管理》，《价格与市场》1999年第10期。
⑨ 初德维：《宋代的商业活动及特点》，《价格与市场》1999年第11期。
⑩ 初德维：《明清时期的商业活动及管理》，《价格与市场》1999年第12期。
⑪ E. Vos, "Business ecosystems: simulating ecosystem governance," Delft University of Technology, 2006.
⑫ Marc Sosna, Rosa Nelly Trevinyo-Rodriguez and Ramakrishna S. Velamuri, "Business Model Innovation through Trial-and-Error Learning: The Naturhouse Case," *Long Range Planning* 43, no.2-3 (2010): 383-407.

对中国商业伦理的道德信仰、价值观和决策文化等方面发展史进行了论述。① Richard von Glahn 从青铜器时代经济、城邦到专制君主制、大一统帝国的经济基础和士族社会与庄园经济 4 个时期考察了先秦两汉时期中国经济发展过程中的体制基础及其断续性特征。② 另外,杰克·斯塔克等的《伟大的商业文化》③、泰勒·考恩的《创造性破坏:全球化与文化多样性》④、Xiaotong Fei 的 "The formation and development of the Chinese nation with multi - ethnic groups"⑤、Sonja Opper 的 *Capitalism from Below*:*Markets and Institutional Change in China*⑥ 对我国商业文化进行了相关论述。

上述学术成果对我国商业文化起源及其发展进行了宏观分析,对历史时期豫商文化进行了归纳和总结,对开发利用豫商文化资源和传承创新豫商精神进行了论述,为本书研究奠定了较好的研究基础。但是结合本书的主旨来看,到目前为止,还鲜见对历史时期中原商业人物及其商业思想的专门整理与研究,缺乏商人与商业生态文化孕育的社会互动分析,缺乏对我国古代商业著名人物的思想经验总结以及对优秀商业文化传承创新的深入系统研究。

目前学界在商业人物、先秦两汉商业思想和豫商史等方面取得了较为丰富的研究成果,为本书进一步研究奠定了基础,但现有研究的广度和深度远远不够。从文化史、经济史、区域史、断代史和文献学角度看,关于商业文化的研究过于宏观,大量文献资料需要更加系统的梳理;传承中原商业文化的成果鲜见,一些研究还停留在商业人物相关资料的搜集层面。为此,本书将在梳理相关史料的基础上,通过对历史时期中原商业人物资料的整理和商业文化的研究,力图解决豫商史和中国商业文化研究不够深入的问题。

---

① Juelin Yin, Ali Quazi, "Business Ethics in the Greater China Region:Past, Present,and Future Research," *Journal of Business Ethics* 150, no.3(2018):815–835.
② Richard von Glahn, *The Economic History of China*:*From Antiquity to the Nineteenth Century* (Cambridge:Cambridge University Press,UK,2016).
③ 杰克·斯塔克、鲍·伯林厄姆:《伟大的商业文化》,赵学凯、周解机、房成鑫译,辽宁教育出版社,2004。
④ 泰勒·考恩:《创造性破坏:全球化与文化多样性》,王志毅译,上海人民出版社,2007。
⑤ Xiaotong Fei, "The formation and development of the Chinese nation with multi-ethnic groups," *International Journal of Anthropology and Ethnology* 1, no.1(2017):1-31.
⑥ Victor Nee and Sonja Opper, *Capitalism from Below*:*Markets and Institutional Change in China* (Cambridge:Harvard University Press,USA,2012).

三、研究内容和方法

本书是"历史上中原著名商业人物的资料整理与研究"课题成果,首先要对"历史上""中原""传承"和"创新"进行界定,然后再明晰研究内容和研究方法。

(一) 基本概念界定

"历史上"属于时间范畴,有广义和狭义区分。广义的历史,指人类以往全部的发展过程;狭义的历史则仅仅是指能够利用文献记载进行历史研究的那一部分人类历史。[①] 因此,广义的"历史上"指人类经历且已经完成的原始社会、奴隶社会、封建社会、资本主义社会和社会主义社会五个阶段,包括政治、经济、文化、军事、外交等方面发展史。按照时间轴划分中国历史发展阶段,一般划分为中国古代史、近代现代史、当代史即新中国史,全景式大时空记述历史悠久的中华文明。狭义的"历史上"指的是特定时期特定范围发生过的历史事件,一般用于区域史、专门史、社会史等方面,属于微观性区域性记述社会发展历史时间范畴。比如"历史上今天"就是微观记述某一日期的具体事件。本书所指的就是狭义的"历史上",更精准地说是狭义的中国古代史中"历史上",即从原始社会史前时期中华文明开始到清朝结束即1911年辛亥革命爆发,因为这是中国社会发展变迁史,能够反映出中国历史发展脉络。所以,在选取商业人物资料整理时,怀庆府(今河南省焦作市、济源市和新乡市的原阳县所辖地域)很多有影响的怀帮商人出生在民国时期就没有列入研究范围。

"中原"属于空间范畴,也有广义和狭义之分。很多学者认为广义的中原泛指我国中部的黄河中下游地区,包括今河南全省及陕西、山西、河北、山东等省的一部分地区,古代人所说的"中原"一般是广义的中原。[②] 也有部分学者

[①] 格林·丹尼尔:《考古学一百五十年》,黄其煦译,文物出版社,1987,第77页。
[②] 参见:赵保佑《中原文化及其现代价值》,《中州今古》2001年第5期;薛瑞泽《论河洛文化与中原文化的关系》,《学习论坛》2006年第3期;杨翰卿《论中原文化及其精神》,《学习论坛》2004年第10期;王彦武《谈中原文化的几个问题》,《中州学刊》2001年第4期;徐光春《中原文化与中原崛起》,《河南日报》2007年2月25日;范毓周《中原文化在中国文明形成进程中的地位与作用》,《郑州大学学报(哲学社会科学版)》2006年第2期;许顺湛《中原远古文化》,河南人民出版社,1983;董守义、马天东《辽河文化与中原文化、中华文化关系论》,《黑龙江社会科学》2002年第1期;王星光、贾兵强《中原历史文化遗产可持续发展研究》,科学出版社,2009。

根据《史记·货殖列传》记载"昔唐人都河东,殷人都河内,周人都河南。夫三河在天下之中",把"中原"的范围界定在今陕西、山西、河北部分区域与河南全境,以河南为中心。① 也有的研究认为,广义的中原指黄河流域,甚至范围更广。② 但是,狭义的中原一般都认为是指今天的河南省,而不包括其他地区。这是因为中原作为河南的代称,有其历史的和地理的原因。《尚书·禹贡》将当时的天下划分为九个区域,称九州,豫因在九州之中,谓之中州。此外,黄河中游地区最早亦曾用中国、中夏、中原等称谓为代称,由于华夏族多居于此,与南蛮、北狄、东夷、西戎四方少数民族对比而言,华夏族称中州。中原、中州虽然是河南历史上的地名,但是因其符合河南古代特征和地理位置,以及令人追忆神往的辉煌历史发展时期,故至今仍旧被人们用作河南的代称。③ 秦始皇统一中国后,废分封,推行郡县制,在今洛阳置"三川郡"。西汉时,将秦之三川郡改称"河南郡",此应为"河南"作为行政区域之名的开始。东汉时,又改河南郡为"河南尹",仍治洛阳。西晋仍称为"河南郡"。唐初设"河南道",辖区包括今黄河以南、淮河以北的广大地区。元代初年,河南属中书省,在洛阳设河南府路;元代后期设河南江北行省,治汴梁路(今开封),辖今河南省黄河以南部分和湖北、安徽、江苏三省的江北部分。明代设"河南省",治开封府,辖区扩至黄河以北,包括鲁西南地区。但因已成为习俗,仍称"河南省"。清代的河南省,与今河南省辖区接近。因此,本书所述的"中原"就是狭义的中原即今天河南省,共有17个地级市,1个省辖市,10个省直管县(市),20个县级市,82个县,54个市辖区。17个地级市包括豫北的安阳、鹤壁、濮阳、新乡、焦作,豫东的开封、商丘,豫中的郑州、许昌、平顶山、漯河,豫西的洛阳、三门峡,豫东南的周口、驻马店,豫南的南阳、信阳等。1个省辖市是济源市,10个省直管县(市)是巩义市、兰考县、汝州市、滑县、长垣县、邓州市、永城市、固始县、鹿邑县、新蔡县。

"传承"中,"传"是传递,"承"是继承。传承是对旧事物或是传统的事物

---

① 陈昌远:《谈中原文化研究》,《河南大学学报(社会科学版)》1994年第2期。
② 参见:陈飞《"中原文化"涵义概说——关于中原文化图标的阐释》,《寻根》2005年第3期;韩建业《论新石器时代中原文化的历史地位》,《江汉考古》2004年第1期;杨翰卿《论中原文化及其精神》,《学习论坛》2004年第10期;朱仲玉《试论中原文化与地方文化》,《天中学刊》1995年第1期;吴家振《论中原文化的内涵特征》,《学习论坛》1995年第2期。
③ 张志浮、何平立:《中州文化》,辽宁教育出版社,1995,第2页。

中的优秀的事物进行继承,即传递,接续,承接,沿袭,有承上启下的意思。"创新"是对传统事物在继承的基础上进行新的发展。创新是人类所特有的创造性劳动的体现,是人类社会进步的核心动力和源泉。传承与创新是同一事物发展过程的两个方面。传承是创新的基础,创新是传承的必然要求。在传承的过程中创新,即推陈出新,革故鼎新。早在1995年5月26日,江泽民同志在全国科学技术大会上提出创新是一个民族进步的灵魂,是一个国家兴旺发达的不竭动力。在党的十八大报告里"创新"出现了40余次。2014年6月9日,习近平总书记在中国科学院第十七次院士大会、中国工程院第十二次院士大会开幕会上强调,坚定不移创新创新再创新。① 由此可见传承创新在全面建成小康社会、实现中华民族伟大复兴的进程中的现实意义。

　　传承创新涵盖众多领域,包括政治、军事、经济、社会、文化、科技等各个领域的传承创新。在一定程度上说,中原商业文化传承创新属于文化传承创新。只有在实践中不断传承创新,优秀传统中原文化才能焕发生机、历久弥新,华夏文明才能充满活力、日益丰富。

　　关于文化的传承与创新,费孝通先生曾经作过精辟的论述:"创造不能没有传统,没有传统就没有了生命的基础;同样,传统也不能没有创造,因为传统失去了创造是要死的,只有不断的创造才能赋予传统的生命。"② 因此,在中原商业文化传承创新的过程中,一方面要着眼于华夏优秀文化的继承,"取其精华,去其糟粕",不能抛弃传统文化而空谈文化创新;不能全盘肯定外来文化,也不能全盘否定外来文化。如果漠视对传统文化的批判性继承,其民族文化的创新,就会失去根基。另一方面,"推陈出新,革故鼎新",体现时代精神,是中原商业文化传承创新的重要追求。实现中原商业文化创新,需要博采众长,在文化融合和文化借鉴的基础上,创造出融汇各种文化特质的新文化。

　　在实现中华民族伟大复兴的中国梦的过程中,我们要在中国传统文化与外来文化、东方与西方的交汇点上,积极传承和创新我国优秀商业文化,让具有中国风貌、中国特色、时代特征和国际影响力的优秀传统文化立于世界文化之林的领先地位。

---

① 《习近平出席中国科学院第十七次院士大会、中国工程院第十二次院士大会开幕会并发表重要讲话》,《人民日报》2014年6月10日,第1版。
② 费孝通:《费孝通文化随笔》,群言出版社,2017,第287页。

(二)研究内容

本书利用文献资料和历史遗存,立足于文献学的考证方法,借鉴考古学、历史学、文献学、专门史等相关学科的理论、方法,以历史上中原著名商业人物为研究对象,通过梳理相关文献、文化遗存、文化资源等史料,对王亥、子贡、范蠡、弦高、子产、计然、白圭、吕不韦、桑弘羊等34位商业人物的资料搜集与文献整理、经营理念和实践、商业集镇空间进行论述,然后在此基础上,对以中原商业人物为核心的中原商业文化传承创新的现状、经验借鉴和路径选择等方面进行研究,充分挖掘中原商业文化时代性和现实性,让中原商业文脉更好地传承下去。

具体来说,本书主体内容分上编和下编,共六章。其中,第一章至第三章属于"上编"即历史上中原著名商业人物资料整理,第四章至第六章属于"下编"即历史上中原著名商业人物资料研究——中原商业文化传承创新。总体框架如图1所示。

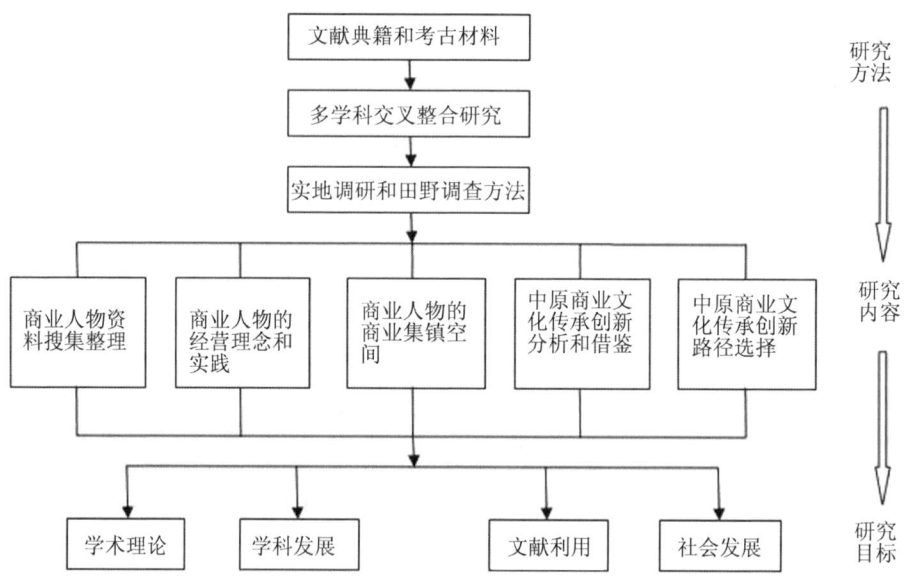

图1 总体框架示意图

1.商业人物资料搜集与文献整理

在中华商业文明历史长河中,从先秦商业史、秦汉商业史、隋唐宋元商业史和明清商业史等四个时期论述中原商业史发展过程,并依次选取以王亥、单旗、弦高、子产、邓析、计然、范蠡、端木赐、白圭和吕不韦为代表的先秦商业人物，以卜式、桑弘羊、师史、孔仅、桓宽、樊重和吴汉为代表的秦汉商业人物，以前蜀开国皇帝王建和北宋兴隆堂的创办人王氏族人为代表的隋唐宋元商业人物，以康守信、康绍敬、耿耀、岳梦渊、吴鼎立、康大勇、康应魁、康道平、康无逸、靳法蕙、秦永年、康建德、康建璧、康建勋和康子昭为代表的明清商业人物，共34个中原商业人物的生平、从商缘由与背景、经商时空、经营理念和主要成就进行梳理。在此基础上，对有关历史上中原著名商业人物的代表性商业文献《尚书·酒诰》《质誓》《史记·货殖列传》和《淮南子·人间训》进行论述，以期进一步厘清中原商业人物的商业经营思想。

2.商业人物的经营理念和实践

中原商业人物受儒家思想的影响，不仅重视商业活动，创造了交换物品和经商理论，制定了商业规则和商业法典，而且还坚守儒家的修身养性和正义诚意，形成了爱国济民、重德尚义、诚实守信、勤俭敬业的商业价值观并在商业活动中积极践行。中华商业始祖王亥重视畜牧业发展、重视诚信经营和重视经贸往来的"三重"商业思想，"治生祖"白圭的市场导向、科学预测、薄利多销和善于总结的经商致富的思想，政商吕不韦的择地生财、贱买贵卖、深谋远虑官商互融的经商之道，理财家桑弘羊的盐铁国家专营、财政统一、农商并重和发展对外贸易的财政思想，爱国商人卜式的分财与弟、输财助边和上书从军的理财之道，师史的善于经营、吃苦耐劳和勤俭节约的货运商业理念，集中反映了先秦两汉时期中原商业人物的营商之道。冶铁大亨孔仅的因地制宜、农商兼顾、先予后取、勤俭持家和盐铁官营的冶铁营商思想，慷慨济世商人樊重的质量第一、长远规划、善于管理和仗义疏财的田庄综合经营思想，北宋东京行会商人的诚实守信、重商营商和顾客至上的经营理念，怀庆府怀帮商人的吃苦耐劳的从业品质、体系完备的帮规店则、经营之道、类型多样的交易平台和重义轻利的君子人格等，成为秦汉以来中原商业人物从事商业活动的基本导向和价值趋向，构成中华商业文化的内核。本部分选取商业始祖王亥、理财家桑弘羊、北宋商业行会和怀庆府怀帮为代表，对中原商业人物和群体的经营观念进行论述，力图探求历史时期豫商在中国商业文化发展中的地位。

3.商业人物的商业集镇空间

中原的商业文化根源自商族，繁荣于先秦，发达于汉唐宋，成型于明清。

历史上中原商人的商业活动主要在集市、码头、城镇、会馆、庙会等进行,形成独特的中原商业活动场所,成为中原商业发展史的文化标识。中原商人的商业活动留下了丰厚的商业历史文化遗存、古城风貌景观和业态丰富的传统商业庄园,构成独特的商业活动空间遗存。在商业集镇活动空间中,古镇和商业展陈是中原商业活动的重要空间形态,成为记录中原商业文化发展的活化石。因此,从商业古镇层面,选取开封朱仙镇、社旗赊店镇、淅川荆紫关镇和滑县道口镇为样本,论述商业城镇活动空间的历史文化遗存;从商业展陈层面,以巩义康百万庄园、商丘归德古城、洛阳山陕会馆和开封清明上河园论述商业空间形态发展脉络。

4.中原商业文化传承创新的现状

我国商人、商业和商业文化的起源在中原,是学术界的共识。河南商业文化起始早、级别高、地域广、价值大,是中国商业文化的根和魂。中原商业文化传承创新是新时代中原更加出彩的资源禀赋,是建设现代河南的精神动力。中原商业文化资源保护开发利用取得显著成效,但是也应该看到,商业文化资源开发还仅仅局限在物质文化遗产方面,如遗址、城址、碑刻、故居等文物古迹,而非物质文化遗产如商业人物、历史故事、商业精神等方面还有很大的提升空间和维度。为加快中原商业文化传承创新的步伐,运用SWOT理论方法,全面、系统、客观地分析中原商业文化传承创新过程中的自身优势(如区位优势、资源赋存、中原经济区辐射)与劣势(传承理念滞后、管理模式落后、创新程度偏低、旅游从业人员素质相对偏低)以及所面临的机遇和挑战(国家政策、文化河南战略、同质品牌竞争激烈、旅游软实力较弱、服务水平有待提升、人才争夺威胁),分析了中原商业文化传承创新过程中存在可持续发展观念淡薄、管理体制不顺、投入资金相对不足、整合资源力度不够、产业链条比较薄弱和从业人员素质偏低等问题,这些问题制约了中原商业文化资源的开发利用。

5.中原商业文化传承创新的经验借鉴

传承创新中原商业文化仍然处在探索阶段,如何实现商业历史文化资源的可持续发展,需要汲取国内外的成功经验,从而为中原商业文化高地建设和文化强省建设提供借鉴,助力中原在中华民族伟大复兴中更加出彩。以美国、英国、法国、意大利、澳大利亚、日本等主要发达国家为代表的国外历史文化遗产在保护、开发和利用方面形成了相对科学的保护机制,国内的世界文化遗产武当山保护为要、丽江和平遥融合开发以及世界自然遗产武陵源保护分区为中原商业文化传承创新提供了借鉴。对于我省历史文化资源传承创新来说,在中原文化资源品牌化发展模式上,主要归纳总结洛阳龙门打造石窟寺保护利用新标识、安阳殷墟守正创新讲好汉字故事、郑州着力建设国际文化旅游名城等主要做法。与此同时,对鹿邑以老子文化、老子学院、老子研究院、老子博物馆、李氏宗亲寻根拜祖、老子诞辰拜祭大典为品牌建设全国老子文化高地,淮阳以"中国休闲福地、国学文化源地、中华朝祖圣地"为载体的公共文化服务体系示范区,淇县以淇河、云梦山、古灵山、纣王山"一河三山"为龙头的历史文化旅游、生态山水旅游、观光度假旅游的中原历史文化旅游区成效进行分析。在此基础上,对中原文化旅游融合发展四种模式即综合旅游模式、专业旅游模式、遗产生态旅游模式和文化社区旅游模式进行梳理,以期为中原商业文化传承创新提供借鉴。

6.中原商业文化传承创新的路径选择

中原商业文化是豫商的精神家园,是华夏历史文明之基、中华商业文化之源。传承创新中原商业文化有利于提升中原文化的软实力、增强中原文化的凝聚力和激发中原文化的创新力,是建设现代化河南的重要载体,是谱写新时代中原更加出彩绚丽篇章的历史使命。传承创新中原商业文化就要以新发展理念为指导,坚持"取其精华、留存优秀、去粗取精"的基本原则,遵循"保护为主、古为今用、强化传承、合理利用"的核心要义,秉承"可持续发展、市场导向、多元发展、特色品牌和传承为要"准则,在深入研究阐释中原商业文化保护、传承、创新的基础上,不断创新保护传承利用理念、深化改革管理体制、建立多元投资机制、大力实施文化遗产保护展示工程、推动文化和旅游融合发展、构建新型宣传推介体系和建设人才高地,努力讲好新时代"中原商业文化故事",推动中原商业文化高质量发展。

(三)研究方法

文献检索与现代网络技术相结合的方法。从文献学、文化史的角度,对历史上中原著名商业人物文献进行搜集、整理和研究,归纳、总结商业思想诞生的条件、形成的原因和发展基本规律;从历史学、经济史的角度,通过对中原商业文化典籍、遗存和活动空间的研究,探究豫商文化传承创新的机制和时代价值,推动中原商业文化史的深入研究,拓宽专门研究范围。本书所需资料可以在华北水利水电大学图书馆、河南省图书馆、中国国家图书馆找到,也可以利用网络检索资料或者文献传递获得。

多学科研究法。综合运用文献学、历史学、考古学、经济学、文化学和统计学等多个学科研究方法和分析模式,进行跨学科交叉整合研究。

资料文献分析法。通过中国知网等电子资源库和综合类图书馆、阅览室查阅分析河南古代著名商业人物方面的文献典籍、考古材料以及近20多年来公开发表出版的相关论著。

田野调查法。选择河南著名商人故居、庄园、墓葬等遗迹进行现场考察,就其所蕴含的商业思想及历史价值进行全面分析和总结,为本书研究提供线索及例证材料。

实地调研法。我们分别到政府职能部门和有关研究单位以及新闻出版、文博场馆等,实地开展访谈调查,了解国情、省情,获取大量第一手资料。

四、研究思路与创新点

(一)研究思路

中原商业文化在中华商业文化体系中占有重要的地位。古代中原著名商人提出了交换物品和经商理论,制定了商业规则和商业法典,孕育的"兼容并蓄、勤俭内敛、重德尚义、商道济世"的商业文化内涵,成为中华商业文化的精髓,成为我国商业文化的源头。中原商业文化体现的讲仁爱、守诚信、崇正义、尚和合等核心思想是中华优秀传统文化的重要部分。中原作为我国商人、商业和商业文化的发源地,从中原杰出的古代豫商身上,可以领会到他们爱国、惠民、公平、诚信等优秀品格,不仅有利于克服商业经营中存在的唯利是图、假冒伪劣等不良现象,而且有利于践行社会主义核心价值体系、构建富强民主文明和谐的美丽社会。

具体来说,本书按照"整理—研究"的思路,以历史上中原著名商人所形成的商业文化为主线,探析在中原商业文化发展过程中所形成的古代豫商文化特质,力图从中归纳总结古代豫商的经营理念和经商思想的成功经验和历史教训,传承弘扬中华优秀商业文化。书后还有参考文献、附录和后记,其中,

"参考文献"主要列举参阅代表性文献;"附录"由附录1~3组成,分别是历史上中原著名商业人物一览表、河南省全国重点文物保护单位之商业文化遗存名单、全国商业文化研究主要学术团体;"后记"对课题来源、研究历程进行补充性说明。

(二)创新点

本研究坚持史论结合的原则,着重对历史时期豫商的文献资料、文化遗存等进行系统梳理和深入调查研究,并对其中蕴含的历史、文化、教育和经济等进行探讨。同时,不仅从宏观上把握历史上中原商业人物资料梳理和文献搜集,而且更加注重中原商业文化的创新与发展;在研究资料上,本课题除充分利用正史基本文献以外,还使用考古材料、楹联碑刻、文集等资料;在研究内容上,对历史上中原著名商人的商业理念和商业遗存进行系统的研究,提出实现中原商业文化传承创新的原则、路径和对策,为当下弘扬中华优秀文化特别是我国商业文化提供借鉴。

# 上 编

第一章　商业人物资料搜集与文献整理

文化是民族的血脉,是人民的精神家园。历史时期我国著名商业人物具有时代性、地域性和特殊性的特征。自古代到南宋为止,河南一带的中原地区一直是全国的文化、政治、经济中心。历史上中原著名商人如中华商业始祖商丘人王亥、儒商浚县人子贡、商圣南阳人范蠡、爱国商人新郑人弦高、产业商人洛阳人白圭、商业理论家商丘人计然、重商理论的倡导者洛阳人桑弘羊等提出的交换物品和经商理论,制定的商业规则和商业法典,并以其商业品德和商业行为孕育出的中华商业精神,以及相应的商业遗存和商业典籍在中华商业文化体系中占有重要的地位。同样明清以来的河南商人,诸如怀庆府的怀商、巩义康百万家族等也闻名省内外。

因此,通过搜集和整理研究历史上中原商业人物和代表性文献,不仅可以深度挖掘中原商业文化的精髓,有利于弘扬中华商业文化,建设中华民族的商业信仰和商业道德规范,而且可以为中华优秀商业传统文化创造性转化、创新性发展提供借鉴。由此可见,中原商业文化在我国商业文化中占有重要的地位,梳理历史上中原著名商业人物和商业文献也显得尤为重要。

第一节　商业人物

历史上中原商人人才辈出,著名的商业人物也是璨若星河,并且开创了中华商业发展史的诸多"第一"。比如商代的王亥"肇牵车牛,远服贾",是第一个用牛车拉着货物到远地去做生意的人,被奉为商业鼻祖。第一个儒商是河南浚县人子贡,不仅能做官,而且善于经商致富。第一个热心公益事业而被后人称为商圣的范蠡,是南阳人,他帮助越王勾践灭吴复国之后,悄然隐退,把才能用于经商。第一个爱国商人是新郑人弦高,他在经商途中遇到了秦师入侵,以自己的十五头牛为代价智退秦军。第一个有战略思路的产业商人是东周时洛阳人白圭,第一个商业理论家是今商丘人计然,第一个重商理论的倡导者为西汉洛阳人桑弘羊,以及第一个创造中华商业神话的康百万家族。悠久的历史和丰富的文献为我们探究历史上中原著名商业人物提供了宝贵的历史资料。

一、先秦商业人物

先秦时期是指公元前221年秦灭六国建立起我国历史上第一个中央集权的大一统王朝之前的历史时代,其上限始自远古人类的产生。《周易·易辞下》记载,神农之时,就已"日中为市,致天下之民,聚天下之货,交易而退,各得其所"。神农氏"日中为市",说明原始社会末期已出现商业萌芽,这为最早市场和商人的出现奠定了基础。黄帝时期出现了以人体、木棒、陶器等来度量物品,基本结束了早期物物交换的历史,大大促进了商品交换的发展。① 祝融时代,原始社会商业活动已开始有固定的时间和场所。如《世本》曰"祝融名市",《古史考》载"神农作市,高阳氏衰,市官不修,祝融修市"。这也再次证明神农时期是原始的物物交换,没有固定的"市",到祝融时代就有了"市"也有固定时间和场所。在河南省郑州市惠济区古荥镇孙庄村发现的距今4800~5300年的郑州西山古城遗址被认定为"祝融修市的古城",是迄今中原地区发现年代最早、建筑技术最为先进的城址。西山城址的发现不仅对于探讨中国早期城市的起源,而且对于研究商业文明的起源和形成具有非常重要的意义。

《史记·五帝本纪》记载:"舜耕历山,鱼泽、陶河滨,作什器于寿丘,就时于负夏。"司马贞《索隐》引《尚书大传》云:"贩于顿丘,就时负夏。"《索隐》谓"就时":"若言乘时射利也。"即根据季节不同,价格差异,在各地奔走贩卖,以获取经济利益。关于舜的经商活动,《帝王世纪》云:"帝有虞氏……始迁于负夏,贩于顿丘,债于传虚。"《尸子》的记载更为详细:"顿邱买贵,于是贩于顿邱;传虚卖贱,于是债于传虚。"由于顿丘(今河南浚县西)一带物价较贵,所以

---

① 吴慧:《中国度量衡史的几个问题》,《首都师范大学学报(社会科学版)》1992年第3期。

虞舜便从物价相对便宜的传虚（今山西晋南）买了货物到顿丘贩卖，①这说明虞舜具有"异地交换、贱买贵卖"的商业经营思想萌芽。那么中国商人最早是什么时间出现？在一定程度上可以说，神农时期的物物交换，以及通过货币由生产者与需要者直接进行的商品交换，还不能算是商业，当然也还没有从事商业活动的商人。当商品交换日益繁荣，交换地区不断扩大，由于地域空间所限供需双方不能直接见面交换商品时，一部分人就从社会上游离出来专门买进卖出，充当产需双方的中间人，虞舜可以称为一个懂得经商之道的商人。有了这种社会分工，商业与商人就产生了。

随着生产力的发展和私有制的出现，阶级社会形成，商业从农业、手工业中分离出来，商人出现。至商族兴起之时，商品交换已在较大的范围内进行。据《史记·货殖列传》记载，夏代居住在颍川（今河南禹州）、南阳一带的夏人，"俗杂好事，业多贾"，意思是从事各种活动，很多人走上了经商之路。夏自大禹治水开始，主要活动的中心区域就在河南中西部一带，后被商所取代。商部落开始是夏王朝的一个重要组成部分，活动中心在商丘。商朝的始祖叫契，王亥是商契的第六世孙，是商王朝开国帝王成汤的七世祖，是先商十四个部落首领中的一个重要人物。王亥大约生活在夏朝的中期，与少康同时。当时，夏朝正处于奴隶制社会阶段，奴隶制的生产关系已逐步确立，社会生产力得到较快的发展。所以，商部落在夏王朝时期应该是经济最发达的地区之一。《管子·轻重戊》记载说："殷人之王，立帛牢，服牛马，以为民利。"在这里，"帛"是"皂"字之误。"皂"以养马，"牢"以养牛。这说明，到王亥时代，商人已经驯用马牛。随着农业与畜牧业的发展，商业应运而生。

随着商部落经济实力的增强与剩余农产品及畜牧产品数量的增加，王亥率领商部落，赶着牛羊到外部落进行交易，外部落的人把他们称为"商人"，王亥成为中国商业第一人，即中国商业的鼻祖。由于王亥有利于商族的发展，商王朝兴起后其后人一直隆重纪念这位先祖，历史上商人的名称与商朝有关。②所以，商朝以后，我们就把跑贩运贸易的叫作"商"，坐肆售物的叫作"贾"，即经常所说的"行商坐贾"，后来逐渐把所有买卖人通称为商人。现在我们称出

---

① 傅道彬：《至于顿丘》，《文史知识》2008 年第 10 期。
② 吴慧：《中国古代商业史（第一册）》，中国商业出版社，1983，第 58 页。

售的生产物为"商品",称专门从事交换的行业为"商业",就是从"商人"一词沿用来的。所以,商人、商品、商业都和商朝密切相关。

相传商末周初太公望曾经"屠牛朝歌,卖食盟津"。《古史考》说:"吕望尝屠牛于朝歌,卖饮于孟津。"这里所说的"太公望""吕望",都是指的姜子牙。"屠牛朝歌"之中的"朝歌",就是今天的河南淇县。"卖食盟津""卖饮于孟津"之中的"盟津""孟津",就是今天的孟津。《尉缭子》《战国策·秦策》《说苑·尊贤》《盐铁论·颂贤》和《淮南子》等文献,均有姜子牙经商的相关记载。西周王朝立国后,实行宗法制和分封制。河南地区除了有周王室直接统治的王畿地区(洛阳及其周围)外,还有卫、滑、盟、向、单、宋、蔡、杞、陈、管、祭、邬、密、华、康、许、曾、申、吕、黄、邓等国。从西周末年到春秋初期由于这些诸侯国面积小、地窄人稀、势力单薄,所以,社会经济发展记载不详。在西周"工商食官"制度下,中原商业得到初步发展,主要表现在"官商"和"私商"的大量出现。其中,前者分"在府官商"和"在市官商","在府官商"是国家行政机构中的商人,其主要职责是为本部门进行商品交换及对出入于本部门的物资进行监管;"在市官商"是在市场上为国家出售商品,经营商业的公职人员。西周官商对商品交易和活动的时间、地点、市场秩序、度量衡、交易契约、交易税以至商品价格等各个方面,进行严格控制和监督,目的在于使交易按一定的规则进行,防止抢夺、偷窃、欺诈等事情发生。同时也防止一些不法商人随意抬高物价,使交易市场能按照统治者的所谓的多寡利吾标准进行,力求买卖的货物价格能保持稳定,以便能更好地满足社会的需要。① 相对于"官商","私商"主要是民间从事商业活动的商人。"私商"根据经营范围和商品价值分为大商和小商。大商主要是为了满足奴隶主贵族奢侈生活的需要,不惜到远地从事珍贵物品贸易以获取盈利。小商则只能经营民间生活用品,主要是充当生产的手工业品。如《汉书·食货志》记载的"商贾大者积贮倍息,小者坐列贩卖"。

随着生产力发展,春秋战国时期洛阳、南阳、商丘成为全国经济中心,商品贸易频繁,商人兴起。春秋时期有固定的交易市场,称为市,专门设市场管理官员,比如宋国(今河南商丘)、郑国(今河南新郑)和卫国(今河南淮阳)的"褚师",这说明春秋时期城市商业发展比西周更加繁荣。韩之荥阳、郑之阳翟(今

---

① 张民服、戴庞海主编《豫商发展史》,河南人民出版社,2007,第48页。

河南禹州)、魏之温(今河南温县)、楚之陈(今河南淮阳)、魏之轵(今河南济源)等,都是当时河南的新兴城市,商品经济发展在全国位居前列。但是由于春秋时期诸侯国家的兼并战争,鲁、齐、晋、楚、宋、郑、卫、秦、吴等成为实力比较强的诸侯国。这些大国内部不统一,市场仍然具有地区的狭隘性和闭塞性,封建割据的兼并战争在一定程度上影响到商业经济发展。

战国时代我国社会生产力有了很大的发展,商业也呈现出空前的繁荣景象,而中原地区出现一大批的富商,出现新兴的城市,金属货币流通更加广泛,促使中原商业走上了一个新的发展阶段。伴随着商品经济的发展,商人的数量不断增加,出现了众多不同类型的商人。按商业经营者的规模划分,有大、中、小商人。按商人经营商品范围和性质划分,有贩运商人、盐丝商人、囤积商人、农林畜牧商人等。① 正是由于商人们的活动,各地的特色商品更加丰富,南方的土特产主要为木材、矿产、海产和鸟兽,东方的土特产为海产和织物,西方的土特产主要为矿产和鸟兽,北方的土特产主要为家畜和果树。当时荆楚地区以制造刀、剑、铜镜、漆器著称。中原地区以金属加工比较发达,河南棠溪(今河南西平)的剑更是著称于天下。如《吕氏春秋·本味篇》记载:"洞庭之鱄,东海之鲕。醴水之鱼……昆仑之苹……阳华之芸,云梦之芹,具区之菁……阳朴之姜,招摇之桂,越骆之菌……大夏之盐……不周之粟……南海之秬……江浦之橘,云梦之柚。"李斯的《谏逐客书》记载:"夜光之璧,犀象之器,江南金锡,西蜀丹青,宛珠之簪,傅玑之珥,阿缟之衣,锦绣之饰。"

战国时期河南兴起的一批有名的都市,除了东周洛阳外,还有许多,如魏之温(今温县西南)、轵(今济源东南轵城),韩之荥阳(今荥阳东北),楚之陈(今淮阳),郑之阳翟(今禹州),楚之宛(今南阳),魏之大梁(今开封),韩之郑(今新郑),卫之濮(今濮阳县)等。② 公元前 365 年,魏惠王自安邑(今山西省夏县西北)迁都至大梁(今河南开封市),鸿沟的开凿给大梁商业的发展创造了条件,促进了大梁城商业的繁荣。大梁城的商人不仅在都城内开店设铺从事商业活动,而且很多人还到外地去进行商品贸易,长途贩运货物。《史记·货殖列传》载:"宛孔氏之先,梁人也,用铁冶为业。秦伐魏,迁孔氏南阳,大鼓

---

① 张弘:《战国秦汉时期商人和商业资本研究》,齐鲁书社,2003,第 18 页。
② 程有为、王天奖主编《河南通史(第 1 卷)》,河南人民出版社,2005,第 415 页。

铸,规陂池,连车骑,游诸侯,因通商贾之利,有游闲公子之赐与名……家至富数千金,故南阳行贾尽法孔氏之雍容。"到战国七雄时,韩、赵、魏、秦、楚五大强国占据了河南大部分地区,河南成为战国七雄逐鹿中原的主战场。①

总的来说,由于河南地处中原,四面八方的物资交流都要经过河南,因而中原区域地理优势对商业发展具有特殊重要意义。因此,先秦时期中原著名商人主要分布在商丘、洛阳、南阳、新郑、淅川、浚县、禹州,产生了既有以华商始祖王亥、爱国商人弦高、道商鼻祖范蠡、儒商始祖端木赐等为代表的商业人物,也有单国国君单旗、郑国宰相子产、秦国宰相吕不韦等官员商人,他们的事迹在《左传》《国语》《论语》和《史记》中均有相关记载,"弦高犒师""郑人买履""人弃我取""待价而沽""陶朱公"等商业典故均出自先秦时期,具体可见表1先秦中原著名商业人物一览表。

表 1　先秦中原著名商业人物一览表

序号	时期	姓名	籍贯	主要成就	出处	备注
1	商代	王亥	商丘	商人、商品、商业开创者	《世本·作篇》	华商始祖
2	春秋	单旗	洛阳	子母相权论	《国语·周语》	单国国君
3	春秋	弦高	新郑	弦高犒师	《史记·晋世家》	爱国商人
4	春秋	子产	新郑	重商护商	《左传·昭公十六年》	郑国宰相
5	春秋	邓析	新郑	买卖原则	《吕氏春秋·离谓篇》	郑国人
6	春秋	计然	民权	计然之策	《史记·货殖列传》	宋国人
7	春秋	范蠡	淅川	辞官经商	《史记·越王勾践世家》	道商鼻祖
8	春秋	端木赐	浚县	求善价而沽	《论语·公冶长篇》	中华儒商
9	战国	白圭	洛阳	贸易致富	《史记·货殖列传》	魏国人
10	战国	吕不韦	禹州	择地生财、贱买贵卖、奇货可居	《史记·吕不韦列传》	

根据表1,下面依次对王亥、单旗、弦高、子产、邓析、计然、范蠡、端木赐、白圭和吕不韦等10人的生平、商业活动、经商理念、主要成就进行梳理。

(一)商代商业人物

王亥　生卒年不详,商祖契的第六世孙,今河南商丘人。《世本·作篇》记载:"相土作乘马""亥作服牛"。王亥驯服了牛,供人使役;并发明了牛车,用

---

① 程有为、王天奖主编《河南通史(第1卷)》,河南人民出版社,2005,第302页。

于运载货物,使商族的生产力得到了快速发展。王亥经常带领部众用多余的物品与其他部落进行以物易物的交换。因此,其他部落里的人就把他们称为"商人",把他们拉来的东西称为"商品",把他们从事的物品交换业称为"商业"。这就是"商人""商品""商业"的来源。因此,王亥实乃中华民族经商第一人,被尊称为"华商始祖"。中原由此成为中华民族商人、商业、商业文化的发源地。

(二)春秋商业人物

单旗 生卒年不详,名旗,即单穆公,成公先祖之子,春秋单国(今河南洛阳)人。《国语·周语》里有《单穆公谏景王铸大钱》和《单穆公谏景王铸大钟》的相关记载。单旗提出了中国最早的货币理论——子母相权论,即"民患轻,则为作重币以行之,于是乎有母权子而行,民皆得焉。若不堪重,则多作轻而行之,亦不废重,于是乎有子权母而行,小大利之"。强调货币流通必须要与货币价值相结合,并且应该根据商品流通和社会购买力的情况来决定发行货币,为商品交易服务。胡寄窗认为,单旗的货币理论,尽管本身是极其初步的表象的货币流通分析,却支配了秦汉以后整个封建时期,成为中国历史上具有代表性的货币理论。①

弦高 生卒年不详,春秋时郑国(今河南新郑)人。《左传·僖公三十三年》《吕氏春秋·悔过篇》《淮南子·人间训》《史记·晋世家》均记载了"弦高犒师"的故事。《史记·晋世家》载:"襄公元年春,秦师过周,无礼,王孙满讥之。兵至滑,郑贾人弦高将市于周,遇之,以十二牛劳秦师。秦师惊而还,灭滑而去。"②弦高在经商途中遇到偷袭郑国的"秦师",于是灵活机智,以自己的十几头牛为代价智退秦师。谋利不忘爱国,弦高因此被尊为中国第一爱国商人,是一位"隐于市"的商人。

子产 (约公元前582~公元前522年),复姓公孙,名侨,字子产,是郑穆公之孙,亦称公孙侨,郑国新郑(今河南新郑)人,郑国宰相。《左传·昭公十六年》记载:"尔无我叛,我无强贾,毋或匄夺。尔有利市宝贿,我勿与知。"这段话就是子产保护商人利益的名言。《史记·循吏列传》记载,子产为相"二

---

① 胡寄窗:《中国经济思想史(上)》,上海人民出版社,1962,第273页。
② (汉)司马迁:《史记》,中华书局,1959,第1670页。

年,市不豫贾。三年,门不夜关,道不拾遗"。所谓"豫",《史记索隐》释"市不豫贾",谓"临时评其贵贱,不预定也"。子产主张商品的贵贱根据市场情况而涨落,不事先规定。而我国商界历来就有"子产为相,市不豫贾"的美谈,就是说有像子产这样的人为相,市场上就会有公平交易,不会有欺诈行为。可见当时子产对商业的影响。子产还坚决执行中国第一部保护商家利益的法典——《质誓》,有人就认为子产的这种贡献与公元前18世纪古巴比伦国王汉谟拉比刻于石柱上关于维护私有财产制度的《汉谟拉比法典》一样,是现代人研究市场经济法制化的重要史证。

邓析 (公元前545~公元前501年),春秋后期郑国(今河南新郑)人,生平事迹不可考,《左传·定公九年》《汉书·艺文志》以及《吕氏春秋》《列子》《荀子》有零星记载。其学说见《祭已存稿》卷十四《邓析子跋》。《吕氏春秋·离谓篇》记载:"洧水甚大,郑之富人有溺者。人得其死(尸)者,富人(之家)请赎之,其人求金者甚多,(富人)以告邓析。邓析曰:'安之,人必莫之卖矣。'得死者患之,以告邓析。邓析又答之曰:'安之,此必无所更买矣。'"这是有关邓析关于"买""卖"的记述,这里的"必莫之卖"是指货物(尸)滞销、卖不掉,放在那里不能脱手,"无所更买"是指货物(尸)只有此处可买,他处买不到。邓析著有《邓析子》一书,他在书中公开提出"君于民无厚",他要求另外树立一个代表新兴商人和地主利益的君,"视民而出政"的"明君"。

计然 生卒年不详,葵丘濮上(今河南民权、兰考一带)人,中国第一位商业理论家,范蠡之师。《史记·货殖列传》等史书中反映的"计然之策",其特点一是要根据生产规律来决定经营方式,强调重视储备,即"知斗则修备";二是要求根据市场供应关系来判断价格的涨落,即"论其有余不足,则知贵贱";三是要求国家用调节供求的经济办法来控制物价,使之保持在一个合理的幅度之内,做到对产销双方有利;四是要求注意商品的质量,以"务完物";五是要求注意加速商品和资金的周转,"财币欲其行如流水"。① "计然之策",用之于国则国富,用之于家则家殷。《范子计然》十五卷,旧题范蠡撰,始见于《新唐书·艺文志》农家类书目中。自注曰:"范蠡问,计然答。"其书久佚,清马国翰辑为三卷,见《玉函山房辑佚书·子编·农家类》。

---

① 《商业文化:中华商业文明的精髓》,《河南日报》2007年3月16日,第9-10版。

范蠡 (约公元前536~公元前448年),字少伯,楚国宛城三户(今河南南阳淅川县滔河乡)人,春秋末期政治家、军事家、经济学家和道家学者,《国语·越语下》《史记·越王勾践世家》《吴越春秋》等均有记载。《史记·越王勾践世家》载:"范蠡事越王勾践,既苦身戮力,与勾践深谋二十余年,竟灭吴……范蠡以为大名之下,难以久居……乃装其轻宝珠玉,自与其私徒属乘舟浮海以行,终不反。……范蠡浮海出齐,变姓名……耕于海畔,苦身戮力,父子治产。居无几何,致产数十万。齐人闻其贤,以为相。范蠡喟然叹曰:'居家则致千金,居官则至卿相,此布衣之极也。久受尊名,不祥。'乃归相印,尽散其财,以分与知友乡党,而怀其重宝,间行以去,止于陶,以为此天下之中,交易有无之路通,为生可以致富矣。于是自谓陶朱公。复约要父子耕畜,废居,候时转物,逐什一之利。居无何,则致赀累巨万。天下称陶朱公。"《范蠡》二篇,始见于《汉书·艺文志》"兵权谋家下"。其书久佚,隋、唐志已不见著录。范蠡的经济思想主要是选择经商环境,把握有利时机,运用市场规律,做事有准备;建立粮食和财务的储备,以农作物收获循环为理论的基础,以及以谷物平粜思想和积贮之理为主要内容的经商之道。① 如范蠡的"贵出如粪土,贱取如珠玉",意思是说某种商品价格贵时应把手中所有的商品当作粪土一样抛售出去,当商品便宜时,应像珠玉一样收购进来,而且还应"无敢居贵",不要贪求更高的价格,从而加速商品周转增加利润,要薄利多销。由于范蠡主张稳定物价、平粜齐物、积著理论、薄利多销、不求暴利以及富好行其德等经营理念,被称为我国古代商人的鼻祖,我国最早的慈善家,"忠以为国,智以保身;商以致富,成名天下"。后代许多生意人皆供奉他的塑像,尊之为财神。范蠡撰《养鱼经》一卷,旧题,始见于梁阮孝绪《七录》。《新唐书·艺文志》录"范蠡《养鱼经》一卷"。后佚,马国翰有辑本,见《玉函山房辑佚书·子编·农家类》。

端木赐 (公元前520年~?),姓端木,名赐,字子贡,孔子的弟子,春秋末卫国黎(今河南浚县)人,《韩诗外传》《论语》《荀子》及《史记》均有记载,《端木子书》七卷见于《圣门十六子书》,有道光壬辰冯云鹓校刊本行世。《韩诗外传》说:"子贡,卫之贾人也。皆学问于孔子。"《尸子》亦曰:"子贡,卫之贾人。"《论语·公冶长篇》记载,孔门四科,子贡以利口巧辞列于"言语"之冠,为七十

---

① 巫宝三主编《先秦经济思想史》,中国社会科学出版社,1996,第297页。

二贤之一,夫子尝许之以"瑚琏"之器。《史记·货殖列传》记载:"(孔子)七十子之徒,赐最为饶益。原宪不厌糟糠,匿于穷巷。子贡结驷连骑,束帛之币以聘享诸侯,所至,国君无不分庭与之抗礼。"子贡首倡以"仁、义、礼、智、信"儒家五常为基本理念而从事商业活动以达到经世济民目的,这是他能"家累千金"并且还"结驷连骑,束帛之币以聘享诸侯,所至,国君无不分庭与之抗礼"的原因。从司马迁后面的这句"国君无不分庭与之抗礼"即知道,子贡当时的财富,那可是富可敌国的。因为他在见到各国国君时,各国国君都是跟他行宾主平起平坐之礼,不肯行君臣之礼。后世一般认为,孔子名声之所以能传扬天下,得力于子贡的宣扬。子贡主张"为富当仁"的理念,不取不义之财,靠勤奋与智慧经营致富,才会受到人们的敬仰。子贡的言行充分体现了中国儒商做人经商都遵循"诚""信""义"和"仁"的传统美德。①《论语·子罕》中也记载了子贡经商的原则"求善价而沽",商人的趋利性并没有改变子贡对真知与道德的追求,子贡无愧"中华儒商第一人"的称号。"陶朱事业,端木生涯""经商不让陶朱富,货殖当推子贡贤",可见子贡的儒家经济思想的深远影响力。《子贡杂子候岁》二十六卷,始见于《汉书·艺文志》杂占类,言农占候之事,《隋书·经籍志》《旧唐书·经籍志》《新唐书·艺文志》不载,盖已佚。

(三)战国商业人物

白圭 (约公元前370~公元前300年),战国洛阳(今河南洛阳)人,《史记》《汉书》均有记载。《史记·货殖列传》记载:"白圭乐观时变,故人弃我取。"他提出了贸易致富的理论和农业经济循环说,《汉书》称他为"天下言治生者祖",堪称经营贸易、发展生产的理论鼻祖。白圭的经营原则"人弃我取",即囤积居奇,采取"夫岁孰取谷,予之丝漆;茧出取帛絮,予之食。太阴在卯,穰;明岁衰恶。至午,旱;明岁美。至酉,穰;明岁衰恶。至子,大旱;明岁美,有水。至卯,积着率岁倍。欲长钱,取下谷;长石斗,取上种"方法,能预见到年成好坏,固然能大得其利。即使不管年成好坏,当五谷成熟时收进谷类农产品,而出售丝、漆等手工业品;当蚕茧成熟时收进帛、絮等手工业品,而出售谷类农产品;只要掌握时机,也能得到很多利润。他经商不仅有战略眼光,提前做出预测筹谋、薄利多销的经营之道,而且主营农副产品。由此可见,白圭

---

① 王贤辉:《春秋儒商鼻祖子贡》,《产权导刊》2005年第12期。

经商的基本原则是"乐观时变",即根据农业经济循环论对年岁丰歉的预测,实行"人弃我取"。因此。白圭被称为我国历史上第一个具有战略思路的产业商人。白圭虽然是当时天下首富,但他能"薄饮食,忍嗜欲,节衣服,与用事僮仆同苦乐",在衣、食、住、行方面厉行节俭。这非但是当时一般商人所不及,即使后世商人也莫能与之比焉。他还总结出经商的"智、勇、仁、强"基本素质,"智"就是要有权变,"勇"就是要有决断,"仁"就是要做到"人弃我取","强"就是要能坚守时机,即要有灵活应付各种市场变化的机智、当机立断、敢作敢为的勇气,诚实仁义的商业道德和意志坚强的精神。白圭提出了许多行之有效的经商致富之道,对后世的商业经营活动产生了重大影响,因此被后世商人尊奉为"治生鼻祖"。

吕不韦 (？~公元前235年),韩国阳翟(今河南禹州)人,也有说是今河南濮阳人,《战国策》《吕氏春秋》《史记》均有相关记载。《史记·吕不韦列传》载称"阳翟大贾",因"贩贱卖贵"而"家累千金"。至于吕不韦经营的商品是什么,没有明确记录。《战国策·秦策》记载:"吕不韦者,阳翟大贾人也。往来贩贱卖贵,家累千金。吕不韦贾于邯郸,见秦质子异人,王乃召相,令之曰:'寡人子莫若楚。'立以为太子,子楚立,以不韦为相,号曰文信侯,食蓝田十二县。王后为华阳太后,诸侯皆致秦邑。"吕不韦的经商思想主要是择地生财、贱买贵卖、奇货可居、统筹规划。吕不韦原本是战国末期韩国人,当时,韩国经济不发达,于是,富有经商头脑的他就把商品贸易发展到了赵国的都城邯郸。当时赵国是各诸侯国的交通要道,是理想的货物贸易之地。吕不韦经商之道就是以计为首,深谋远虑。《战国策·秦策五》记载了吕不韦在邯郸见到秦公子子楚后,同他父亲的一段对话,吕不韦贾于邯郸,见秦质子异人(子楚),归而谓其父曰:"耕田之利几倍?"曰:"十倍。""珠玉之赢几倍?"曰:"百倍。""立主定国之赢几倍?"曰:"无数。"不韦曰:"今力田疾作,不得暖衣饱食;今定国立君,泽可遗后世,愿往事之。"这一段对话透露出吕不韦不凡的眼光和谋略。吕不韦知道:得珠宝者终为小商,得天下者将成巨贾,金银用度有限,天下财货无穷。《史记·吕不韦列传》记述:"吕不韦以秦之强,羞不如,亦招致士,厚遇之,至食客三千人","使其客人人著所闻,集论以为八览、六论、十二纪,二十余万言。以为备天地万物古今之事,号曰'吕氏春秋'"。《吕氏春秋》因书中有八览,故又称《吕览》。《汉书·艺文志》著录二十六篇,今作二十六卷。其书成于众手,内容驳而不纯,故人称吕氏为"杂家"。由于总揽晚周诸子精华,汇集先秦百家要义,实乃九流之喉襟,百家之管键,故其书倍受世人瞩目。传世版本以明张登云本、清毕沅校本为精品。另有中国书店版许维遹《吕氏春秋集释》本,上海古籍出版社陈奇猷《吕氏春秋新校释》本行世。吕不韦不仅是一位头脑灵活、经营有方的大富商,也是一位具有远见卓识的政治家,对秦国的社会发展,对秦统一六国事业,做出过突出的贡献,但也犯了政治性错误,在历史上是一位有争议的人物。

二、秦汉商业人物

自商鞅变法以来,秦朝采取的是"重农抑商"政策,将农业视为"本业",将工商视为"末业"。重农抑商思想一时流行天下。秦统一六国之后,执行的基本国策仍是鼓励农业、手工业的发展,抑制包括商品生产在内的商业活动。原来六国的大商人,秦始皇对他们实行的是"迁徙"之策,将他们作为俘虏一样迁徙到原秦国之地,以割裂他们原有的地缘关系,剥夺他们的财产,以削弱原六国地区经济实力,加强原秦国地区的经济。再加上秦由于短命而亡,居关中平原,因此,除前述吕不韦外,中原商人记载较少。

秦汉之际由于连年战争,经济遭到破坏,因此汉初商业整体上衰落。《史记·平准书》记载西汉初年"汉兴,接秦之弊,丈夫从军旅,老弱转粮饷,作业剧而财匮,自天子不能具钧驷,而将相或乘牛车,齐民无藏盖"。西汉初年,由于经济的残破,政府实行"无为而治"的休养生息政策,发展生产,对商业的发展也不严格限制,商业获得了自由发展。《史记·淮南衡山列传》亦载:"重装富贾,周流天下,道无不通。故交易之道行。"西汉初年贤相曹参提出"勿扰狱市"的建议,即允许商品自由交易,取消过关卡所需要的"传"(也就是凭证),也就是采取了自由贸易的政策,商品经济得到快速发展,正所谓"富商大贾周流天下,交易之物莫不通"。汉代的商业行业大致有食品行、服装衣料行、农具行、文教用品行、交通工具行、奴婢买卖行、奢侈品行、丧葬用品行等,经营方式有贩运商、批发商、零售商;有富商大贾,也有小商小贩。① 西汉时期河南商业繁荣的表现之一是商业队伍庞大,闻名全国;表现之二是出现了一批著名的商

---

① 张明来、张含梦:《中国古代商业文化史》,山东大学出版社,2015,第19页。

业都市;表现之三是以洛阳为中心的对外贸易发达;表现之四是考古发掘出土大量商品和货币。这一时期,河南的商业分为官营和私营两类。官商主要经营盐、铁和酒类,不许私人经销,具有垄断性。私营商业也较为发达,不少大商人或登上政治舞台,或兼营手工业,成为工商业主,著名者有卜式、师史、孔仅、桑弘羊等。①

西汉时期是中国古代商品生产和商业大发展的时期,河南商业队伍庞大,闻名全国。《盐铁论·力耕篇》记载"宛周齐鲁,商遍天下,富冠海内"。这表明南阳和洛阳的商业是闻名全国的。《史记·货殖列传》载南阳"俗杂好事,业多贾"。东汉在宛设有交易丞和铁丞,专管商业贸易之事。《史记·货殖列传》载洛阳"东贾齐、鲁,南贾梁、楚"。与此同时,河南还出现了一批著名的商业都市,如淮阳(今周口淮阳)、荥阳(郑州古荥镇)、轵(济源东南)、阳翟(许昌禹州)、穰(南阳邓州)、郑(郑州新郑)、睢阳(商丘睢阳)、陈(淮阳)、温(温县西南)、洛阳(洛阳市)、宛(南阳市)、大梁(开封市)等。人们的商品意识、商品总量、货币的流通量、市场发育程度、商人的社会地位等方面,都比前代取得了明显提高和进步。②《盐铁论·力耕篇》对商人的经营情况记载:"自京师东西南北,历山川,经郡国,诸殷富大都,无非街衢五通,商贾之所臻,万物之所殖者……宛、周、齐、鲁,商遍天下。故乃万贾之富,或累万金,追利乘羡之所致也。"见于记载的商人,汉初有临邛卓氏、宛之孔氏、鲁之曹邴氏、宣曲任氏、桥姚及无盐氏。汉武帝以后又出现了许多新的大商人,《汉书·货殖传》载:"师史既衰,至成、哀、王莽时,洛阳张长叔、薛子仲訾亦十千万。""自元、成讫王莽,京师富人杜陵樊嘉,茂陵挚网,平陵如氏、苴氏,长安丹王君房,豉樊少翁、王孙大卿,为天下高訾。樊嘉五千万,其余皆巨万矣。"《史记·货殖列传》记载:"夫用贫求富,农不如工,工不如商,刺绣文不如倚市门,此言末业,贫者之资也。"由此可知,西汉时期商人的实力雄厚和资产之多。

王莽时期,由于社会动荡、战乱频繁,中原的商业与商人活动受到严重影响,但还在缓慢发展。王莽时期在全国设有6处五均官,分别是在长安、洛阳、邯郸、临淄、宛和成都,其中河南的洛阳、宛(今南阳)名列其中,是当时全国唯

---

① 张民服、戴庞海主编《豫商发展史》,河南人民出版社,2007,"前言"第5页。
② 王彦辉:《汉代豪民研究》,东北师范大学出版社,2001,第63页。

一有两个"商都"的地区。① 东汉建立后,政府对商人及商业采取的放任甚至保护的政策使东汉商业生产活动恢复,主要表现在从事商业活动的商人增多,商业都市复兴并走向繁荣。《后汉书》卷二十八《桓谭传》记载了光武时商人的富有状况:"今富商大贾,多放钱货,中家子弟,为之保役,趋走与臣仆等勤,收税与封君比入,是以众人慕效,不耕而食,至乃多通侈靡,以淫耳目。"东汉人王符在《潜夫论·浮侈篇》记述了东汉后期的商业繁荣情景:"今举世舍农桑,趋商贾,牛马车舆,填塞道路,游手为巧,充盈都邑,治本者少,浮食者众。……天下百郡千县,市邑万数。"商业城市成都、临淄和宛依然是东汉时期商业活动中心城市。与此同时,东汉又出现了新的中小集市,即郡府、县城、乡镇等治所所在地的集市。伴随着东汉建都洛阳,全国的政治中心和商业中心也随之从长安转移到了洛阳,洛阳的商业在东汉时期极度繁荣。

地处中原之中的洛阳,因陆路水路四通八达,在战国时已是中原最大的商埠,西汉时更是得到进一步的发展。西汉时政府在洛阳设有市长,专管市场上的商品交换。王莽置五均市师一人、交易丞五人、钱府丞一人于洛阳,征收商税,评定物价,推行新币。洛阳商业极为活跃,曾一度出现"喜为商贾,不好仕官"的局面,从而使洛阳形成了浓厚的商业意识和商业队伍。出身洛阳的富商师史、卜式、桑弘羊、张长敬、郭况等则正是抓住有利的国家政策和便利的交通,经营起大规模的商品转运贸易。再加上洛阳古代地理位置优越,水陆交通发达,为贸易活动提供了便利条件。洛阳位居"天下之中"。它西依秦岭,东临嵩岳,南望伏牛,北靠太行。西有大道直通长安,有"东方大道,东通于海";"京师洛阳的南方大道逾长江后,可通到永昌郡(今云南保山)"②。水运方面,战国时即在洛阳以东开凿鸿沟,"以通宋、郑、陈、蔡、曹、卫,与济、汝、淮、泗会"。西边水路可达关中,东边可至齐鲁。水陆交通网的形成,使得"荆河之间,四方辐辏",大大便利了洛阳的对外经济交往。《后汉书·仲长统传》记载东汉时"船车贾贩,周于四方;废居积贮,满于都城"。洛阳成为全国最重要的商业大都市,洛阳专开有南市、北市和金市供工商业者贸易。与此同时,南阳是西汉冶铁手工业基地"五都"(北市邯郸、东市临淄、西市成都、中市洛阳、南

---

① 程民生:《论两汉时期的河南经济》,《中州学刊》2005年第1期。
② 洛阳市交通志编纂委员会编《洛阳市交通志》,河南人民出版社,1986,第29~32页。

市南阳)之一。因此,秦汉时期中原著名商人以洛阳、南阳居多,主要从事耕种畜牧、贩马、池鱼、货运、盐铁酒等商品贸易,《史记》《汉书》和《后汉书》均有相关记载,具体可见表 2 秦汉中原著名商业人物一览表。另外,《汉书·货殖传》对西汉后期的巨商大贾洛阳巨商张长叔和薛子仲记载过于简单,"师史既衰,至成、哀、王莽时,洛阳张长叔、薛子仲訾亦十千万"。

表 2 秦汉中原著名商业人物一览表

序号	时期	姓名	籍贯	主要成就	出处	备注
1	西汉	卜式	洛阳	耕种畜牧为业	《史记·平准书》	
2	西汉	桑弘羊	洛阳	盐铁官营	《汉书·食货志》	
3	西汉	师史	洛阳	货运致富	《史记·货殖列传》	物流贸易鼻祖
4	西汉	孔仅	南阳	盐铁专卖	《汉书·食货志下》	撰《上言盐论》
5	西汉	桓宽	上蔡	酒盐铁官卖	《汉书·艺文志》	撰《盐铁论》
6	西汉	樊重	唐河	池鱼牧畜	《后汉书·樊宏阴识列传》	
7	东汉	吴汉	南阳	贩马自业	《后汉书·吴汉传》	

根据表 2,下面依次对卜式、桑弘羊、师史、孔仅、桓宽、樊重、吴汉等 7 人的生平、商业活动、经商理念、主要成就进行梳理。

(一)西汉商业人物

卜式 生卒年不详,西汉中期河南郡(今河南洛阳市一带)人,牧羊商人,《史记》《汉书》《隋书》有相关记载,卜式撰的《上书请死节南越》见于《汉书·卜式传》,《上令官求雨》见于《史记·平准书》。《史记·平准书》记载:"天子乃思卜式之言,召拜式为中郎,爵左庶长,赐田十顷,布告天下,使明知之。初,卜式者,河南人也,以田畜为事。……是时汉方数使将击匈奴,卜式上书,原输家之半县官助边……卜式持钱二十万予河南守,以给徙民。"上述记述的是卜式以耕种畜牧为业,曾出资助边。《汉书·卜式传》记载:"(卜式)有少弟,弟壮,式脱身出,独取畜羊百余,田宅财物尽与弟。式入山牧,十余年,羊致千余头,买田宅……式不愿为郎,上曰:'吾有羊在上林中,欲令子牧之。'式既为郎,布衣草蹻而牧羊。岁余,羊肥息。"反映出卜式以养羊为业,家产殷实,甘为羊官的思想。后卜式因提出郡国不适宜实行盐铁专利而被谪贬。卜式撰《养羊法》一卷,始见于《隋书·经籍三》;《养猪法》一卷,始见于《隋书·经籍三》。梁有卜式《养猪法》一卷,亡。《太平御览》引《博物志》曰:"卜式有养猪羊法。"卜式撰《月政畜牧栽种法》一卷,始见于《隋书·经籍三》。梁有卜式《月政畜牧栽种法》一卷,亡。

桑弘羊 （公元前152~公元前80年）,西汉洛阳(今河南洛阳东)人,著名理财专家,历任侍中、大农丞、治粟都尉、大司农等职,《汉书·食货志》《盐铁论》有相关记载。桑弘羊是西汉洛阳一个商人的儿子,桑弘羊的"羊",是吉祥的意思,取名弘羊,是取大吉祥之意。① 桑弘羊受家庭经商的影响,从小就精通经商之道,并善于计算账目。桑弘羊认为,人民的生活需求是多方面的,老百姓在家里不但要吃饭,而且还有日用、居、行等各种需要,光搞单一的农业是不行的,需要多种经营。商业不仅把各地财货提供给百姓,而且还把农业的剩余产品运往各地,从而促进农业的发展。没有商业,剩余农产品就没有销路,农林牧渔都会衰落。《盐铁论·本议》记载:"故工不出,则农用乏;商不出,则宝货绝;农用乏,则谷不殖;宝货绝,则财用匮。……国有沃野之饶而民不足于食者,器械不备也。有山海之货而民不足于财者,商工不备也……养生送终之具也,待商而通,待工而成。"桑弘羊在强调商业致富的同时,论述了农业、工业、商业之间相互制约、相互促进的关系,认为应该农业、工业、商业并重,社会经济全面协调发展,正如《盐铁论·通有》记载的"农商交易,以利本末"那样。关于桑弘羊盐铁专营思想在《汉书·食货志下》有集中表述,"武帝末为搜粟都尉领大司农。为朝廷兴盐铁酒榷之利。再迁御史大夫,受遗诏辅少主于床前。昭帝始元六年,诏问贤良文学民所疾苦,曰榷管可罢,弘羊力辩其利,终不罢,其言多见于《盐铁论》。后与大将军霍光相左,见杀",自元狩三年(公元前120年)起,桑弘羊在汉武帝大力支持下,先后推行算缗、告缗、盐铁官营、均输、平准、币制改革、酒榷等经济政策,全力辅佐汉武帝制定和推行了盐铁官营、酒类专卖、统一铸币、均输、平准和屯田戍边等一系列重大的财政经济政策,对汉武帝一代文治武功做出了重要贡献。桑弘羊层层设均输官(调剂运输的官员)与盐铁官(管理盐铁经营的官员),并在京城建立平准机构(负责平稳物价),物贵则卖出,物贱则买入。始元六年(公元前81年),盐铁会议召开,因贤良文学指责盐铁官营和均输、平准等政策"与民争利",桑弘羊与之展开辩论。会后,改酒类专卖为征税,其他政策仍沿袭不变。尽管桑弘羊被杀,但根据《汉书·食货志》记载,盐铁官营等政策在西汉后期基本沿袭未变。总的来

---

① 马非百:《桑弘羊年谱订补》,中州书画社,1982,第3页。

说,桑弘羊把商业看作是攫取货币财富的源泉,提出"农商交易,以利本末"。其部分言论被后人整理为著名的《盐铁论》一书。

师史 生卒年不详,西汉洛阳(今河南洛阳白马寺东)人,以货运致富著称的运输商人,《史记·货殖列传》有相关记载。《史记·货殖列传》记载:"周人既纤,而师史尤甚,转毂以百数,贾郡国,无所不至。"师史利用洛阳交通便利的特点,大力发展货运业。他拥有数百车辆,以车载货,来往于各郡、各诸侯国之间,利用各地货物的差价,进行货运贸易,无所不至。《史记·货殖列传》还记载:"洛阳街居在齐秦楚赵之中,贫人学事富家,相矜以久贾,数过邑不入门,设任此等,故师史能致七千万。"由此可知,师史以车载货贩运赚钱,拥有数以百计的车辆,屡次路过乡里也不入家门,足迹遍及全国各地,并在齐、秦、楚、赵各郡国都城设立店面,规模庞大,世人称之为"洛阳街",师史成为拥有七千万资产的大商人。

孔仅 生卒年不详,原梁国睢阳(今河南商丘)人,交易商人。秦时灭魏,孔氏迁至南阳后,兴修水利,利用水排大办冶铸,靠冶铁成为巨富,为南阳商贾所推崇。西汉中期孔仅原为南阳大冶铁商,后成为财政家,《史记·平准书》《汉书·食货志》《汉书·货殖传》有记载,孔仅撰文1篇即《上言盐论》。《史记·平准书第八》记载:"孔仅为大农丞,领盐铁事。"即武帝元鼎二年(公元前115年),孔仅任大农令,领盐铁事,主管盐铁专卖,在全国各地设立盐铁专卖机构,专营盐铁生产和贸易事宜。《汉书·货殖传》对南阳巨商孔氏记载:"大鼓铸,规陂田,连骑游诸侯,因通商贾之利,有游闲公子之名。然其赢得过当,愈于纤啬,家致数千金,故南阳行贾尽法孔氏之雍容。"孔仅采取"诸贾人末作贳贷卖买,居邑贮积诸物,及商以取利者,虽无市籍,各以其物自占,率缗钱二千而算一。诸作有租及铸,率缗钱四千算一"等措施以打击商人势力。孔仅因为精通盐铁生产技术,又对朝廷有所捐赠,因而被汉武帝委以重任——掌握了当时国家经济命脉的掌管盐铁事务的"大农丞",管理全国的盐铁业,南阳也成为全国设立铁官的手工业基地之一,是西汉"五都"(北市邯郸、东市临淄、西市成都、中市洛阳、南市南阳)之一。孔仅由商人而位列九卿,也开了中国历史上的"商人参政"之先河。

桓宽 生卒年不详,字次公,西汉中期汝南(今河南上蔡西南)人。治《公羊春秋》,具为郎,官至庐江太守丞,《汉书》《盐铁论》有记载。《汉书·公孙刘田王杨蔡陈郑传》记载:"始元中,征文学贤良问以治乱,皆对愿罢郡国盐铁酒榷均输,务本抑末,毋与天下争利,然后教化可兴。御史大夫弘羊以为此乃所以安边竟,制四夷,国家大业,不可废也。当时相诘难,颇有其议文。至宣帝时,汝南桓宽次公治《公羊春秋》,举为郎,至庐江太守丞,博通善属文,推衍盐铁之议,增广条目,极其论难,著数万言,亦欲以究治乱,成一家之法焉。"其书详条桓宽用桑弘羊之说,设榷酤(酒官卖)盐铁(盐铁官卖)之法,写成了一部具有文学特色的经济史料——《盐铁论》,这也是我国历史上第一部有关盐铁问题的结构严整、体制统一的专著。《盐铁论》全书共十卷六十篇,虽各立标题,但内容仍互相连贯。东汉大文学家王充在其名著《论衡·案书》中赞誉其体现了"两刃相割,利钝乃知;二论相订,是非乃见"的特点。明朝涂桢序称赞"其辞博,其论覈"。《汉书·艺文志·诸子略·儒家类》著录"桓宽《盐铁论》六十篇"。《隋书》录"《盐铁论》十卷"。现传世的有郭沫若先生所校订的《盐铁论读本》和王利器的《盐铁论校注》。

樊重 生卒年不详,字君云,西汉末南阳湖阳(今河南南阳市唐河县湖阳镇)人,《后汉书》《齐民要术》有相关记载。《后汉书·樊宏阴识列传》记载:"樊宏字靡卿,南阳湖阳人也,世祖之舅……父重,字君云,世善农稼,好货殖。重性温厚,有法度,三世共财,子孙朝夕礼敬,常若公家。其营理产业,物无所弃,课役童隶,各得其宜,故能上下戮力,财利岁倍,至乃开广田土三百余顷。其所起庐舍,皆有重堂高阁,陂渠灌注。又池鱼牧畜,有求必给。尝欲作器物,先种梓漆,时人嗤之,然积以岁月,皆得其用,向之笑者咸求假焉。资至巨万,而赈赡宗族,恩加乡闾……县中称美,推为三老。年八十余终。其素所假贷人间数百万,遗令焚削文契。"樊重为人节俭,善于经营家业,三代没有分家,财物共有。他还善于经营,樊家的财产和收成也都每年成倍增长,以至于后来拥有田地三百余顷,在当地富甲一方。樊重乐善好施,他经常接济贫困的乡邻,不图报答,临终之际,把乡里人向他借贷的借据一把火全部烧掉,樊重诸子受父遗命,一律予以免除,一家也没有接受。樊重善行为人称道,被推举为"三老",掌管当地的教化。

(二)东汉商业人物

吴汉 (?~44年),字子颜,东汉南阳宛县(今河南省南阳市宛城区)人,东汉开国名将、军事家,《后汉书》有相关记载。《后汉书·吴汉传》记载:"家贫,给事县为亭长。王莽末,以宾客犯法,乃亡命至渔阳。资用乏,以贩马自业,往来燕、蓟间,所至皆交结豪杰。更始立,使使者韩鸿徇河北。或谓鸿曰:'吴子颜,奇士也,可与计事。'鸿召见汉,甚悦之,遂承制拜为安乐令。"由此可知,吴汉少时家贫,给事县为亭长。新朝末年,吴汉因门下宾客犯法,逃到渔阳郡,以贩马为业,往来于燕蓟之地(今河北北部及北京市一带),交结各地豪杰。遂拜为安乐令,汉属渔阳郡,故城在今幽州潞县西北。光武即位,拜汉为大司马,封舞阳侯。建武三年(公元 27 年)春,破檀乡义军于漳水上,降者十余万人,光武建使者玺书定封汉为广平侯,食四县。后南征北战,屡建奇功。病卒,谥曰忠侯。明帝图画二十八将于南宫云台,汉为其一。《后汉书·吴汉传》还记载:"汉尝出征,妻子在后买田业。汉还,让之曰:'军师在外,吏士不足,何多买田宅乎!'遂尽以分与昆弟外家。"吴汉出征后,妻子在家购置田业。吴汉回来后,责备妻子道:"军师在外,官吏士卒供养不足,何必多买田宅?"于是尽数分给昆弟们和外家,这表现出吴汉对家产淡化。今河南省南阳市卧龙区龙兴乡吴老庄村现存有吴汉墓、娘娘庙、大王庙、鼓石、练兵场、义马冢、七十二眼井等文化遗迹。

三、隋唐宋元商业人物

魏晋南北朝时期中国处于分裂割据状态,虽然出现过西晋的短暂统一,但各地的交通阻隔被打破,商业贩运活动也受到影响。曹魏对手工业生产很重视,无论是官营冶铁业,还是民间纺织业,都具有相当的规模。在农业和手工业生产发展的基础上,河南的商业日益复苏,城市经济也逐渐活跃起来。公元 220 年,曹丕代汉建魏,定都于洛阳,在汉宫的遗址上重建宫殿,洛阳的城市人口逐渐增多,商业也得到了恢复与发展。曹魏时期的洛阳,既是北方的政治文化中心,也是北方的商业中心。西晋统一全国后,首都洛阳再度成为全国的政治中心和商业中心,在曹魏城市经济发展的基础上,与中国南部的经济交往日趋密切,商业活动很盛。由于商业的发展,西晋弃农经商与官僚经商日渐盛行。历经魏晋两朝而发展起来的河南经济,在西晋永嘉之乱、八王之乱和十六国战乱中大受摧残,百姓流亡,城镇萧条,生产废弛,阡陌荒芜,河南商业的发展再一次停滞和趋于衰落。

北魏孝文帝时迁都洛阳,洛阳逐渐成为北魏最大的商业城市,并且还带动了中原其他城市商品贸易的兴盛。据《洛阳伽蓝记》记载,北魏后期的洛阳有200多个里坊,10.9万余户居民。城内外建立了许多商业区,有金市、马市、大市、小市等,又有通商、达货、调音、乐律、退酤、治觞、慈孝、奉终、准财、金肆10里,这10里多居住着工商业者。在城南特定的区域内,北魏政府还专门设置了金陵、燕然、扶桑、崦嵫4馆和归正、归德、慕化、慕义4里,以安置四方的"附化之民"和域外的商人。洛阳与外国的经济往来也颇为频繁,大批外商胡客纷至沓来,成群结队的商贾络绎而至。当时的洛阳不仅是中国北方的商业中心,还是国际性的大都市。与此同时,大批的王室宗亲也投入了经商行列。如西晋义阳成王司马望之孙司马奇"遣三部使到交广商货"。这里的"交广"就是今天的广东、广西和越南北部。再如北魏时相州(今河南安阳)刺史李世哲,在邺城、洛阳等地的市场上贩卖各种货物。① 当时的民间商人刘宝"舟车所通,足迹所履,莫不商贩焉。是以海内之货,咸萃其庭,产匹铜山,家藏金穴"②。据此可知,凡是交通能够到达的地方,都有北魏洛阳的大商人刘宝贩运的足迹,全国各地的许多商品,诸如食盐、粮食等,都在他的贩运之列。刘宝的商业贸易活动具有规模优势、价格垄断等特点,主要是因为他垄断了食盐和粮食这些人民大众日常生活中不可缺少的生活必需品,这是一般的小商贩所无法比拟的。北魏灭亡后,东魏孝静帝迁都邺城(今河北临漳西南)时洛阳又遭到了巨大的破坏,城墙坍塌,宫室倾覆,寺观被夷为灰烬,墙体被蒿艾所覆盖,街巷里长满了荆棘,一片凄惨荒凉的景象。后来,高洋废东魏建立北齐,宇文觉废西魏建立北周,北方又形成北齐、北周东西对峙的局面。黄河流域又一次陷于动乱和破坏之中,河南商业的发展也停滞不前和趋于衰落。总的来说,魏晋南北朝时期河南地区的商业经历了曲折发展,即魏晋时期的恢复与发展,十六国时期的破坏与重新恢复,北朝时期的恢复与发展。

隋唐时期(581~907年),我国结束了魏晋南北朝以来长期分裂割据的局面,实现了历史上第二次大统一,使连续三百年的战事得以停止。尤其唐代是继秦汉之后,我国历史上又一个强大的封建王朝,同时,唐代还是我国古代政

---

① 张民服:《豫商历史及其贡献概述》,《中州学刊》2007年第3期。
② 参见:北魏杨衒之撰,范祥雍校注《洛阳伽蓝记校注》,上海古籍出版社,1958,第202-203页。

治、经济制度出现重大转折的时期。隋至唐前期,河南商业发展最主要的表现之一是城市商业的发达和商业都会的繁荣。当时河南最主要的城市是东都洛阳和汴州(今开封),在全国乃至世界都有比较大的影响。其中,洛阳作为隋唐时期的东都,是当时河南最大的商业都会。早在隋炀帝营建东都洛阳时,已迁移全国很多富商大贾定居洛阳,又命江南诸州上户6000余家入住东都。到唐高宗、武则天的时候,又迁关外雍、同、秦等7州数十万户来洛阳定居,其中有很多人都是当时善于经营商业的人。洛阳城内有南、北、西三方分别建有丰都(唐命名为南市)、通远(唐命名为北市)、大同(唐命名为西市)三大商业市场,集中进行商业经营。隋唐的城市十分兴盛,城市里已经有固定的交易场所即市。洛阳不仅是全国的贸易中心,同时也是国际贸易的重要城市。洛阳的通远市临通济渠,周围六里,二十门分路入市,商旅云集,市内存放着各地来交易的舟船、舶舫等,往往数以万计;丰都市周围有八里,通十二门,市内有一百二十行,三千多店肆,"市四壁有四百余店",来此的商旅繁多,各种货物堆积如山。洛阳成为全国的商业中心,又是当时国际贸易的主要城市,许多外国人都来此经商。武周以后,洛阳城内有20条主要街道,居民区有113坊,商业区仍集中于三市,成为仅次于长安的大都市。其中仅南市占地面积就达两坊面积,3000家店铺,货物堆积得像小山一样,可见其繁荣程度。商人们为了保护自己的利益,还自发组织了各自的行会组织,如米行、彩帛行、丝行、药行、肉行、香行等,有120行。① 进入五代(后梁、后唐、后晋、后汉、后周)时期后,各政权都在河南地区建都立国,在这半个世纪中,长江以北战争不断,中原人民深受其害。尤其是朱温掘开滑州黄河堤后,黄河以南又连年大水,给河南的经济社会发展带来严重的破坏。

  宋元时期是中国历史上商品经济又一繁荣时期,其突出特点是城市经济特别发达,坊市分离制度瓦解了,人们的商业活动突破了空间和时间界限。北宋王朝建立后,又统一全国的政权,并建都于开封,河南又一次成为全国的政治、经济和文化中心,为社会发展提供了极好的机遇。北宋政府开通了与各地相通的运输路线,如马递铺、水递铺、香药递铺等,其中最主要的就是以汴河为主干线的水运线路。除了城市的坊、市制被打破以外,宋代市场在空间上则出

---

① 张民服、戴庞海主编《豫商发展史》,河南人民出版社,2007,第229页。

现了农村市场,特别是草市镇的发展。宋代已形成了四大区域性市场,即以汴京为中心的北方市场,以东南六路为主、苏杭为中心的东南市场,以成都府、梓州和兴元府为中心的蜀川诸路区域性市场,以永兴军、太原和秦州为中心的西北市场。① 上述四大区域性市场设有征收商税的机构称都商税院,州县称都税务,重要的津渡、镇市一般称税务或税场。北宋时,全国有税务1993个,其中河南有160个,占总数的8%。宋代有很多富商大贾和贩运贸易的中小商人,农民经商、僧人道士经商成为社会普遍现象。尤其是北宋时期官员经商成为常态,从中央到地方各级官员都有经商的活动,他们不但贩运粮食、布帛和木材等货物,开设印刷业、邸店业等行业,而且还进入国家专控贸易茶、盐等的买卖之中,其规模之大、行业之广都是空前的。《东京梦华录》记述了宋徽宗崇宁到宣和年间北宋东京城的商贸情况。张择端的《清明上河图》生动地描绘了开封汴渠已成为把经济中心的南方和政治军事中心汴京联系起来的运输大动脉,是维持中央集权统治供给的生命线。

金元时期,是河南社会历史发展的中衰时期。在金代占据原属北宋的淮水以北广大地区之前,女真聚居的地区,手工业、商业没有从农业中分离出来,没有独立商人,女真人之间以及同邻近的其他各族之间的交换,均属物物交换。金人占领淮水以北地区后,因为这里曾是以汴京为中心的北方区域市场的核心地区,商品货币经济有一定程度的发展,由城市、镇市和草市组成的市场网络初步形成,再加上金代官府的重视,除了北宋时比较发达的商业城市得到恢复外,分布在各城间的乡镇也陆续恢复和发展起来,而且还出现了一些新的商业城市。比如上京会宁府(今黑龙江阿城南)、中都大兴府(今北京市)、东京辽阳府(今辽宁辽阳)和南京开封府(今河南开封)成为经济中心。当时,开封府人户达23.5万多户,仍有百万人。世宗时,相国寺每逢三、八日开寺,商贩聚此贸易,买卖者甚众。由于元朝建都北京,河南不再是全国的政治、经济和文化中心,特别是经历了金元时期的残酷掠夺和连续不断的战争破坏,再加上中原地区战乱不断、民族矛盾、阶级压迫等原因,河南地区社会经济出现严重的衰退。在元代全国著名的大城市中,河南只有开封一个,但也仅仅是有20万人口的地区性政治、经济、文化中心。这是因为开封是五代和宋朝的首都,

---

① 张民服、戴庞海主编《豫商发展史》,河南人民出版社,2007,"前言"第8页。

后来金人也迁都于此,开封历经200多年的国都,经济基础较好,因而恢复发展较快。随着我国经济中心南移,中原地区逐渐失去政治、经济和文化中心地位,商品经济发展滞缓。因此,金元时期河南境内商业和商人的文献资料极少。

总的来说,隋唐宋元时期,中原地区著名商业人物比较少,仅见两人即五代十国时期前蜀开国皇帝王建和北宋兴隆堂的创办人。下面依次对王建和"王守义十三香"的前身"兴隆堂"王氏族人的生平、商业活动、经商理念、主要成就进行论述。

王建（847~918年），字光图,许州舞阳（今属河南舞阳）人,一作陈州项城（今河南沈丘）人,五代时期前蜀开国皇帝,《旧五代史》《新五代史》《全唐文》有相关记载。关于王建经商记载只有一句话,《新五代史·前蜀世家·王建》:"少无赖,以屠牛、盗驴、贩私盐为事,里人谓之'贼王八'。"其经营思想,言语不详。王建虽目不识丁,但作战勇猛,在唐昭宗天复三年（903年）被封为蜀王。后梁开平元年（907年）,王建在成都称帝,建立前蜀政权,光天元年（918年）六月卒,庙号高祖。王建在位期间,励精图治,注重农桑,兴修水利,扩张疆土,实行"与民休息"的政策,蜀中得以大治。王建在位十二年,庙号高祖,谥号神武圣文孝德明惠皇帝,葬于成都永陵。永陵于1961年被国务院列为第一批全国重点文物保护单位。王建撰有《改衙厅为宫殿诏》等文八篇,见《全唐文》卷一二九,还有《赠别唐太师道袭》诗一首,见《全唐诗》卷八。

王氏族人 兴隆堂始创于北宋都城东京（今河南开封）,专营草药、香料,其创始人原为官宦之家,善烹饪,后辞官在开封开药铺,取名"兴隆堂"。后来兴隆堂推出一种秘制调料,因其性能独特而名扬东京,被收入御膳,供宫廷享用。12世纪左右兴隆堂为了丰富菜品的口味,便利用秘制配方,对其进行研发,调制出一款新的调料,没想到这款调料一进入市场,就受到了人们的喜爱和追捧,之后就名扬四海,但由于其味道实在是太香,因而直接被收入宫中供皇室享用,也由于这个原因兴隆堂一代又一代地传了下来。他们的家族一代代将"兴隆堂"的调味文化传承下来。20世纪50年代末,居住在河南省通许县的王守义在祖传古都开封兴隆堂秘方的基础上,不断进行挖掘整理,根据中国传统调味品的理论,并加以实践、研究,依据特定的地理、人文、风俗习惯,研制成一种风味独特的调味品。这种调味品由20多种中药材及香料配置而成,具有解膻提鲜、去邪掩腥、健脾开胃、香味浓郁的特点,王守义给调味品取了个响亮的名字叫作"十三香"。王守义、王银良父子在激烈的市场竞争中,勇敢面对挑战,立志做大"兴隆堂"事业。他们创业不但承载着一个家族的荣誉,更传承着古代豫商的厚重文化。"兴隆堂""王守义""十三香",已成为这个家族、这个企业的内在灵魂,而"王守义十三香"在当代香飘四海、誉满人间。

四、明清商业人物

宋元以后,政治中心和经济重心移出河南,河南的经济地位也大大下降。明清时期我国进入了古代商品经济最为繁荣的阶段,也是地域性商帮形成和发展的重要时期。明代由于全国经济中心的南移和政治中心远离河南,加上水旱灾害频发和黄河决溢频繁,河南经济社会发展缓慢,但也出现了商业集市。豫西南的唐白河汇注汉江,连接湖北,分布在唐白河及其支流沿岸的集镇为数不少,如石桥镇位于白河沿岸,北通南召,南至襄樊,是宛北货物集散地。唐河、泌阳河交汇处的源潭镇,"紧靠河道大湾,深潭联串,船舶云集",因此这里的集市贸易十分兴隆。① 清代中前期,河南经济社会得到恢复与发展,人口数量和耕地面积开始明显增加。农作物的复种,域外作物的普及,使单位面积的粮食产量得到提高。棉花、药材、油料等经济作物被推广种植,为手工业的发展提供了比较丰富的原材料。纺织业、采矿业、制瓷业、酿酒业等都得到一定程度发展,有效促进了河南农业经济的发展和市镇的出现。比如清代唐河附近的赊旗店镇、辉河与沙河交汇处的北舞渡镇,与贾鲁河的朱仙镇、周家口并称为河南"四大名镇"。渑池千秋镇、唐河源潭镇、内乡马山口镇、光山泼陂河镇、淅川荆紫关镇、信阳五里店镇、禹州神垕镇、嵩县田湖镇、许州五女店镇和繁城镇、长葛石固镇、归德府刘口集、淇县淇门镇、汲县卫源镇、内黄楚旺镇、孟县白坡镇、河内清化镇、滑县道口镇等都是当地有名集市。鸦片战争以后,由于连年战乱和日益频繁的水旱灾害,河南的经济社会发展进一步恶化,甚至陷入民不聊生的窘境。"自甲午庚子两次赔偿兵费以来,岁去之款骤增四五千万,虽云未尝加赋,而各省无形之搜刮实已罄尽无遗……在富饶者力可自给,中资之产无不节衣缩食,蹙额相对。至贫苦佣力之人,懦者流离失所,强者去

---

① 南阳地区商业志编纂委员会编《南阳地区商业志》,中国展望出版社,1989,第143页。

为盗贼。"①这不仅是对晚清时期整个中国的经济社会状况的描绘,也是晚清时期河南经济社会日益衰落的真实反映。

明代中期以后,以怀商、徽商和晋商为代表的各地商人更多地以群体的力量活跃在商业舞台和社会生活领域,开始了中国商业历史上的商帮时代。河南也形成了怀帮商人、武安商人等商人群体,在国内和省内社会经济生活中扮演了重要的角色。② 明中叶河南彰德府武安商人每年春季推车而往,岁终推车而归,从事流动经营。到了清乾隆、嘉庆年间,武安商人逐渐由经营药材扩大到药材、绸布和山绸的经营,在开封、南阳、信阳、周家口、朱仙镇等地都有相应商业组织和经营机构,由在本地区的经营扩大到辽宁、吉林、山西、陕西、甘肃、内蒙古、江苏、安徽等地,活跃于各地城乡。但是相关著名商人在明代嘉靖《武安县志》中记述较少,究其原因可能有二:一方面,明代怀人经商的史料有限,而且尚未作为一个地域性的商人群体出现;另一方面与明太祖朱元璋重农轻商的立国之策有关。明清时期,怀庆府(今为河南焦作市辖博爱、沁阳、温县、孟州、武陟、修武以及济源市和新乡市原阳县一带)商人以经营药材、铁器和竹器为主,闻名省内外,被誉为怀商,其中以民族资本家、实业救国的靳法蕙、秦永年为代表。

明清时期,除怀帮商人外,特别值得一提的是巩义的康百万。明洪武年间,由山西洪洞县迁往河南巩县(今巩义)的康家先祖在康店镇洛河边安家并经营饭馆,从而开创跨越明、清和民国三个时期康氏家族四百余年的商业神话。康氏家族创业于明代,渐兴于清初,乾隆时进入全盛,咸丰以后逐渐没落,民国中期走向衰败。康氏家族经营的商业遍布豫、陕、鲁三省,延及京、津、苏、杭和兰州等地,有些贸易还发展到海外日本等国。特别是运河运输的经营,曾经富甲豫、鲁、陕三省,船行洛、黄、运、沂、泾、渭六河,良田双千顷,财富无以计数,《巩县志》有相关记载。全盛时期,康家拥有18万亩土地,朝廷两次悬挂千顷牌匾。民间流传的俗语说:"头枕泾阳、西安,脚踏临沂、济南;马跑千里不吃别家草,人行千里尽是康家田。"康氏家族兴盛持续了十二代人,历时四百多年,其中有十余人被称为"康百万"。明清时期,康百万、沈万三、阮子兰在民间

---

① 李文治:《中国近代农业史资料》,生活·读书·新知三联书店,1957,第912~913页。
② 张民服、戴庞海主编《豫商发展史》,河南人民出版社,2007,第301页。

被当作活财神供奉。直到民国时期,军阀混战,列强侵略,国内经济陷入崩溃,康氏家族才逐渐衰落。另外,明末清初太康的耿耀、清朝汤阴的岳梦渊和固始的吴鼎立,在中原商品经济发展中也有一定影响。具体可见表 3 明清中原著名商业人物一览表。

表 3 明清中原著名商业人物一览表

序号	时期	姓名	籍贯	主要成就	出处	备注
1	明朝	康守信	巩义	饭馆为业	明洪武《巩县志》	康百万家族的始祖
2	明朝	康绍敬	巩义	经营盐业	明洪武《巩县志》	康百万家族第六代传人
3	明末清初	耿耀	太康	贸布供养	《中州先哲传·孝友》	撰《弦垣诗文草》
4	清朝	岳梦渊	汤阴	事盐铁农桑	《国朝耆献类征·文艺十一》	撰《海桐书屋诗钞》
5	清朝	吴鼎立	固始	井盐生产	清同治《富顺县志》	撰《自流井风物名实说》
6	清朝	康大勇	巩义	兴工造船	清康熙《巩县志》	康百万家族第十二代传人
7	清朝	康应魁	巩义	棉布生意	清道光《巩县志》	康百万家族第十四代传人
8	清朝	康道平	巩义	购地修寨	清咸丰《巩县志》	康百万家族第十五代传人
9	清朝	康无逸	巩义	捐资修路	清光绪《巩县志》	康百万家族第十六代传人
10	清末民初	靳法蕙	焦作	开办矿山	清同治《修武县志》	怀庆府怀帮商人
11	清末民初	秦永年	修武	煤矿铁矿	民国《修武县志》	怀庆府怀帮商人
12	清末民初	康建璧	巩义	捐款赈灾	民国《巩县志》	康百万家族第十七代传人
13	清末民初	康建德	巩义	兴办新学	清光绪《巩县志》	
14	清末民初	康建勋	巩义	行医济世	民国《巩县志》	
15	清末民初	康子昭	巩义	救危扶贫	民国《巩县志》	

根据表 3,下面依次对康守信、康绍敬、耿耀、岳梦渊、吴鼎立、康大勇、康应魁、康道平、康无逸、靳法蕙、秦永年、康建璧、康建德、康建勋和康子昭等 15 人的生平、商业活动、经商理念和主要成就进行梳理。

(一)明代商业人物

康守信 生卒年不详,明巩县西孝义(今河南巩义)人,康百万家族的始祖,明洪武《巩县志》有记载。明王朝为恢复社会经济,实施迁民政策,康守信于洪武七年(1374 年)从山西洪洞县迁至巩县西孝义,开饭馆为业,兼理农业,为康家日后在河南的繁荣奠定了基础。关于迁徙的情况,明《巩县志》载:"明洪武七年秋天,钦命侯监理督检院大学士率民三千七百四十丁,分二十四牌(迁郑一牌),迁至巩县之背阴分业务农。"

康绍敬 生卒年不详,康百万家族第六代传人。洪武年间考上进士,初任洧川(今河南尉氏县境内)驿丞、登州知府,后晋升为东昌府(今山东聊城)大使,管理地方水陆交通和官盐、税务、仓库。清政府实行以盐、茶为中介,招募商人输纳军粮、马匹等物资的方法缓解政府运转力不足。康绍敬一边做官,一边利用职务之便组织康家子弟把河南的粮、棉、油等物品运销山东,又把山东的盐及海产品运销河南,日积月累,逐渐挣下了偌大的基业,也为康家历代经商山东打下了重要基础,成功地奠定了康家兴盛十二代四百多年的家族基业。

(二)清代商业人物

耿耀 生卒年不详,字泰炤,明末清初河南开封府(今河南太康)人,《中州先哲传》、民国《太康县志》有相关记载。《中州先哲传·孝友》载:"(耿耀)与兄光、弟炳以孝友称。"明崇祯十五年(1642年)李自成破太康,耿耀带母亲逃难河朔(怀庆府,今河南沁阳)贸布供养。入清后,耿耀偕兄光与孙帝德往辉县师事孙奇逢,晚述家训,置祭田,修家谱。耿耀撰有《弦垣诗文草》,《太康县志·艺文志》作《弦组草诗文集》,收录在《中州艺文录》卷一五。

岳梦渊 (1699年~?),字峙淳、屿淳,又字仲子,号水轩,又号白门倦翁、清凉山樵,岳飞裔孙,清彰德府(今河南汤阴)人,《国朝耆献类征初编》《墨香居画识》有相关记载。《国朝耆献类征·文艺十一》载,康熙、乾隆间诸生,尝在永保、准泰、额尔登、吴晏幕中戮理政务,于律例兵事盐铁农桑无不谙悉。《群雅集》谓:"水轩淹雅博达,综汇百家,负经济之学,精刑名之术,时争以奇士目之,多延为上客。"从中可知,岳梦渊熟谙盐铁农桑经济之学,当时诸大府争相举用。岳梦渊著有《海桐书屋诗钞》八卷,是书先有四卷之刻,又有八卷之刻,分体编排,有刘大櫆、袁枚序,又有赵书黎序、自序。袁行云《清人诗集叙录》云:"梦渊南游湘粤,西极乌鲁木齐,东至闽海,北历鄂而多斯,凡所遇一意发之于诗。"岳梦渊撰有五古《度梅岭》《登岱》《伊吾庐歌》,七古《望海歌》《罗浮行》《西岳》《北岳》《重游珍珠泉歌》,近体《福州》《广州》《历下》《秦淮竹枝》《凉州杂咏》《南岳杂咏》《香山墺》《巴里坤》《自安西至肃州》《楼烦口占》和《五台山》。

吴鼎立 生卒年不详,字铭斋,清代光州固始(今河南固始)人,清同治《富顺县志》有相关记载。道光三十年(1850年)进士,先后任射洪、东乡知县。当时,射洪是四川井盐的重要产地。同治十年(1871年),吴鼎立任四川富顺县事。八月以县丞赴自流井,其地在县西北九十里,临近荣溪,产业最富,井灶林立,商务最盛。吴鼎立官自流井时,藉览山川人物,访之绅商,并考察富顺县属的自流井生产盐区,总结凿井、制盐生产技术和井盐业经营管理的经验,写出一部图文并茂的井盐生产技术著作《自流井风物名实说》。《自流井风物名实说》详述清中叶以前自流井产盐五井的区域范围,井场管理机构名称,集资经营盐井的原则和雇佣关系,布置盐灶和导引卤水入灶的方法,捣井方法,治井原理及使用工具名称、形状、尺寸,汲卤、输卤设备,锅口名称、形状等。文后附有《烧盐说》《枧说》。《自流井风物名实说》还收录有《桐龙新长四垱主与客所做客井、子孙井三十班井规》《邱垱小溪主与客二十四口子孙井规》和《上中下节井规》,介绍自流井的盐业经营管理体制。《富顺县志》在其卷一配刻有一幅《自流井小溪图》,图文并茂地呈现了自流井及小溪地区的"风物名实",成为我们今天研究自贡盐业的第一手宝贵资料,也为我们了解清代自贡的城市雏形及格局留下了最原始的记录,刊行单行本后取名《自流井图说》。① 《自流井风物名实说》记录的自流井井盐业管理机构和收录的《桐龙新长四垱主与客所做客井、子孙井三十班井规》《邱垱小溪主与客二十四口子孙井规》《上中下节井规》等三个井规,反映了当时自流井经营活动的基本的和普遍存在的事实,成为研究我国古代经济史重要的资料,备受经济史学家的青睐。

康大勇 生卒年不详,字集义,名大茂,康熙年间人,康百万家族第十二代传人。康大勇曾例授登仕佐郎(文官正九品,通过封赠获得清朝的封赠官阶),绘制了康百万家族发家的蓝图。康大勇析产分居、购买风水宝地、开辟大河行船、兴工造船、开拓山东、善于经营,奠定了康百万家族几百年富足的基业。

康应魁 (1773~1850年),乳名老木,字斗方,乾隆到道光年间人,康百万家族第十四代传人。道光年间,康应魁钦加直隶州例授征士郎(文官从七品,通过封赠获得清朝的封赠官阶)。在祖父康大勇的经营基础上,康应魁扩展山东、开发陕西、崛起于中原、扩建庄园、扩大经商船队伍,与清军做棉布生意,在泾阳买地,积累了数不清的财宝,富甲一方,两次悬挂"良田千顷"金字匾额,被民间称为"康百万",是康百万家族承前启后、继往开来的重要人物。

康道平 (1795年~?),字子履,号坦园,嘉庆到咸丰年间人,康百万家族第十五代传人。康道平诰授昭武都尉(武官正四品,通过封赠获得清朝的封赠官阶)。青年之时正是康家家业兴隆全盛时期,康道平喜读诗书、好练武功。

---

① 宋良曦、林建宇、黄健、程龙刚主编《中国盐业史辞典》,上海辞书出版社,2010,第257页。

咸丰辛酉年(1861年)秋,康道平购地数十亩修金谷寨及军械,捐资白银七千两,一生最大的功绩是操办团练,对抗捻军,保护家业没受损害。为鼓励教育后人,康道平给自己家起的堂号叫"留余堂",并请人撰写了"留余"二字作匾额悬挂在堂上。

康无逸 (?~1893年),字勉之,号周南,同治到光绪年间人,康百万家族第十六代传人。为倡导修筑虎牢关大路,康无逸出巨资并对全县士绅发出倡议,把英峪到虎牢关的大道贯通,便利了东西交通。此后,山东和郑州黄河决口,康无逸也不遗余力进行捐助。由于乐善好施、热心公益,康无逸诰授朝仪大夫(文官从四品,通过封赠获得清朝的封赠官阶),孝廉方正,赏戴蓝翎,钦加知府衔。光绪十九年(1893年),康无逸去世时,全乡群众为其立德泽碑,以资纪念。

靳法蕙 (1844~1917年),字香谷,清怀庆府修武(今河南焦作)人,清末民初的民族资本家,怀庆府怀帮代表之一。清道光年间,怀庆府修武县所辖的李河、马村一带的民办小煤窑多达800余家。靳法蕙主要从事煤炭开采和管理,担任中原公司二把手,并与英商福公司为争夺开采权顽强斗争。之后靳法蕙、杜严等人又筹集资金,把修武、河内两县的矿山都买了,成立了"光豫铁公司",挫败了英商福公司欲霸占铁矿权的阴谋。1906年冬,靳法蕙在桐树沟、庙河一带组成凭心煤矿。1911年夏季,靳法蕙停歇旧窑,在"红界"内另开新窑,扩大开采面积,抵制福公司矿界的扩展。1912年,靳法蕙扩充资本,在凭心煤矿合资有限公司基础上组成中州煤矿股份有限公司,任总经理。1914年,为了扩大与福公司抗衡的实力,靳法蕙所属中州公司与豫泰、明德二公司合并,成立中原公司,该公司成为官商合办的煤矿股份有限公司。靳法蕙一生,凭着顽强的自学和严谨的科学态度办矿,投资累计100万元,开掘范围达方圆100公里,企业跨数县,成为怀庆府一带的矿业巨擘。①

秦永年 (约1847~1919年),字锡之,清怀庆府修武(今河南修武)人,开明士绅,民族资本家,怀庆府怀帮代表之一。1898年,秦永年对英商福公司屡违合同,肆意私扩矿区、强占民田、苛虐矿工、扼杀民窑等行为,进行了持续的坚决的斗争。1914年五六月间,秦永年等两次向省、外交部控告英商福公司的

---

① 程峰主编《怀商的历史与文化》,河南人民出版社,2007,第140-141页。

罪行。秦永年生活在近代中国，由于国势衰弱，列强入侵，豫北怀庆府一带的煤矿开采权被英人攫取，秦永年为反对帝国主义掠夺、维护国家主权和发展民族工业做出了重大贡献。

康建璧 （1862~1915年），字如玉，名亮，后改名唐高，康百万家族第十七代传人。康建璧曾任户部主事，钦赐知府衔。康建璧一生对公益事业热心，先是山东省遭奇荒，捐巨款以济灾民，赈捐局保授户主事钦加知府衔，人皆荣之。

康建德 （1863~1919年），官名鸿猷，字伯宣，号竹溪，康家唯一一位举人，康百万家族第十七代传人。康建德曾任汝阳教谕，诰授奉政大夫（文官正四品，通过封赠获得清朝的封赠官阶），赏戴蓝翎。康建德修建南下院，兴办新学，教育子弟。八国联军进京烧杀抢掠，慈禧和光绪帝仓促逃出京城，逃往西安，在光绪二十七年（1901年）路过河南时，接待慈禧太后和皇帝出行的任务落到当时康家掌门人康鸿猷头上。为迎接光绪和慈禧，修御道、码头，建行宫花费康家近5000两银，后来又向朝廷捐银100万两。慈禧赞誉康鸿猷"百万"称号，这就是熟知的"康百万"的由来。

康建勋 生卒年不详，字子策，俗称康老三，康百万家族第十七代孙。康建勋自幼天资聪颖，是当地名医。康建勋行医救人，为穷人治病从不收钱，并捐助粮食，百姓感恩戴德，传为佳话。时任河南民政厅厅长张钫赐"情深施济"匾额。

康子昭 （1903~1936年），名廷煜，字子昭，清末民初人，康百万家族第十八代孙。康子昭是一位品行端正、智勇双全的民国奇士，陕西讲武堂毕业。日本侵华，民族危亡之时，家庭败落，灾民满路，康子昭两次向东北护送灾民，参加东北抗日义勇军，任十一路军上尉副官，回乡后对县、乡邻救危扶贫。乡里感念其德立碑题词"刚毅恢宏"，挂匾"正义明道"。

第二节　商业文献

厚重的历史和丰富的文献为我们探究历史上中原著名商业人物提供了宝贵的史料。第一个由政府颁布的保护商人利益的法规《质誓》诞生于春秋时期的新郑。《史记·货殖列传》，开史书专门记述从事商业活动的杰出人物的类传。《论语》《荀子》《左传》《吕氏春秋》和《淮南子》等典籍中，均有中原商业人物的相关记载。下面,选取记录中原商业人物较集中的《尚书·酒诰》《质誓》《史记·货殖列传》和《淮南子·人间训》进行择要论述,以期进一步厘清中原商业人物的商业经营思想。

一、《尚书·酒诰》

《尚书》又称《书》《书经》,是一部多体裁文献汇编,长期被认为是中国现存最早的史书,但是清华简证明传世的《尚书》部分(伪《古文尚书》部分)为伪书。该书分为《虞书》《夏书》《商书》《周书》。战国时期总称《书》,汉代改称《尚书》,即"上古之书"。因是儒家五经之一,又称《书经》。《尚书》版本的发展直至《十三经注疏》的定稿主要有八个本子:伏生版《今文尚书》,欧阳氏本,孔安国《古文尚书》,河间献王本《尚书》,张霸百两篇《尚书》,杜林漆书本古文《尚书》,东晋梅赜献《孔传古文尚书》,孔颖达主编《尚书义疏》。① 现在通行的《十三经注疏》本《尚书》,就是《今文尚书》和伪《古文尚书》的合编本。

《尚书》主要记述了虞、夏、商、周时期的典、谟、训、诰、誓、命等君王任命官员或赏赐诸侯时发布政令的文献,是我国第一部上古历史文件和部分追述古代事迹著作的汇编。其中,《尚书》中的"典"是重要史实或专题史实的记载;《尚书》中的"谟"是记君臣谋略的;《尚书》中的"训"是臣开导君主的话;《尚书》中的"诰"是勉励的文告;《尚书》中的"誓"是君主训诫士众的誓词;《尚书》中的"命"是君主的命令。《尚书·酒诰》属于《周书》的组成部分,是周公平定武庚管蔡之乱后,封康叔于殷都旧地妹乡对卫国君臣颁布禁酒令的诰辞。诰文共10个段落,约720余字,体现了周公宽以治民、严以治吏以及怀柔殷遗、尊重民俗的治理智慧,是一篇不可多得的上古政学经典。② 现把全文转录如下:③

> 王若曰:"明大命于妹邦。乃穆考文王,肇国在西土。厥诰毖庶邦、庶士越少正御事朝夕曰:'祀兹酒。'惟天降命,肇我民,惟元祀。天降威,我民用大乱丧德,亦罔非酒惟行;越小大邦用丧,亦罔非酒惟辜。"文王诰教

---

① 李民、王健:《尚书译注》,上海古籍出版社,2012,"前言"第17页。
② 程水金:《〈尚书·酒诰〉绎文》,《光明日报》2016年2月22日,第16版。
③ 程水金:《尚书释读》,人民文学出版社,2020,第216-218页。

小子有正有事:无彝酒;越庶国:饮惟祀,德将无醉。惟曰我民迪小子惟土物爱,厥心臧。聪听祖考之彝训,越小大德。

小子惟一妹土,嗣尔股肱纯其艺黍稷,奔走事厥考厥长。肇牵车牛,远服贾用,孝养厥父母。厥父母庆,自洗腆,致用酒。

庶士有正越庶伯君子,其尔典听朕教!尔大克羞耈惟君,尔乃饮食醉饱。丕惟曰尔克永观省,作稽中德,尔尚克羞馈祀。尔乃自介用逸,兹乃允惟王正事之臣。兹亦惟天若元德,永不忘在王家。

王曰:封,我西土棐徂邦君御事小子,尚克用文王教,不腆于酒,故我至于今,克受殷之命。

王曰:"封,我闻惟曰:'在昔殷先哲王迪畏天显小民,经德秉哲。自成汤咸至于帝乙,成王畏相惟御事,厥棐有恭,不敢自暇自逸,矧曰其敢崇饮?越在外服,侯甸男卫邦伯,越在内服,百僚庶尹惟亚惟服宗工越百姓里居,罔敢湎于酒。不惟不敢,亦不暇,惟助成王德显越,尹人祗辟。'

"我闻亦惟曰:'在今后嗣王,酣,身厥命,罔显于民祗,保越怨不易。诞惟厥纵,淫泆于非彝,用燕丧威仪,民罔不盡伤心。惟荒腆于酒,不惟自息乃逸,厥心疾很,不克畏死。辜在商邑,越殷国灭,无罹。弗惟德馨香祀,登闻于天;诞惟民怨,庶群自酒,腥闻在上。故天降丧于殷,罔爱于殷,惟逸。天非虐,惟民自速辜。'"

王:"封,予不惟若兹多诰。古人有言曰:'人无于水监,当于民监。'今惟殷坠厥命,我其可不大监抚于时!"

予惟曰:"汝劼毖殷献臣、侯、甸、男、卫,矧太史友、内史友、越献臣百宗工,矧惟尔事服休,服采,矧惟若畴,圻父薄违,农夫若保,宏父定辟,矧汝,刚制于酒。

"厥或诰曰:'群饮。'汝勿佚。尽执拘以归于周,予其杀。又惟殷之迪诸臣惟工,乃湎于酒,勿庸杀之,姑惟教之。有斯明享,乃不用我教辞,惟我一人弗恤弗蠲,乃事时同于杀。"

王曰:"封,汝典听朕毖,勿辩乃司民湎于酒。"

《尚书·酒诰》记录了作为摄政王的周公对康叔姬封、周族王室子孙以及前殷遗臣颁布禁酒、断酒的训令之内容,是周公谆谆告诫即将到卫国任职的康叔戒酒的诫辞,可以说这也是我国最早一篇禁酒令。西周初期,周公封小弟康叔为卫君,令其驻守故商墟,以管理那里的商朝遗民。由于殷商贵族嗜好喝酒,王公大臣酗酒成风,荒于政事,周公担心这种恶习会造成大乱,所以告诫康叔商朝之所以灭亡,是由于纣王酗于酒,淫于妇,以至于朝纲混乱,诸侯举义。因此,周公旦就把嘱托康叔的话写成《酒诰》,作为法则送给康叔。《酒诰》中禁酒之教基本上可归结为无彝酒、执群饮、戒湎酒,并认为酒是大乱丧德、亡国的根源。① 纵观《尚书·酒诰》全篇内容,周公循循善诱,先是以道理晓喻、德性规劝,然后以律法刑杀强行约束。"宽猛相济,先教后诛"是其中重要的治理原则。这与后世儒家德主刑辅、教威并举的主张相一致。教以立德,杀以立威,几乎成为后来历朝统治集团惯用的治理手法。管理殷人的司民之吏必须"正身帅民",率先"不湎于酒",以利于在全社会形成一种断酒、戒酒、谨慎喝酒的良好风尚,这已经体现出早期儒家官师一体、圣王同构的精神指向以及把道统纳入政统的价值诉求。②

《尚书·酒诰》中所记载的"肇牵车牛,远服贾用,孝养厥父母"不仅表明殷商早期商业主要是牲畜交易,而且还表明忠孝伦理观念影响商业的发展。在一定程度上,这也是周公鼓励殷商遗民努力牵牛赶车,到外地去从事贸易,孝敬和赡养父母;父母高兴,会准备丰盛的饭菜,这时可以开怀畅饮,切莫酗酒。

从商代历史可知,商部落畜牧业比较发达,考古发现出土了很多牛、羊、猪、鹿、狗等动物遗骸,说明了先商时期商人畜牧业情况。《管子·轻重戊》也有记载"殷人之王,立帛牢,服牛马,以为民利,而天下化之"。这也再次说明,驯服牛马是殷商先人的主要功绩,牛车成为商代的主要交通运输工具。《史记·世本·作篇》记载"相土作乘马","亥作服牛",记述商族部落时代的第三位君王相土,乘马即用马驾车,将马力驱动的战车投入战场。相对于马匹,牛的优势在于耐力和气力,到商族部落时代七世祖王亥就开始驯服牛,作为商品贸易运输新动力,使商族具备走南闯北做生意的条件,开启商部落商业贸易新时代。王亥带着部落开始用牛车载着物资到远的部落做贸易,商部落的这种

---

① (清)孙星衍撰《尚书今古文注疏》,陈抗、盛冬铃点校,中华书局,1986,第395页。
② 余治平:《周公的殷遗治理及其儒家属性研究——以〈酒诰〉的文本叙事与经学诠释为中心》,《周易研究》2019年第4期。

牛车运载贸易行为逐渐成为一种独特的身份标识，"商人"成为其他部族对商部落贸易使者的称谓，而他们所携带的交易物品，也开始被称为"商品"，王亥自然就成为中华商业始祖。这就是《尚书·酒诰》所记述的以王亥为代表的商族先民"肇牵车牛，远服贾"。

《诗经·商颂·玄鸟》："天命玄鸟，降而生商。"《毛诗故训传》："春分玄鸟降，汤之先祖有娀氏女简狄配高辛氏帝，帝率与之祈于郊禖而生契。"《史记·殷本纪》中说："契兴于唐、虞、大禹之际……契长而佐禹治水有功。帝舜乃命契曰：'百姓不亲，五品不训，汝为司徒而敬敷五教。'"王亥是契的六世孙，他发明了牛车，经常带领部众用多余的物品与其他部落进行以物易物的交换。作为中华商业始祖的王亥的名字，甲骨文称"亥"或"王亥"，《山海经·大荒东经》称"王亥"，《竹书纪年》作"王子亥"或"侯子亥"。王国维在《殷卜辞中所见先公先王考》中记述为"商之相土、王亥，盖亦其俦……嗣余读《山海经》、《竹书纪年》，乃知王亥为殷之先公"。王亥被尊为殷商立国之前"高祖"的三位部落首领之一，其地位堪比商汤，而动辄四十牛、五十牛的祭品则显示了后人对于先人的感恩、国家的富有以及对先祖驯服牛力的尊崇。自古富可敌国者莫过于政商，王亥带领的商部落聚集全天下的商业财富，可以说，数百年积累的财货和人脉正是殷商代夏而自立的根本原因。再加上王亥所处的时代为奴隶社会初期，生活水平相对低下，交通也不方便，走南闯北的商人不光带走了部落的物资，也增长了见识，并有机会学习到不同部落的保密技术，促进部落之间的融合交流。关于王亥的死因，有文献记载是王亥外出经商被打劫而死。比如《山海经·大荒东经》记载："王亥托于有易，河伯仆牛。有易杀王亥，取仆牛。"即有易氏看中的是商部落的财富以及核心技术，后来他们很快被愤怒的殷人反杀。也有人说是源于商族的强大，引起部落利益的冲突，最终导致王亥被杀。

总的来说，《尚书·酒诰》反映了殷商立国之后的商业传统，即把世代经商的理念贯穿到商代社会发展全过程，并把原始的"物物交换"演化为使用货币购买，推动殷商社会经济的长足发展。《尚书·酒诰》是记述商代商人、商业和商品的重要补充文献资料。

二、《质誓》

"质誓"一词源于《左传》,《左传·昭公十六年》曰:"恃此质誓,故能相保,以至于今。"据统计,《左传》一书中,除寻盟、伪盟(诈盟)、重盟外,载盟 210 次,质近 20 次,誓 12 次(不含以誓辞写盟辞的盟誓)。① 关于春秋时期"质"和"誓"的含义,杜预注:"质,盟信也。"②《礼记·曲礼》:"约信曰誓,涖牲曰盟。"《尔雅·释言》:"誓,谨也。"疏曰:"谨,敕也……集将士而戒之曰誓。"③《说文解字注》:"誓,约束也。"④由此可见,"质誓"就是为释疑取信而对神立誓缔约的一种礼仪和制度,多在天子与诸侯间、诸侯国间、诸侯国君与本国卿大夫间、诸侯与少数民族间、诸侯国君与国人间、卿大夫与卿大夫间进行政治、经济、军事等方面的礼仪规范和约定信义。《质誓》是由春秋时期郑国宰相子产制定并颁布的保护商人利益的法规,体现了对信、义、敬、让等德行的重视及对失信的贬斥,从而使郑国商业达到鼎盛。

子产(约公元前 582~公元前 522 年),复姓公孙,名侨,字子产,是郑穆公之孙,亦称公孙侨,春秋郑国(今河南新郑)人,著名的政治家和思想家。在今天郑州子产祠园(今郑州市中原区郑州大学南校区南门外)的入口处,有一块石碑,上面记载了子产的生平和主要事迹,石碑曰:"子产(古郑国人,又称公孙侨、公孙子),春秋时期任郑国宰相,著名思想家、政治家。为使郑国繁荣昌盛,对郑国的经济、政治和法律作了重大的改革:作封洫,改革田制;作丘赋,改革税制;铸刑鼎,改革刑制;立谤政,不毁乡校。通过改革,使郑国得以较快发展,形成路不拾遗、夜不闭户、国泰民安的繁荣盛世。念其功绩,故建祠园。"由此可见,子产执政的 26 年间,他的政治活动、改革措施福荫了郑国,郑国以"大治"被国人称颂、诸侯宾服。他的进步思想和民主精神则影响了春秋战国时期以至今天。《论语·公冶长》中记载了孔子对子产的高度赞誉:"有君子之道四焉:其行己也恭,其事上也敬,其养民也惠,其使民也义。"战国著名思想家韩非评价说:"子产退而为政五年,国无盗贼,道不拾遗,桃枣之荫于街者莫援也。

---

① 赵锋:《〈左传〉盟誓现象所体现的社会政治生活探析》,《皖西学院学报》2015 年第 3 期。
② (晋)杜预集解《春秋经传集解》,上海古籍出版社,1978,第 1840 页。
③ (清)阮元校刻《尔雅注疏(卷三)》,载《十三经注疏》,中华书局,1980,第 2582 页。
④ (清)段玉裁注《说文解字注》,上海古籍出版社,1981,第 173 页。

锥刀遗道,三日可反。三年不变,民无饥也。"

《质誓》诞生于郑国并非偶然。春秋时期,社会发展的新兴力量反对旧贵族垄断权力,主张公开有关法律,以维护经商自由、私人财产权利。子产顺应潮流,于公元前536年将修订后的成文法公之于世,这就是著名的"铸刑书"事件。① 《左传·昭公六年》载:"三月,郑人铸刑书。"杜预注此为:"铸刑书于鼎,以为国之常法。"这是中国历史上第一次正式颁布成文法典,具有划时代的意义,也为《质誓》产生提供了坚实基础。据《史记·郑世家》载,郑桓公在担任周幽王的司徒时,为避王室动乱,求教太令史伯,问该到何处安身。史伯回答:"独洛之东土、河济之南可居。"并指出:"虢、郐之君贪而好利,百姓不附。"正是由于吸取了虢、郐之君的教训,郑桓公以计行事,寄孥(奴隶)与贿(财货)与虢、郐二国,与并肩披荆斩棘的商人们"世有盟誓",才得以借地而居,迫使虢、郐尽献十邑之地,建立起新郑国。郑桓公的这个"盟誓",就是后人所说的《质誓》,见于《左传·昭公十六年》子产与韩宣子的一段对话:"尔无我叛,我无强贾,毋或匄夺。尔有利市宝贿,我勿与知。"意思是只要商人不背叛郑国,公家就不强买或夺取商人的财货,不干涉商人的经营;商人有值钱的宝物,公家也不过问。恰是有了既规定官府不强买强卖又允许商家合法营利的《质誓》,郑国的商业才兴旺发达。②

郑国素来因以商立国闻名于世。子产称郑桓公与商人"世有盟誓,以相信也","恃此质誓,故能相保,以至于今"。为此,子产进一步曰:"昔我先君桓公,与商人皆出自周。"也就是说,郑国一开始,就和"商"字结下了缘分。③ 我们知道,郑桓公是郑的始封之祖,从他开始,从西周末期,就注意发展工商贸易活动,并且与商贾之人订立盟誓,国家与商人共同信守,皆出自内心至诚。郑国的富贾巨商经常在各诸侯国间从事经商活动,《韩非子》里讲述的那些有趣的故事,如"郑人买履""买椟还珠"等,都发生在郑国的大街上。④ "子产为相,市不豫贾"意思是说有像子产这样的人为相,市场上就会有公平交易,不会有

---

① 马国福:《子产:首颁成文法典 终结秘法时代》,《河南法制报》2012年2月24日,第15版。
② 陶善耕:《商都郑州传承大商文化的思考》,《河南财政税务高等专科学校学报》2005年第1期。
③ 杜维夏:《中国商业与商祖起源考辩》,《黄河科技大学学报》2006年第2期。
④ 马国福:《子产:首颁成文法典 终结秘法时代》,《河南法制报》2012年2月24日,第15版。

欺诈行为。由此可见子产对商业的影响。子产的"尔无我叛,我无强贾,毋或匄夺。尔有利市宝贿,我勿与知"①,已成为郑国保护商人利益的基本遵循。《左传》载,子产下令,不许贵族依仗权势强买强卖商人的货物,随意干涉百姓的经商活动,从而给民营商业的发展开了绿灯。如昭公十六年(公元前526年)晋韩起聘郑,因有一环在郑商人处,故向子产索要,子产婉拒曰:"昔我先君桓公,与商人皆出自周,庸次比耦,以艾杀此地,斩之蓬蒿藜藿,而共处之。世有盟誓,以相信也,曰:'尔无我叛,我无强贾,毋或匄夺。尔有利市宝贿,我勿与知。'恃此质誓,故能相保,以至于今。今吾子以好来辱,而谓敝邑强夺商人,是教敝邑背盟誓也,毋乃不可乎!吾子得玉而失诸侯,必不为也。若大国令,而共无艺,郑,鄙邑也,亦弗为也。侨若献玉,不知所成,敢私布之。"韩子辞玉曰:"敢求玉以徼二罪?敢辞之。"②这里记载的是晋国卿士韩起得到了一只玉环,知道另一只在郑国商人手里,趁出使郑国之机,想让子产帮助把它搞到手里,子产以《质誓》规定不强买强卖为由断然回绝。韩起遂罢手,以子产为守信的君子,离开时还厚赠子产。

正是因为郑国重视商人利益,历史上才出现了爱国商人弦高犒师,使郑国免除了一次灭国之灾。鲁僖公三十三年(公元前627年)秦悄然袭郑,郑国不知,而处在潜在的亡国危急阴影中。秦军过滑(今河南偃师府店),被郑国商人弦高遇见,弦高大吃一惊,急中生智,假扮郑使,以乘韦先,牛十二犒师,曰:"寡君闻吾子将步师出于敝邑,敢犒从者。不腆敝邑,为从者之淹,居则具一日之积,行则备一夕之卫。"且使遽告于郑。郑国的商贾爱国,究其原因源自对《质誓》的践守并化为爱国救国的行为。由此可知,商人因国家盟约誓词的可靠与坚持,爱国之心油然而生,双方至诚互动,不求暴利,"明征其辞",买卖不欺童叟,这与《周易》的"有孚挛如,富以其邻"道理相似,安定人民生活,造成和谐环境而彼此信赖。③ 虽"执法必严,违法必究",但子产其实是个心地仁厚之人。传说每当有人赠送活鱼给子产,子产从来不忍心以享口腹,而使活生生的鱼受鼎俎烹割痛苦,总是命人把鱼畜养在池塘里。

---

① (汉)司马迁:《史记》,中华书局,2014,第440页。
② 杨伯峻编著《春秋左传注》,中华书局,2009,第1379–1380页。
③ 蒋凡:《〈左传〉盟誓及先秦"诚信"观述评》,《绍兴文理学院学报(哲学社会科学)》2017年第6期。

《质誓》很具有划时代的意义,它承认了商人的独立地位,宣告了"工商食官"政策的结束,使商人彻底得到了解放,从此经商走上了自由化的道路,国家只对商人收取厘金,也就是现在所说的赋税。①《质誓》与公元前18世纪古巴比伦国王汉谟拉比刻于石柱上关于维护私有财产制度的《汉谟拉比法典》一样,是现代人研究市场经济法制化的重要史证。

三、《史记·货殖列传》

西汉司马迁的《史记》在经济学方面有着相当精辟的描述和开创性的见解,其经济思想主要体现在《平准书》和《货殖列传》中,充分表现了司马迁进步的经济史观和卓越的市场经济思想。《太史公自序》中曰:"布衣匹夫之人,不害于政,不妨百姓,取与以时而息财富,智者有采焉。作《货殖列传》。"②

货殖,即经商,做买卖,靠贸易以生财求利之意。《史记·货殖列传》约5000字,详细地记述了汉代及其以前的经商思想,如计然、范蠡、子贡和白圭等16位商贾传记以及秦汉经济状况和经济政策。《史记·货殖列传》里明确记载了"农、商、工、虞"四个阶层,其中,"商"在社会分工中较早出现。商最早为驾牛车载货物进行贸易的一个民族,后商族建立商朝。商者,坐商为"贾",后衍变为做买卖或从事私营工商业的人。"商"一字在甲骨文中已有其字形,下部为祭祀之灵台,上部为薪柴,焚柴以祭天,商为国家之象征。③《史记·货殖列传》是关于古代社会经济的重要文献,是我国第一部记载经济问题的专门著作,开了史书记载经济活动的先河。故梁启超说,"其全篇宗旨,盖认经济事项,在人类生活中含有绝大意义,一切政教,皆以此为基础"。

《史记·货殖列传》中,司马迁主张顺应自然发展而有农、虞、工、商的社会分工,四者同等重要,又主张用本(农业)守富,故汉武帝推行国家经营企业与民争利时司马迁希望汉武帝认清追求财富是人之常情,与其限制人民逐利,或政府同人民争利,不如顺着人民爱利、求利的天性设法创造政府和人民均可获

---

① 杜维夏:《中国商业与商祖起源考辩》,《黄河科技大学学报》2006年第2期。
② 本节引用文献均来自(汉)司马迁:《史记》,中华书局,2014。
③ 李宁宁:《从〈史记·货殖列传〉看中国早期儒商文化》,《渭南师范学院学报》2017年第5期。

利的双赢局面。① 因此,《史记·货殖列传》载:"故待农而食之,虞而出之,工而成之,商而通之。……故物贱之征贵,贵之征贱,各劝其业,乐其事,若水之趋下,日夜无休时,不召而自来,不求而民出之。"明确指出农民、管理者、工人(匠)、商人各司其职、各尽其责、勤勉本业、尽其所能,这样人们依赖农民耕种来供给他们食物,虞人开出木材来(供给他们使用),工匠做成器皿来(供他们的所需),商人输通这些财物(供他们选购),社会才能安居乐业。反之,就会出现正如《周书》记载那样"农不出则乏其食,工不出则乏其事,商不出则三宝绝,虞不出则财匮少"的局面,即农民不生产出来粮食,食物就要匮乏,工匠不生产出器物,劳动与生活就要陷于困厄,商人不进行流通,那么粮食、器物、财富就要断绝,虞人不开发山泽,资源就会缺少。在商品流动中,当物品价格低廉时,商人就会把商品销售到可以贵卖的地方;当物品价格昂贵时,商人就会从价格低廉的地方运来销售。这是经商之道,也是基本经济法则,更符合商品贸易基本规律。所以说:"天下熙熙,皆为利来;天下攘攘,皆为利往。"

《史记·货殖列传》专述了计然的"七策"和范蠡的为商之道。《史记·货殖列传》记载:"昔者越王勾践困于会稽之上,乃用范蠡、计然。"计然曰:"知斗则修备,时用则知物,二者形则万货之情可得而观已。故岁在金,穰;水,毁;木,饥;火,旱。旱则资舟,水则资车,物之理也。六岁穰,六岁旱,十二岁一大饥。夫粜,二十病农,九十病末。末病则财不出,农病则草不辟矣。上不过八十,下不减三十,则农末俱利,平粜齐物,关市不乏,治国之道也。积著之理,务完物,无息币。以物相贸,易腐败而食之货勿留,无敢居贵。论其有余不足,则知贵贱。贵上极则反贱,贱下极则反贵。贵出如粪土,贱取如珠玉。财币欲其行如流水。"计然给处于困境中的越王勾践提出了需求决定与经济周期论、价格调控论、实物价值论、贸易时机论、价值判断论、物极必反论和资金周转论等七条建议,即准确研判丰歉饥荒灾涝趋势,精准了解货物的供需行情,正确兼顾农民和商人的利益,粮食平价出售并平抑调整其他物价及其积贮货物、买卖货物、物价涨跌和货物钱币的流通等,史称计然"七策"。如价格调控论,计然指出,出售粮食,每斗价格二十钱,农民会受损害;每斗价格九十钱,商人要受

---

① 詹朝阳:《司马迁的经济思想新论——以〈史记·平准书〉和〈史记·货殖列传〉为参照》,《产业与科技论坛》2018年第12期。

损失。商人受损失,钱财就不能流通到社会;农民受损害,田地就要荒芜。粮价每斗价格最高不超过八十钱,最低不少于三十钱,那么农民和商人都能得利。粮食平价出售,并平抑调整其他物价,关卡税收和市场供应都不缺乏,这是治国之道。

计然"七策"的作用,对于越国来说,《史记·货殖列传》载"(勾践)修之十年,国富……遂报强吴",终于报仇雪耻,灭掉吴国,继而耀武扬威于中原,号称"五霸"之一。对于范蠡而言,范蠡感慨万千说:"计然之策七,越用其五而得意。既已施于国,吾欲用之家。"计然的七条策略,越国只用了其中五条,就实现国富民强。范蠡决心把计然的策略用于治家。于是,范蠡弃官不做,改名换姓,到齐国陶邑(今山东省菏泽市定陶区)改名叫朱公,史称陶朱公。范蠡认为"陶天下之中,诸侯四通,货物所交易也",就治理产业,囤积居奇,随机应变,与时逐利,从而"十九年之中三致千金……子孙修业而息之,遂至巨万",后世谈论富翁时,都称颂陶朱公。范蠡被称为我国道德经商——儒商之鼻祖。世人曾评价范蠡"忠以为国,智以保身,商以致富,成名天下"。

《史记·货殖列传》中还有子贡和白圭的商业思想。子贡"废著鬻财于曹、鲁之间,七十子之徒,赐最为饶益",也就是说子贡利用卖贵买贱的方法在曹国和鲁国之间经商,是孔子七十多个弟子之中最为富有的,最终使"孔子名布扬于天下者"。白圭采取"人弃我取"的商业原则,采取"夫岁孰取谷,予之丝漆;茧出取帛絮,予之食。太阴在卯,穰;明岁衰恶。至午,旱;明岁美。至酉,穰;明岁衰恶。至子,大旱;明岁美,有水。至卯,积着率岁倍。欲长钱,取下谷;长石斗,取上种"方法。当货物过剩低价抛售时,白圭就收购;当货物不足高价索求时,白圭就出售。谷物成熟时,白圭买进粮食,出售丝、漆;蚕茧结成时,白圭买进绢帛棉絮,出售粮食。白圭知道太岁在卯位时,五谷丰收;转年年景会不好。太岁在午宫时,会发生旱灾;转年年景会很好。太岁在酉位时,五谷丰收;转年年景会变坏。太岁在子位时,天下会大旱;转年年景会很好,有雨水。因此,太岁复至卯位时,白圭囤积的货物大致比常年要增加一倍。要增长钱财收入,白圭便收购质次的谷物;要增长谷子石斗的容量,白圭便去买上等的谷物。最终,时人谈论经商致富之道都效法白圭。另外,《史记·货殖列传》还记述了蜀卓氏之先、程郑、刀间、乌氏倮、寡妇清、任氏、无盐氏、桥姚、猗顿、郭纵、曹邴氏、秦扬、田叔、桓发、乐成、雍伯等经商致富的商业活动。①

通过上述商业人物记载的论述,我们发现《史记·货殖列传》记述了一条朴素的商业思想即价值规律学说。《史记·货殖列传》载"故物贱之征贵,贵之征贱,各劝其业,乐其事,若水之趋下,日夜无休时,不召而自来,不求而民出之。岂非道之所符,自然之验邪?"意思是说只要商品的价格过低就有上升的趋势,反之,商品价格过高就有下降的趋势。司马迁还引用计然的话阐述了价格变化的诱因:"论其有余不足,则知贵贱。贵上极则反贱,贱下极则反贵。贵出如粪土,贱取如珠玉。"这里讲的"有余"和"不足"其实就是"供过于求"和"供不应求"。这句话精炼地阐明了供求关系对价格的影响:当某种产品供不应求时,价格上涨,有利可图,就会刺激生产,增加供给,供给一多,这种产品就供过于求了,价格反而下降了,反之亦然。② 司马迁还运用了供求关系的原理提出了商人致富的方法。如"贵出如粪土,贱取如珠玉",就是告诫人们不要盲目于价格表象,要善于观察价格涨落的规律,把握住这个周期,准确地预知商品价格"贱反贵""贵反贱"的关键时刻及时买入卖出就可以赚钱。当价格上涨到一定程度时,要像丢弃粪土一样立刻抛掉,因为价格上涨,必然导致供过于求,价格必然下降,当价格滑到谷底时,就要像珍惜珍珠一样尽快买入,因为价格下降,生产者无利可图,必将退出市场,价格肯定会上涨。白圭的"人弃我取"讲的也正是这个道理。

《史记·货殖列传》中还有关于西汉关中、巴蜀及周边物产和商品交易情况的记载。《史记·货殖列传》载:"关中自汧、雍以东至河、华,膏壤沃野千里,自虞夏之贡以为上田……故其民犹有先王之遗风,好稼穑,殖五谷,地重……巴蜀亦沃野,地饶卮、姜、丹沙、石、铜、铁、竹、木之器。南御滇僰,僰僮。西近邛笮,笮马、旄牛……羌中之利,北有戎翟之畜,畜牧为天下饶。……故关中之地,于天下三分之一,而人众不过什三;然量其富,什居其六。"从中我们可知,关中地区从汧、雍二县以东至黄河、华山,膏壤沃野方圆千里。从有虞氏、夏后氏实行贡赋时起就把这里作为上等田地……因而这些地方的人民仍有先王的遗风,喜好农事,种植五谷,重视土地的价值。巴蜀地区盛产栀子、生姜、

---

① 王晓鹃:《从〈史记·货殖列传〉看企业家精神在早期经济活动中的表现》,《渭南师范学院学报》2020年第10期。
② 黄伟:《〈史记·货殖列传〉中体现的经济思想探析》,《现代商贸工业》2010年第1期。

朱砂、石材、铜、铁和竹木之类的器具。(关中地区)南边褒地多出僮仆。(关中地区)西边邻近邛、笮,笮地出产马和旄牛。(关中地区)北面有戎狄的牲畜,畜牧业居天下首位。整个关中之地占天下三分之一,人口也不过占天下十分之三;然而计算这里的财富,却占天下十分之六。

四、《淮南子·人间训》

《淮南子》原称《鸿烈》,由淮南王刘安组织门客编纂而成,后经刘向校订并称之为《淮南》,直到《隋书·经籍志》的出现才有《淮南子》之称。《淮南子》以道家思想为主旨,融汇了阴阳家、法家、儒家等先秦以来的诸子思想,书中保存了不少自然科学史料和神话寓言故事,也记载了不少秦汉间的轶事,内容比较丰富。东汉高诱《淮南子·叙目》对《淮南子》的原名《鸿烈》解释道:"号曰鸿烈。鸿,大也;烈,明也。以为大明道之言也。"唐代刘知几在《史通·自叙》中也惊叹《淮南子》的内容广博,谓其"牢笼天地,博极古今"。

《淮南子·人间训》全文约 7300 字,以大量的历史事例、寓言典故为基础,以祸福为中心,旁及了得失、损益、利害、功罪、取舍、毁誉等诸多方面,论述了人世间的各种辩证对立关系,比如熟悉的"鹊巢扶枝""塞翁失马""柳下借阴""为父报仇""螳臂当车""哀公益宅""弦高犒师""敬小慎微"和"折槁振落"等寓言故事均出自此。《淮南子·人间训》论及中原商人的就是郑国爱国商人弦高的"舍牛救国"的记载,成为研究古代豫商文化乃至我国商业史的重要文献资料。我国的商业虽然历史久远,但均是由国家经营或由官员兼营,是真正意义上的"官商"。自从商朝开始专以营商为业,才开始有平民经商。但这些经营商业的平民,其姓名事迹,于史并无记载。他们只是默默无闻地为社会商品交流做贡献。对平民商人的姓名事迹的记载,可能是从弦高开始。[①]

《淮南子·人间训》载:"秦穆公使孟盟举兵袭郑,过周以东。郑之贾人弦高、蹇他相与谋曰:'师行数千里,数绝诸侯之地,其势必袭郑。凡袭国者,以为无备也。今示以知其情,必不敢进。'乃矫郑伯之命,以十二牛劳之。三率相与谋曰:'凡袭人者,以为弗知。今已知之矣,守备必固,进必无功。'乃还师而反。晋先轸举兵击之,大破之殽。郑伯乃以存国之功赏弦高,弦高辞之曰:'诞而得

---

① 张井:《郑商人弦高》,《商业经济文荟》1984 年第 6 期。

赏,则郑国之信废矣。为国而无信,是俗败也。赏一人而败国俗,仁者弗为也。以不信得厚赏,义者弗为也。'遂以其属徙东夷,终身不反。故仁者不以欲伤生,知者不以利害义。"①在这里,主要记述的是公元前627年,秦穆公派大将孟明视偷袭郑国。秦军带领的主力走到了滑国(今河南偃师、巩义一带)境内,碰到郑国商人弦高,恰巧弦高去周国王城(今河南洛阳)卖牛。弦高知道秦军要攻打郑国,便谎称是郑国派他带十二头牛来犒赏秦军,然后把这十二头牛献给秦军。秦军大将孟明视、西乞术、白乙丙认为郑国已有充分准备,还派人来献牛,这仗不能打了,也不去郑国了。郑国因为弦高的机智爱国、见义勇为而得救,国君和百姓都很感激弦高。郑穆公以高官厚禄赏赐弦高,弦高坚决不接受,婉言谢绝:"作为商人,忠于国家是理所当然的,如果受奖,岂不是把我当作外人了吗?"由此可知弦高的拳拳爱国之心和淡泊名利的心境,尤其位卑未敢忘忧国的报国之志为后人所称赞。《后汉书·张衡传》载:"弦高以牛饩退敌,墨翟以萦带全城。"②《盛世危言·户政》载:"郑弦高以商却敌而保国。"③

关于"弦高犒师"的史料,《左传》和《史记》均有所记载,与《淮南子·人间训》记述基本一致。如《左传·僖公三十三年》记载:"郑商人弦高将市于周,遇之,以乘韦先,牛十二犒师,曰:'寡君闻吾子将步师出于敝邑,敢犒从者。不腆敝邑,为从者之淹,居者具一日之积,行者备一夕之卫。'且使遽告于郑。……孟明曰:'郑有备矣,不可冀也。攻之不克,围之不继,吾其还也。'灭滑而还。"④《史记·晋世家》载:"襄公元年春,秦师过周,无礼,王孙满讥之。兵至滑,郑贾人弦高将市于周,遇之,以十二牛劳秦师。秦师惊而还,灭滑而去。"⑤这里的"滑"就是当时滑国,是郑国附属国,相当于今天的河南省偃师、巩义一带。究"弦高犒师"的原因,我们不难发现与郑国重视商业发展、商人具有较高的地位有关。如《左传》很少记载其他国家商业和商人活动的内容,郑商的活动却多次出现,足见当时郑国商业之发达。⑥郑国素来因以商立国闻名于世,正如《左传·昭公十六年》载:"昔我先君桓公,与商人皆出自周,庸次比

---

① 何宁:《淮南子集释(下册)》,中华书局,1998,第1373页。
② (南朝)范晔:《后汉书》,中华书局,1965,第1908页。
③ (清)郑观应:《盛世危言》,辛俊玲评注,华夏出版社,2002,第304页。
④ 杨伯峻编著《春秋左传注》,中华书局,2009,第495页。
⑤ (汉)司马迁:《史记》,中华书局,1959,第1670页。
⑥ 王博凯:《"弦高犒师"动机新探》,《河南商业高等专科学校学报》2015年第1期。

耦,以艾杀此地,斩之蓬蒿藜藿,而共处之。"①因为郑国处于晋、楚、齐、秦等列强之间,时有亡国之灾,但是,郑国地处东西南北商路交通要道,所以郑国非常重视商业,依靠商业发展经济,富国强兵。再加上弦高很熟悉国家外交礼仪,如果弦高不了解这些礼仪或者平时不接触这些高级的国家活动礼仪,他如何在秦将面前表现得天衣无缝,且在无国书情况下还能让秦将孟明视轻易相信?由此可见,郑国商人的地位较高,可以接触到与国家外交相关的礼仪和知识。

① 杨伯峻编著《春秋左传注》,中华书局,2009,第1379页。

第二章 商业人物的商业理念与实践

中原是中国商人、商业和商业文化的核心区域。中原是商品、商路和商业传播的孕育地区。历史上中原著名商业人物在中原地区进行商业活动给中原大地留下的商品交换和经商理论,制定的商业规则和商业法典,并以其商业品德和商业行为孕育出的商业和商业文化遗产,在中华商业文化史上具有重要地位。中原商人深受中原孔孟思想影响,商业始祖王亥、爱国商人弦高、商圣范蠡、商人祖师白圭、儒商鼻祖子贡、富商大贾吕不韦和理财家桑弘羊等坚守儒家的修身养性和正义诚意,逐步形成了重义轻利和家国情结的儒商伦理思想,形成了爱国济民、重德尚义、诚实守信、勤俭敬业的商业价值观。明初,开封府阳武人高仲德也是一位儒商,在远赴浙江长兴经商途中,走失了母亲,于是"挟资走燕冀,悲号于道路求之,竟于同商得母书,数千里迎归"。下面,我们选取王亥、桑弘羊、北宋商业行会和怀庆府怀帮为代表论述其商业理念和实践。

第一节 王亥的"三重"商业思想

王亥(生卒年不详),子姓,又名振,河南商丘人,阏伯(契)的六世孙,冥之长子,是华商始祖。范文澜在《中国通史(第一册)》中说:"自契至汤凡十四代,迁居八次。……传说汤十一代祖相土发明马车,八代祖冥治河溺死,七代祖王亥发明牛车。《管子·轻重篇》说:'殷朝的先王……用牛马驾车,有利民众,天下都学他们的制作。'""封在商丘的相土,非常英明,精干多才。他看到商丘地点适中,广阔平坦,交通方便,便发明了马车,用马驾车的方法运输货物,往来买卖。这种交通工具的发明和运输方法的改革比当时的人背扛肩挑确是节省了很多人力、物力和财力。到王亥时又造了牛车,大大提高了车的功用。于是,当时商国的人们纷纷仿效,东奔西走,南来北往,到周围的一些小国、部落做买卖,从事商业活动,因而,商国的商业大大发展。"①《竹书纪年》也有相关记载:"帝相十五年,商侯相土作乘马,遂迁于商丘。"公元前2019年,相土迁于商丘,并将马匹驯服,制造马车,作为运载工具,这为商业的兴起奠定了基础。王亥即位后,在相土驯马的基础上,发明了服牛技术,牛、马便成了主要的运输工具。这促进了经济的发展,于是商品出现剩余,王亥便开始率领部落用牛马带着货物与其他部落进行以物易物的交换,开启了商业之路。王亥开创了经商的先河,并形成独具特色的商业思想。

一、重视畜牧业发展

王亥是中国畜牧业的创始人。② 王亥时期的农业生产水平已有所发展,但还是相对较低,百姓主要靠从事农业活动来维持生活,但是这远远不够人民生活的需要,所以,饲养家畜无疑是提高百姓生活水平的重要措施。③ 自相土驯马成功,王亥将马车用于生产和作战后,给商族带来了很大的收益。但是,西域的马对中原的环境不适应,尤其在饲养方面出现了诸多问题,因此,马匹的数量也越来越少,从而导致拉车的马匹严重不足。因为当时百姓家中饲养牛比较多,于是王亥就想能不能用牛来代替马,牛虽然没有马跑得快,但是也有很大的力气。如果可以用牛取而代之,那么就不必被马匹匮乏的难题所困惑了。基于上述考虑,王亥提倡饲养牛、羊、猪等家畜,不仅可以提高人们的生活水平,而且还可以弥补车辆畜力问题。在王亥时代,是奴隶制初期,当时的生产力还比较低下,王亥为了驯服牛尝试了很多方法,但都以失败而告终,最终发现只有穿透牛的鼻子并用绳拴着,牛才会老老实实地跟人走,这样牛就可以代替马来拉车了。这就是著名的"王亥服牛"的故事。唐徐坚《初学记》卷二十九"兽"部载"《世本》曰:'胲作服牛'",王亥发明了驯服牛的技术,让人们逐渐掌握了畜养的方法,大大解决了人力问题,提高了生产效率。后来,畜牧业得到不断的发展,甚至畜牧业形成了一个专业的部门。

王亥饲养、放牧牲畜,带动了一个新兴产业的崛起,为人们的生活带来了

---

① 范文澜:《中国通史(第一册)》,人民出版社,1994,第23页。
② 常量:《王亥——历史长河中的巨星》,《商丘日报》2006年7月23日。
③ 王瑞平:《王亥与中国商业贸易的肇端》,《光明日报》2004年6月1日。

极大的便利。① 一方面他不仅把人们从土地上解放出来,极大地丰富了人们的生活,改善了人们的生活方式,而且给人们创造了强身健体的条件,从而使得人们的身体素质得以提高;另一方面极大地丰富了祭祀品的种类与数量,祭祀越丰盛,说明人们对天越虔诚,这样就越能得到上天庇护,这样可以使人民群众在心灵上得到极大的安慰。王亥懂得因地制宜,自主发挥创新能力,重视农业和畜牧业的协同发展,使得二者得到有效的结合,这为商族部落的经济发展起到了很大的作用。

随着社会的发展,商部落农业产品及畜牧业产品的剩余也日益增多。为了解决产品剩余的问题,使剩余产品得到有效利用、发挥更大价值,王亥便率领着商部落的子民带着物品同其他部落的人进行以物易物的交易,"以所有易所无,以所工易所拙"②,从而达到双方互惠互利,促进两者经济的发展。

二、重视诚信经营

中国自古以来被称为"礼仪之邦",华夏民族孕育着中华民族的谦卑品质、自律自爱品格以及为人忠厚诚恳的性格。随着历史的积淀,中华民族的品格更是深深烙于每个华夏子民的心中,成就了独树一帜的"中国魂"。

作为商人,诚信仁义之心是其根本,也是商业文化的灵魂。王亥经商就坚持"诚信为本"的原则,而且为人仗义,不趁火打劫、落井下石,此乃大丈夫之所为。王亥认为对市场交易,不论是珍贵的货物,还是一般商品,对于所有商品的价格,都是根据市场供求情况而涨落,国家不事先予以规定或过问。在这里有一则有关王亥经商的小故事:据有关史料记载,在王亥经商时期,有一个叫葛国的小国家,资源匮乏,社会落后,老百姓所需的粮食一直供不应求。在此期间,商国一直向葛国提供粮食,并进行诚信、平等的交易。不料,有一年葛国遭遇天灾大旱,地里庄稼颗粒无收。饥荒难耐,连地里的草根树皮都被老百姓拿来当作充饥的食物。鉴于此状,葛国国君便到商部落向王亥请求援助,希望可以得到商国的帮助,以解一时之忧,并且葛国表示愿意以多于原来一倍的物品来进行交换。王亥得知这个情况后说:"我们是老朋友了,我们不会见死不

---

① 朱凤祥:《商先公王亥:中国畜牧业和商业的创始人》,《中国畜牧业》2013 年第 13 期。
② (汉)刘安:《淮南子·齐俗训》,载《诸子集成(七)》,中华书局,1954,第 4622 页。

救,更不能乘人之危取人财物。"于是王亥不仅以原定的物品与葛国进行了交换,还额外提供了一些粮食援助,使葛国度过了此次危机。事后,葛国国君便向王亥送去了一封信以表谢意,并表示葛国愿与商国世代同盟。通过这件事情我们可以看出王亥的为人之道与经商之道。常言道:"得道多助,失道寡助。"王亥与人交往时实施仁义,得到人心,并在交易上有原则,坚持诚信为本,在"利"的面前能够保持本心,见利思义。正所谓"君子爱财,取之有道"。王亥有此商业道德便不难使他得到广大人民的尊敬,使商业经营得越来越好,以至为后世产生深远的影响。至今,诚信以及仁义之心还是商业文化的真精神。中国商业文化精神讲的不仅仅是一切向钱看、追求功利,而且要立于大仁之上,仁爱天下,唱响爱国主义主旋律。

三、重视经贸往来

中原地区物产丰富,交通便利,为王亥的商业活动提供了前提条件。再加上先商时期,农业迅速发展,畜牧业也得到了迅速发展,这为王亥饲养牲畜,并在相土驯服马匹的基础上发明服牛技术,带来了极大的便利。随着生产力的发展,农产品逐渐增多,畜牧业也渐次发达,促进了商业贸易的发展。因此,王亥率领部族带着物品与周边的部落进行交易,加强了区域间的经济往来。

王亥率领部落成员同其他部落进行贸易,不是简单的个人与个人之间的交换,而是有一定规模的部落与部落之间的贸易活动。① 王亥具有卓越超群的商业思维,他懂得与时俱进,开拓创新。后来,他率领商部落的牛车队同多个国家进行贸易,开辟了多条贸易之路。因此,王亥开启了跨区域,甚至跨国贸易的新篇章。

王亥经商,不仅仅给当地带去了特产物品,同时也带去了商国人先进的生产方式和技术,促进了当地经济的发展。这样一来,一方面使本国可以学习外邦的先进技术,吸收外邦的优秀文化;另一方面也大大加强了各国之间的友好关系。经过多年的经营,商国的经济得到了快速发展,很快商国便成为当时最富庶的国家之一。此时的商国,国库殷实,国泰民安,人民过上了安稳的生活。王亥在位期间,因卓越的商业功绩,不仅使商国的经济得到快速的发展,也使

---

① 王瑞平:《"华商之都"人文历史背景考论》,《商丘师范学院报》2008年第11期。

得商国人的智慧与美誉随着贸易之路而远扬他国。商国人的智慧和勤奋得到各国的赞扬和钦佩,更是使商国人诚实守信的经商道德得到了肯定。

综上所述,王亥是我国历史上有明确记载最早做生意的人,被称为"商业始祖"。王亥经商思想中体现的重视畜牧业发展、重视诚信经营是中华优秀商业文化的组成部分,同时王亥不畏艰险,率领商部落克服恶劣的天气、艰险的路途、语言的障碍、民俗的不同甚至抢劫等重重困难,积极发展商贸的理念是打造新时代"四个河南"的重要载体之一。王亥去世后,商国人继承并发展王亥所开辟的贸易之路与艰苦奋斗精神,使商部落日益壮大起来,并且逐渐形成了商文化,对后世和中国商业文明产生了深远影响。

第二节 桑弘羊盐铁专营财政思想

秦始皇统一六国建立了中国历史上第一个统一多民族中央集权制国家,为经济社会发展奠定了基础。汉承秦制,初次开创了一个持续的统一局面,为中国人民带来了和平与安定的生活,也为商业的发展和商人的活跃创造了更好的条件。① 这正如《史记·货殖列传》记载:"汉兴,海内为一,开关梁,弛山泽之禁,是以富商大贾周流天下,交易之物莫不通,得其所欲。"桑弘羊(公元前152~公元前80年)是西汉时期著名的政治家,也是经济学家,是历史上中原著名的商业人物。桑弘羊出生在河南洛阳一个商人家庭。《史记·平准书》记载:"弘羊,洛阳贾人子,以心计,年十三侍中。"在家族父辈的熏陶与社会环境的影响下,桑弘羊自幼善于思考数学及商业问题。十三岁时,桑弘羊因"精于心算"闻名于洛阳,被任命为侍中,侍奉汉武帝并且兼陪读。桑弘羊博览群书,特别对法家管商之学有很深的研究。桑弘羊在从政期间曾担任过数职,推行了以盐铁政策为核心的财政体制改革,为西汉中央集权的稳定和发展产生了积极影响。

一、桑弘羊财政思想的形成背景和理论基础

西汉时期的财政危机、社会矛盾,促使桑弘羊的财政思想在改革中逐渐形

---

① 邵毅平:《先秦秦汉历史文献中所见的商业与商人》,载上海图书馆历史文献研究所编《历史文献(第十七辑)》,上海古籍出版社,2013,第363页。

成,并在解决财政危机与社会矛盾中得到完善。另外,从小深受家庭经商观念的影响,再加上后天的勤奋好学与广泛阅读,桑弘羊在继承了前人先辈商业思想的基础上对其进行了升华和提炼。

(一) 严重的财政危机

西汉建立初期,长期的国家战乱严重破坏了社会稳定发展。为了维护统治者自身的统治,缓和国家财政赤字状况,在黄老无为思想的影响下,西汉政府主张"无为而治",实行国家不干预经济政策,并将休养生息、轻徭薄赋作为治国之策。虽然在当时,国家出现了短暂的繁荣,但是社会问题并没有从根本上得以解决。汉武帝执政后,一度改变了先祖政策,提出"廓土斥境"以进一步强化中央集权。汉武帝在位时战争不断,财政开支严重不足。基于此,汉武帝决定大力发展商业,以缓解国家财政危机。因此,出生于商业家庭、精通管仲之学且精于财政的桑弘羊得以重用,而桑弘羊也因此越来越重视商业的发展。

(二) 尖锐的社会矛盾

汉武帝进行财政改革,除了所面临的财政危机之外,尖锐的社会矛盾也是主要原因。在"无为而治"的影响下,财政上,国家不介入工商业的运作与发展,而是重视征收和管理赋税。在国家不干预经济政策的实施下,一些有势力的诸侯在迅速致富并成为富商巨贾后,不支持国家政策,未能够为国家分忧解难,反而以财富兼并土地,肆意掠夺并欺压百姓,给农民造成过重负担,引发社会动荡。另外,在封建社会,社会财富增长缓慢与富商巨贾社会财富及其垄断力增长之间存在着矛盾,如果政府要通过增加农民赋税来加强中央财政,势必会进一步激化农民与封建地主阶级政权的尖锐矛盾。因此,汉武帝重用桑弘羊,以其财政思想指导财政改革并缓和社会矛盾,而桑弘羊的财政思想也在财政改革的具体实践中得以不断完善。

(三) 家族经商观念影响

《史记·平准书》中明确记载"弘羊,洛阳贾人子"。桑弘羊出生于经商家族,从小受商品经济思想的熏陶,在他的经济思想中,重商思想最为突出,这为桑弘羊财政思想中的本末并重思想的形成奠定了基础。自小生长在经商家族里,桑弘羊从小接触的是算数以及与商业有关的问题和事务,商业思想的形成潜移默化。同时,父辈出于让桑弘羊继承家业、继续发展商业的考虑,重视培养桑弘羊的经商头脑。另外,桑弘羊的家庭在当时的洛阳城里是个很有名望的家族,其父亲作为大商人,善于经营,因此他家的商业活动很多。桑弘羊的父亲想让桑弘羊亦管亦商,对他的要求是既能为朝廷效力还能发展商业,这在很大程度上影响了桑弘羊财政思想中国家专营思想的形成。

(四)对先贤思想的继承与发展

桑弘羊的财政思想,首先是对《管子》中经济伦理思想的继承与发展。桑弘羊重视《管子》经济思想并效法《管子》,继承并发展了主张以发展工商业获取所需财政收入、实行双重价格政策、礼法并重以及通过对外贸易增加财政收入等的管子轻重理论。另外,"商君相秦"治国主张给了桑弘羊极大启示,他所实行的一系列财政政策,都在为充裕国家财政收入而努力。桑弘羊认为财政具有强制性和阶级性,而国家赏罚作用的有效发挥是基于国富。桑弘羊这种国富的思想是受到商鞅富国之学的影响。被韩非并称为"商管之法"的《管子》和《商君书》两部书,蕴涵着丰富的富国利民的经济伦理思想。因此,桑弘羊在继承管仲和商鞅等先贤的思想的基础上,根据生活需要以及结合自身所做出的一系列经济实践,创新发展了先贤的思想,形成了更切合时代特征的财政思想。

二、桑弘羊财政思想的主要内容

汉代商人的经营范围,大抵是非常广泛的,从日常生活用品,到生产、交通工具,再到金钱和奴婢,几乎无所不具。桑弘羊主持财政期间,国家战争连绵不断。为筹集所需战费,稳定政权,缓和社会矛盾,解决国家严重的财政危机,桑弘羊推行了盐铁官营与酒酤、货币统一专铸、均输与平准、农业与商业并重以及扩大对外贸易等一系列财政政策,并取得一定成效,而在这过程中,桑弘羊的财政思想也得以完善与发展。

(一)国家专营

为了重新夺回本来属于国家的财富,汉武帝采纳了桑弘羊等一些大臣的建议,推行国家专营制度。元狩六年(公元前117年),桑弘羊基于国家整体利益,先后制定并实施了盐铁官营与酒酤、均输与平准等国家垄断政策,由国家来专营这些重要的自然资源。盐铁官营,即由国家统一"尽管天下盐铁"①。而酒酤,则是通过设立机构——"酒榷",实现对酒类全部销售的垄断。另外,所谓均输,即为由国家设官在各地统一征购和运输货物。而平准,则是通过相关机构与官职的设置,实现国家对全国物资与买卖的控制,进而平衡物价。就政策实施的程序而言,均输在前,平准在后。②

事实证明,桑弘羊的国家专营思想产生了很大的经济和社会效益。首先,国家实行盐铁酒专卖,在一定程度上约束了富商大贾的敛财行为,平息了他们追逐暴利的欲望,进而加强了国家的整体调控能力,增加了政府的财政收入。其次,政府对盐铁酒经营权的垄断没有额外增加百姓负担,官营大规模标准化生产下所取得的收益,明显多于工商个人私营的小规模生产。另外,均输与平准的推行,效果显著,使得政府经济收入得到明显提升,为国家的发展打下了坚实的经济基础。

汉朝时期,盐铁、酿酒与均输等,是国家财政收入的主要来源,在稳定汉朝国库收入中发挥着至关重要的作用③,但也存在着弊端。盐铁官营下,由于封建社会内部、行政方面的内耗与政令不畅,存在购买不便利、产品质量不高、成本高而价格贵等问题。均输与平准的实行,也引发了均输官员不按照实际情况征收、欺诈百姓、低买高卖、各类商品强制购买、价格上涨以及官员勾结甚至囤积等一系列问题。

(二) 财政统一

西汉建立之初,市场上货币流通混乱,通货膨胀、货币贬值以及物价急剧波动等现象经常出现。这些现象产生的原因在于当时各郡国自由铸币,纵民铸钱。桑弘羊认为具有独立的流通职能和交换价值且作为财富的货币,私人对其铸造权的持有,再加上国家尚未统一管理涉及国计民生的事业,轻则会使百姓为追逐商业利润而舍弃农业生产,重则会使诸侯暗生不轨之心,威胁国家的政权与稳定。因此,桑弘羊推行货币专铸,主张政府掌控货币铸造权。

《盐铁论·卷一·错币第四》记载:"禁御之法立而奸伪息,奸伪息则民不

---

① 马俊、谷浪雨:《桑弘羊理财思想的当代意义》,《黑龙江对外经贸》2011年第9期。
② 杨智杰:《汉代桑弘羊的理财思想》,《财会月刊》2007年第23期。
③ 刘省贵:《桑弘羊理财思想述略》,《兰台世界》2012年第21期。

期于妄得而各务其职不反本何为？故统一，则民不二也；币由上，则下不疑也。"①桑弘羊认为，国家统一管理能够避免百姓存二心，统一铸币则能够使百姓出于对官府的信任而不怀疑货币的真伪。因此，桑弘羊上任后，实行国家统一铸币，设置专门的国家铸币机构，同时禁止各郡私铸钱币，将货币铸造权收归政府，发行统一重量与形状的上林三官钱，即"五铢钱"作为全国唯一通行的货币。② 这是我国历史上第一次完全将货币权集中于中央③，全国的金融局面也从此得到了控制，具有重要的历史意义。而政府所铸造的五铢钱，在重量、形式和名称上也成了历代铸币的标准。④ 从根本上讲，国家货币专铸抑制了地方私铸劣质钱币的现象，不仅稳定了市场，还增加了国家总体财政收入，更是在维护和巩固西汉王朝统治中发挥了重要作用，体现出桑弘羊财政统一思想所具有的现实意义。

(三) 农商并重

我国一向重农抑商，并且儒家和法家在这个问题上的观点一致。但是桑弘羊却根据《易经》的思想，提出了本末并重思想⑤，在当时属于首创。"农商交易，以利本末"，桑弘羊主张农业（本业）与工商业（末业）并举，要"开本末之途，通有无之用"使"农商工师，各得所欲，交易而退"⑥，并认为重商与重农应该有机结合，两者并行不悖，不可偏废。

桑弘羊十分重视国家农业的发展水平，并且在农业方面取得极大成就，曾提倡并建议汉武帝通过在西北边远地区实行屯田制，来确保国家粮食充足的供给。同时，桑弘羊也重视工商业的发展，认为农业与工商业之间要建立流通渠道，互通有无，这样既能满足国家与各阶层人民的生产与社会需求，又能增强国家的财力。另外，在重商方面，桑弘羊"重商业而抑商人"，认可并重视借助国家力量进行商业活动，进而取得经济收入的理财方式，但是他并不过分强

---

① 王利器校注《盐铁论校注（定本）》，中华书局，1992，第 57 页。
② 刘省贵：《桑弘羊理财思想述略》，《兰台世界》2012 年第 21 期。
③ 王复华、夏远湘：《桑弘羊的财政思想及其对现代理财观的指导意义》，《中央财经大学学报》2001 年第 9 期。
④ 贾兵强、普戡倪：《桑弘羊财政思想及其当代价值》，《学理论》2020 年第 4 期。
⑤ 齐海鹏、孙文学：《论桑弘羊的财政思想》，《地方财政研究》2011 年第 11 期。
⑥ 杜建蓉：《司马迁、桑弘羊经济思想比较研究》，硕士学位论文，内蒙古大学，2006。

调商业或者农业的重要性,而是认为两者应该同等重要。桑弘羊的本末并重思想,不仅在当时有实用价值,即使是现在也具有借鉴价值。

(四)发展对外贸易

桑弘羊以对外贸易充实财政的思想,继承于管仲"外因天下"的思想。桑弘羊认为,以本国不用的手工业品和其他外国喜好的财物,通过与别国的贸易,换取外国大量珍宝。这样做,《盐铁论·卷一·力耕第二》记载:"是则外国之物内流,而利不外泄也。异物内流则国用饶,利不外泄则民用给矣。"①这种利用他国资源来充实本国财政的外因天下思想,在把"以无用换有用"作为对外贸易原则强调的汉朝,具有十分重要的价值。

在桑弘羊的财政思想中,商业能够实现国与国之间的经济联系,因此他强调扩大对外贸易。桑弘羊认为,对外贸易能够使国家的市场经济得到繁荣,而对外贸易则要达到以下两个目标:一是以向国外最大限度地输送剩余货物来实现国外对国内商品政治的被动,二是通过丰富国内商品供给来降低敌对势力。基于此,明确监管商品出口量,以国内黄金和丝绸换取敌对势力所拥有的国内所需货物,既能确保国内市场需求,又能在一定程度上削弱敌国。从这个角度看,桑弘羊以对外贸易充实财政的思想,对于汉朝发展所起的作用是巨大的。

三、桑弘羊财政思想的时代价值

桑弘羊的财政思想不仅对于当前我国实行稳健的财政政策以及财政观念的转变、民生改善等方面有启示,而且为传承中华优秀传统文化、助推文化河南建设、传承中华商业文化提供了不竭源泉。

(一)深化国家财政制度改革

正所谓"工商富国",桑弘羊认为国家财富的源泉是工商业。所以桑弘羊站在国家立场上,主张国家实行官营垄断,独占与国计民生密切相关的盐铁酒等行业的丰厚利润。桑弘羊这一国家专营、财政统一的国家宏观调控思想体现出了大规模生产的优越性,既为政府介入工商业提供了法律依据②,又为中

---

① 王利器校注《盐铁论校注(定本)》,中华书局,1992,第28页。
② 李伟:《西汉财政政策研究》,博士学位论文,南京师范大学,2012。

央政府增加了财政收入,更重要的是,桑弘羊财政思想稳定了社会秩序与中央政权,促进了国家发展。同时,在桑弘羊推动下,铸币大权由中央独揽,第一次实现了将铸币权完全收归中央,完成了中国货币发展史上的一大壮举①,不仅实现了货币稳定,更是为国家政权的稳定奠定了坚实的基础。另外,桑弘羊在那个商品经济并不发达的封建时代,将行政手段和商业规律创新性结合,丰富了财政政策手段,形成的财政思想为我国后世2000多年来的封建政府经济政策提供了借鉴。

改革开放以来,我国始终将坚持公有制的主体地位、发展非公有制经济作为党和国家的主要任务。② 随着市场经济的不断深入发展,我国现阶段强调要让市场在资源配置中起决定性作用,但这并不是说政府完全不干预市场,反而对政府的履职能力提出了更高的要求。现阶段的政府,要不断加强对经济的控制和引导,不仅要合理引导关系国家经济命脉的行业,同时还要以财政手段、政策杠杆稳定货币与物价,鼓励非公有制经济的发展。因此,桑弘羊的财政思想在一定程度上能够为我国经济体制的深入改革提供有力借鉴。

(二)增强人民群众的获得感

在桑弘羊充裕国库的各项财政政策的推行下,西汉时期的财政观念发生转变,无论是限制商人投机,还是反对外敌入侵,都发挥着巨大作用。同时,桑弘羊将民众利益同财政改革措施直接挂钩,如均输与平准,从历史发展的角度看,不仅以互通渠道的建立满足了各地不同的物质需求,更是有效减轻了民众的负担,可谓做到了惠民。

当前,我国政府各项职能的履行仍以经济职能为依托,政府要想实施并且实现其全部职能,就必须从社会产品分配中集中一部分社会产品。③ 因此,政府干预具有必要性,更要通过财政政策的实施与经济职能的发挥,对国民经济施加积极影响。同时,现代财政政策要满足促进经济发展和提高社会福利的双重要求,富国是手段,而富民是根本目的,既要发展社会经济,也要提高人民群众的生活水平与幸福感。

---

① 朱香:《汉代桑弘羊"重商"理财策略及其作用》,《兰台世界》2015年第6期。
② 朱香:《汉代桑弘羊"重商"理财策略及其作用》,《兰台世界》2015年第6期。
③ 芦蕊:《桑弘羊的财政政策及其当代价值新论》,《宝鸡文理学院学报(社会科学版)》2011年第4期。

(三)传承中华优秀商业文化

桑弘羊的财政思想以及推行的一系列财政政策,取得了明显成效,推动了当时社会经济的发展。桑弘羊财政思想继承于《管子》,在进一步的总结创新中用于实践并取得良好效果。他在盐铁会议上极力推崇《管子》的轻重论,并用轻重论的观念实现对商业的管理和对国际贸易的调节。因此,桑弘羊财政思想作为中华优秀商业文化的一部分,我们要将其继承并发扬光大,为我国经济建设与河南中原文化发展奉献微薄之力。

桑弘羊的出生地洛阳,是中国商业、商人与商文化的发源地,可以说中国最为古老的商业文明就源于此。交换物品和经商理论的创造、商业规则和商业法典的制定以及商业品德和商业行为孕育的商业精神,使得河南拥有丰富的文化遗产和独特的文化资源优势。因此,加快河南文化资源的优势发展,要继承前人经验,传承创新桑弘羊财政思想,以开放的心态不断宣传和弘扬中原地区的华夏历史文化。

桑弘羊是中原历史上有着重要地位和影响的人物。作为经济学家,桑弘羊秉持国家专营、财政统一、本末并重与以对外贸易充实财政等思想,为增加国家财政收入谏言献策,为汉武帝的文治武功奠定了雄厚物质基础。作为政治家,桑弘羊推行了盐铁官营与酒酤、均输与平准、国家独占货币铸造权、农业与商业并重以及扩大对外贸易等财政政策,为政府管理和军事外交做出了较大贡献。桑弘羊财政思想对于今天全面深化财政体制改革有重要意义,对于推动建设文化河南、弘扬中原优秀商业文化有着重要价值。

作为汉武帝理财家的洛阳人桑弘羊,更对有利于发展封建官营经济的商战理论做出过巨大贡献。司马迁说:"农不如工,工不如商,刺绣文不如倚市门,此言末业,贫者之资也。"由此可见,经商是古代发家致富的重要途径。先秦两汉中原商人在长期经商过程中所形成的买卖公平、质优价廉、互利互惠、经商治国、重商务本、薄利多销、贵贱相倚、择地生财的经营理念,奠定了我国传统经商思想的基础,是我国传统商业文化的源头,对徽商、晋商和近代民族实业家都产生过深远的影响。

第三节　北宋东京行会商人经营理念

北宋时期,河南成为全国的政治、经济和文化中心。开封,本是隋唐汴州,907 年被后梁朱温改为东都开封府。之后,梁、晋、汉、周四代都建都于此,称为汴京。北宋大力整治汴河,发展漕运,水陆交通,四通八达,形成了以汴河为中心包括黄河、汴河、蔡河、广济河在内的四通八达的漕运网,漕运量从唐代每年一百万石①猛增至六百万石,多时曾达到八百万石,成为全国漕运史上的最高纪录。② 汴河是开封赖以建都的生命线,在汴河两岸形成了繁荣发达的商业经济带,也是东南物资漕运东京的大动脉,不仅对京城有重要作用,而且还保证了北方边疆军事上的需要。开封日益繁华兴盛,已发展成当时世界上最大的城市,商业也空前繁荣。《东京梦华录·马行街北诸医铺》记载,当时汴京城内有大小工商业者(手工业与商业往往一体)一万五六千家,有的地方"车马阗拥,不可驻足",汴河两岸、桥津渡口之处,也都百货堆集,摊贩遍地,以致外地巨商"贸粮斛,贾万货,临汴无委泊之地"。

商人依据其经营方式来划分,可分为行商和坐贾两大类。行商是流动商人,长途贩运是行商的一种形式。坐贾是就地开设行、店、铺、庄、栈、坊等从事经营的商人。③ 行会是城市商人和手工业者因共同的职业和利益而组合成的一种社会群体。它是商品经济发展的产物,又在商品经济发展中产生影响、发挥作用。据考证,行会至迟起源于隋唐时期。④ 当时,由于国内环境相对稳定,商业较前代发达,也促进了手工业的发展,城市中出现了手工业作坊,为了排斥接踵而来的竞争者,保护有限的市场,联合对付封建势力的压迫,于是行会组织应运而生了。宋代的行会组织有"行""团""市""作"等名称。一般来讲,"行""团"主要是三教九流、说书卖唱、杂耍戏人的同业组织;"作""市"主要是官营、私营工商业者的同业组织。⑤ 开封按照经营业务分为不同的行业,每个

---

① "石"是古代的一种度量单位。隋唐时一石约为 53.6 千克,宋代一石约为 59.2 千克。
② 胡廷积主编《河南农业发展史》,中国农业出版社,2005,第 83 页。
③ 王兴亚:《河南商帮》,黄山书社,2007,第 5 页。
④ 全汉昇:《中国行会制度史》,新生命书局,1934,第 29 页。
⑤ 张明来、张含梦:《中国古代商业文化史》,山东大学出版社,2015,第 51 页。

行业都建立有本行的行会,首领称为行头、行首或行老,铺户又称为行户。当时,东京城的"行"相当多,如肉行、鱼行、果子行、牛行、马行、梳行、纸行、茶行、米行、麦行、糠行、面行、姜行、纱行、金行、彩帛行、彩色行、竹木行、大货行、小货行,以及供水的水行,送殡的仵作行,介绍雇佣买卖的牙行,等等。这些行,包括了东京的商业、手工业(工商往往是一体的)以及其他服务性行业、迷信职业,等等。正如美国经济史学家汤普逊所说:"行会控制资本并管理劳动;它们支配生产与分配;它们规定价格与工资。但在它们的组织里,也有着一种社会的影响。行会的目的部分是社会性的,部分是互助性的。"①在行会的规范和约束下,东京行会商人根据市场行情来重新规定统一的价格,抵制外地商人抢占本地市场,进行商品活动,表现出个人自律与行业他律经营理念。

一、诚实守信

商场如战场。商业经营中的尔虞我诈固然常见,但要想经营好,光凭这种手段是不行的。在许多店的发财秘诀中,讲究诚信是最重要的。苏颂曾说过:"忠信度量,岂惟士大夫,货殖犹然。"他所举例子是一个孙姓酒店老板,孙原本是一个酒家博士,"诚实不欺,主人爱之,假以百千,使为脚店。孙固辞,主人曰:'不责还期也。'孙曰:'请以一岁为约。'先期已还足"。后来又经过努力:"乃置图画于壁间,列书史于几案,为雅戏之具,皆不凡。人竞趋之。久之,遂开正店,建楼,渐倾中都……""孙贷于人者,前期而还,人贷之者,不复问,数月则焚其券不可胜纪。有一行头,贷万缗,三年为期,不至,故以大珠为谢。孙之致富,皆以信与量而已"。孙从一个被雇佣的量酒博士,因诚信取得主人信任,借钱开了脚店,又因经营有方,用"雅戏之具"吸引来了大批顾客而生意兴旺,最后建楼开正店,"渐倾中都",还上结宫廷,送女入宫,其富裕程度竟使宋太宗大为吃惊。可见,诚信与度量在经营中的作用。

重视诚信的并非一家,而是普遍现象。《东京梦华录》卷四《会仙酒楼》记载:

如州东仁和店,新门里会仙楼正店,常有百十分厅馆,动使各各足备,

---

① 汤普逊:《中世纪经济社会史》,耿淡如译,商务印书馆,1963,第438页。

不尚少阙一件。大抵都人风俗奢侈,度量稍宽,凡酒店中不问何人,止两人对坐饮酒,亦须用注碗一副,盘盏两副,果菜楪各五片,水菜碗三五只,即银近百两矣。虽一人独饮,碗遂亦用银盂之类。

《东京梦华录》卷五《民俗》记载:

其正酒店户,见脚店三两次打酒,便敢借与三五百两银器。以至贫下人家就店呼酒,亦用银器供送。有连夜饮者,次日取之。诸妓馆只就店呼酒而已,银器供送,亦复如是,其阔略大量,天下无之也。

虽说"阔略大量,天下无之",但实际上是反映了当时东京城的好风气。如果社会风气是唯利是图、不择手段,那么这些贵金属用具是不可能长期使用的。

《宋人小说类编·摭青杂说·茶肆高风》还记载:"京师樊楼畔有一小茶肆甚潇洒清洁,皆一品器皿,椅桌皆济楚,故卖茶极盛。熙丰间,有一士人,乃邵武李氏。在肆前遇一旧知,相引就茶肆,相叙阔别之怀。先有金数十两,别为袋系于肘腋,以防水火盗贼之虞。时春日乍暖,士人因解卸衣服次,置此金于茶桌上,未及收拾。未几,招往樊楼会饮,遂忘遗。出,既饮极欢。夜将半,灭灯火,方始省记。李以茶肆中往来者如织,必不可根究,遂不更去询问。后数年,李复过此肆,因与同行者曰:'某往年在此曾失去一包金子,自谓狼狈冻馁,不能得回家,今与若幸复能至此。'主人闻之,进相揖曰:'官人说甚么事?'李曰:'某三四年前,曾在盛肆吃茶,遗下一包金子。是时以相知拉去,不曾拜禀。'主人徐思之曰:'官人彼时着毛衫在里边坐乎?'李曰:'然。'又曰:'前同坐者着皂皮袄乎?'李曰:'然。'主人曰:'此物是小人收得。彼时亦随背后赶来送还,而官人行速,于稠人众中不可辨认,遂为收取。意官人明日必来取,某不曾为开,觉得甚重,想是黄白之物也。官人但说得块数秤两同,即领取去。'李曰:'果收得,吾当与你中分。'"可见,讲究卫生,用具精美,是招徕客人的重要手段。这家小茶肆的主人还因拾金不昧的做法而得到人们的赞赏。熙丰年间,福建邵武李氏与其友人在肆饮茶,丢失金数十两,认为已无法找回。几年之后,又至该店,顺便谈起失金之事。谁知竟为店主收存,而完璧归赵,且拒绝酬谢。店主曾引失主李氏至一小棚楼,"见其中收得人所遗失之物,如伞扇衣服器皿之属甚多,各有标题,曰某年某月某日某色人所遗下者。僧道妇人则曰僧道妇人,其杂色人则曰其人似商贾、似官员、似秀才、似公吏,不知者则曰不知其人。就楼角寻得一小袱,封结如故,上标曰某年月日一官人所遗下。遂相引下楼,集众再问李片数秤两,李曰计若干片、若干两。主人开之,与李所言相符,即举以付李。李分一半与之,主人曰:'官人想亦读书,何不知人如此!义利之分,古人所重,小人若重利轻义,则匿而不告,官人待如何?又不可以官法相加。所以然者,常恐有愧于心故也。'李既知其不受,但惭作失言,加礼逊谢,请上樊楼饮酒,亦坚辞不往"。

二、重商营商

北宋时,社会重视商品经济和贸易,无论官员还是市民看到经商有利可图,竞相加入商贸大军。尤其是,宋初许多官僚见经营邸店可得厚利,纷纷向秦陇一带购买、贩运木材,修盖房屋,以便经商。如宋太祖时,宰相赵普也派人到秦陇"贩木规利","广第宅,营邸店,夺民利"。仁宗时卫尉卢士伦,在开封府陈留县"创设邸店,营运赚钱"。北宋末年,御史中丞何执中,"广殖赀产,邸店之多,甲于京师"。《东京梦华录·相国寺内万姓交易》还记载,诸路罢任的官员们,回京之日,也各带"土物香药之类"至相国寺贸易。

东京医药行业中,有一部分本地或外地入京经营药材的小摊贩,为了谋生,用各种形式售药,以招引顾客。据上官融《友会谈丛》记载:"京师货药者,多假弄狮子、猢狲为戏,聚集市人。"《圣朝名画评》也记载京师乐游坊"市药人杨氏,锁活虎于肆",以求售药。宋代的旅馆、酒店等也注重从店名上来营造商业广告的氛围,如"清风楼客店""熙熙楼客店""状元楼"等。清风楼,可能取材于苏东坡的名句"清风徐来",表示环境幽雅。熙熙楼,取名于司马迁《史记·货殖列传》"天下熙熙,皆为利来;天下攘攘,皆为利往",表示来此住宿的人熙熙攘攘,生意兴旺。在城内新桥东北麦稍巷的"状元楼"以及"登云楼"等,显然是接待进京举子的。可见,经营者懂得如何迎合不同旅客的住宿需要而起店名。欢门彩楼,更是酒店门面的象征,《清明上河图》中多处可见。

有的人头脑灵活,捕捉商机的意识极强,常能在别人都未察觉的情况下就提前做好准备,占据有利位置,从而获得高额利润。《玉壶清话》卷三记载:

周世宗显德中,遣周景大浚汴口,又自郑州导郭西濠达中牟。景心知汴口既浚,舟楫无雍,将有淮、浙巨商贸粮斛,贾万货,临汴,无委泊之地,讽世宗,乞令许京城民环汴栽榆柳、起台榭,以为都会之壮。世宗许之。景率先应诏,距汴流中要起巨楼十二间(应为十三间——引者)。方运斤,世宗辇辂过,因问之,知景所造,颇喜,赐酒犒其工,不悟其规利也。景后邀钜货于楼,山积波委,岁入数万计,今楼尚存。(王辟之《渑水燕谈录》卷九,《东京梦华录》卷二《宣德楼前省府宫宇》,均作十三间楼)

十三间楼,一直到北宋末还存在着,是方便商人存放货物的一个大型客栈。既然"岁入数万计",其盈利额显然十分可观。

欧阳修《归田录》卷二记载:

金橘产于江西,以远难致,都人初不识。明道、景祐初,始与竹子俱至京师。竹子味酸,人不甚喜,后遂不至。而金橘香清味美,置之樽俎间,光彩灼烁,如金弹丸,诚珍果也。都人初亦不甚贵,其后因温成皇后尤好食之,由是价重京师。余世家江西,见吉州人甚惜此果,其欲久留者,则于绿豆中藏之,可经时不变,云"橘性熟而豆性凉,故能久也"。

所谓温成皇后即仁宗宠爱的张贵妃。商人们为了赚钱将金橘运至京城,在滞销时并未灰心丧气,而是继续坚持,并充分利用张贵妃的"明星广告"效应,从而取得了成功。商人们还想出了储存金橘之法,久存以保证市场供应。张世南《游宦纪闻》卷二亦云:"金橘产于江西诸郡,有所谓金柑,差大而味甜,年来商贩小株,才高二三尺许,一舟可载千百株,其实累累如垂弹,殊可爱,价亦廉,实多根茂者才直二三环,往时因温成皇后好食,价重京师,然患不能久留,惟藏绿豆中则经时不变,盖橘性热,豆性凉也。"

三、顾客至上

大酒店为了招徕顾客,不惜工本装修店面,设置服务项目。《东京梦华录》卷二《酒楼》记载:

凡京师酒店,门首皆缚彩楼欢门,唯任店入其门,一直主廊约百余步,南北天井两廊皆小阁子,向晚灯烛荧煌,上下相照……以待酒客呼唤,望之宛若神仙。……白矾楼,后改为丰乐楼,宣和间更修,三层相高,五楼相向,各有飞桥栏槛,明暗相通,珠帘绣额,灯烛晃耀。初开数日,每先到者赏金旗,过一两夜则已。元夜则每一瓦陇中皆置莲灯一盏。内西楼后来禁人登眺,以第一层下视禁中。大抵诸酒肆瓦市,不以风雨寒暑,白昼通夜,骈阗如此。

酒店除卖酒之外,还卖精美的食品和水果,档次远高于食品店。店内没有的,还可临时派人到外边买进,以供客人之需。所以《东京梦华录》中记载:"其果子菜蔬,无非清洁。若别要下酒,即使人外买软羊、龟背、大小骨、诸色包子、玉板鲊、生削巴子、瓜、姜之类。"酒店的服务质量,可见一斑。

药店在经营中坚持实行"四不":一是未经挑选的药材不许出售,二是不按程序炮制的药材不能出售,三是杂质未拣净的药材不得出售,四是不合格的药材及成药不能入库。

出卖水果,讲究新鲜,商人们为此而想出各种办法。《鸡肋编》卷上记载:"京师卖生果,凡李子必摘其蒂,不敢触其实,必留上衣,令勃勃然,人方以新而为好。至食者须雪去之。"

正因为酒楼有多种方便,才使得官僚士大夫及富商们流连忘返。宋人彭乘在《墨客挥犀》载:"当时侍从文馆士人大夫,各为燕集,以至市楼酒肆,往往皆供帐为游息之地。"所以,鲁宗道曾向宋真宗说:"酒肆百物具备,宾至如归。"

《东京梦华录》记载,若出街市,路远倦行,"寻常出街市干事,稍似路远倦行,逐坊巷桥市,自有假赁鞍马者,不过百钱",甚至连"锢路、钉铰、箍桶、修整动使、掌鞋、刷腰带、修幞头帽子、补角冠"的也有,"各有行老供雇"。作为与旅客服务关系最为密切之一的浴堂,当时被称作"香水行",在东京城中,同其他店铺一样,"布满各处",为旅客远行后洗去风尘提供了方便。旅客在吃好、玩好以后,自然会产生娱乐的需求,这为百戏艺人以及文化夜市提供了更多的观众。

另外,东京行会还具有地域性、行业性和民族性的特点。《东京梦华录·大内前州桥东街巷》载,州桥以东、汴河以南,即旧城东南角,"沿城皆客店,南方官员商贾兵级,皆于此安泊"。此外,还有专门接待少数民族客商的"民族客店"。《东京梦华录·东角楼街巷》载,潘楼街南之"鹰店","只下贩鹰鹘客"。"鹰店"便是回鹘客商的住所,当然也有行业性质。随着酒楼的发展,游客的众多,专营地方风味的食店也发展起来。东京既有招待四川茶商和盐商为主顾的"川饭店",又有招待江南茶商以杭、扬二州风味为主的"南食店",此外还有"胡饼店"及"素分茶(店)"等。

第四节　怀庆府怀帮的经营之道

怀庆之名,始于宋哲宗元祐六年(1091年)。明代设怀庆府,是河南省所属的八府之一,辖河内(今河南焦作市、沁阳市、博爱县)、武陟、修武、济源、温县、孟县6县。清初循而未改,雍正二年(1724年),行政区划调整,将原武县(今属河南原阳)划归怀庆府,乾隆四十八年(1783),又将阳武县(今属河南原阳)划归怀庆府,辖区成为8县。怀庆府古称覃怀之地,是河南省经济发展和人口稠密的地区之一,东西长174公里,南北宽77公里,总面积占7347.1平方公里。怀庆府相当于今河南焦作市辖博爱、沁阳、温县、孟州、武陟、修武以及济源市和新乡市原阳县,古称覃怀,汉设河内郡,唐时称怀州,元时称怀孟路,明初改称怀庆府直到清末。[①] 从明代开始,棉花种植在国内得到普及。怀庆府属各县由于气候与土壤适宜棉花种植,故种植面积逐年增长。万历以后,棉花成为怀庆城乡集市贸易上的重要货物。乾隆年间,河内药材等经济作物种植面积超过耕地半数。怀庆府城内的药业行店有:广成店、天元店、秀盛店、四聚店、合成店、兰茂店、林茂店、悦来店、恒泰店、义泰店、仁和店、天馨店、永兴店、复盛店、广兴店、天成店、天顺店、泰丰店、天泰店、义顺店、金兴店、长夫店、合兴店、祥泰店、正盛店、宝兴店、永和店、协盛全、杜盛兴、李广盛、尤金正、徐新合、齐合盛、皇甫万盛、合盛元、广泰、合盛、万兴、盛新、大兴、君兴、鸿茂、复泰、万升、万寿等百余家。[②] 道光年间,怀庆府属的河内、温县、孟县人以种地黄、牛膝、菊花、山药等药材成业。后来,大家把怀庆府所从事棉花、棉布、烟叶、药

[①] 王兴亚:《河南商帮》,黄山书社,2007,第145页。
[②] 王兴亚:《河南商帮》,黄山书社,2007,第162页。

材、竹器加工等做生意的人,习惯上称为怀商或称怀帮。与此同时,怀帮商人先后在全国各地建立"怀庆会馆"或"覃怀会馆",作为驻地办事机构,以适应怀商的需求。

　　商帮,是以地域为中心,以血缘、乡谊为纽带,以"相亲相助"为宗旨,以会馆、公所为其在异乡的联络、计议之所的一种既"亲密"而又松散的自发形成的商人群体。① 商帮的出现,标志着我国封建商品经济发展到了最后的阶段,它的活动在中国商界产生了很大影响。怀帮是由怀庆商人组成的商业组织,通过制定商帮章程和议事规则,旨在保护怀帮商家的利益,防止同行业不正当竞争,协调内部相互之间的关系以及协调同其他商帮的关系。怀帮商人立足于本地四大怀药、棉花、棉布、粮食、竹器、矿石等资源,积极在中原的开封、禹州、辉县、南阳、唐河、郑州、方城、洛阳等地贩卖商品物资,然后将生意扩大到黄河上下、长江两岸以及辽东半岛的重要商埠,比如在上海、汉口、重庆、天津、苏州、杭州、西安等地设立商号或分号。怀帮商人在长期经营活动和商品贸易中,形成独特经营之道,从而能够走遍大江南北,并且在清末民初,怀庆药商、铁货商、布商、粮商、竹商、钱商的发展达到鼎盛,并在全国各地建有怀帮会馆。

一、吃苦耐劳的从业品质

　　怀帮商人都是源于明清时期怀庆府的农民和小手工业者,大部分没有政府支持,创业中不仅要解决交通运输和人力物力的问题,还要克服资金、技术和市场等难题,只能依靠家族接济、个人的吃苦耐劳,通过主仆兼具、出力流汗、起早贪黑、手推肩挑、骑驴驾车等从事生意交易,故用"或劳苦同于农工。"② 来描述怀帮商人成长之路。比如怀药,体积大、物品重且保鲜程度要求高,每年怀药销量在数百万斤以上,在铁路出现之前,运输主要靠陆路与水路,有相当的部分是通过肩挑、车推和牲口驮载,当然承担运送怀药的任务就由商家老板完成。铁制品加工需要冶炼、模范、铸造、锤打等环节,无论是哪个环节都需要繁重体力劳动和持久精力,属于很苦很累的行业。

　　正是由于怀帮商人具有吃苦耐劳的精神,在嘉庆、道光年间,怀庆府属各

---

① 张海鹏、张海瀛:《中国十大商帮》,黄山书社,1993,"前言"第 2 页。
② 白眉初:《中华民国省区全志》第 3 册《鲁豫晋三省志》,北京师范大学史地系铅印本,1925,第 89 页。

县的商业日趋繁荣,怀商的经济实力也大有增长。道光年间河内药商"千金之家,比屋可封。善封殖者,家累巨万。不止十数而已"。道光年间怀庆商人到南阳经营铁货,以肩挑车推将铁货从鲁山南召等地运至南阳,先是摆摊推销,后开设铁货铺。博爱恒义和杂货店掌柜尚老五,勤俭办店,精打细算,到怀庆城里进货,为节省开支,不雇车,自己扛着回家。清末武陆鲁定华也是一贫如洗,才去做生意的,他推起独轮车,从武陆到汉口贩卖药材,不分春夏秋冬,忍受酷暑烈日的暴晒、隆冬刺骨寒风的袭击,一个月往返一次。①

二、体系完备的帮规店则

怀帮帮规规定怀商无论在哪里从事经营,商号中录用的所有人员,都必须是怀庆籍人。比如铁货行的行规对原料分配、产品价格、雇工学徒和待遇等方面做了规定。药业行规则规定了药品交易销售、经营管理、开店设铺地点等。今南阳收存有怀帮帮规,规定:"凡是来宛做生意非亲的怀庆人,只要有难,均给帮助和扶持。来宛城一时找不到合适的事做之前,也管其吃住。凡收徒弟,非亲友介绍则拒绝接收。收为徒者,由二掌柜训示:做生意软似棉,能舍千句话,不舍一分钱。十年读出了秀才,十年学不出买卖。生意何尝无学问,必须操心,勤动脑筋。起早睡晚,打扫卫生,先做粗笨活,下苦功夫练写字,打算盘,接待顾客,伺候人要有眼色,叫人家喜欢你,说你好;上午搓纸捻,刷洗水烟袋,下午擦煤油灯,早晨倒便壶,无论白天晚上,如有客人打麻将,谨慎细心伺候客人,晚上提前给掌柜和客人铺床叠被,拿便壶。第一年学徒不能在柜台营业,更不准和客人顶嘴抬杠;不准损坏商品和用具,如有者,掌柜有权打骂和训斥,甚至开销(解雇)。"这个帮规体现了团结乡里、扶持贫困的特点。②

在怀帮店铺,东家实行店铺掌柜责任制。其中东家即家长,家长继承不以嫡长而由推选,以人品端正、善于经营、族人拥护等标准由上一任物色、族人推举并经历练三年,方可接班。店铺东家聘任掌柜,东家出资和商品。掌柜聘任伙计,掌柜直接经营店铺。如果掌柜经营不善,掌柜不仅没有薪金,还要赔付损失。赢利分配办法明确,利润收入 40% 用于全员年薪,20% 归东家所有,

---

① 王兴亚:《河南商帮》,黄山书社,2007,第 241 页。
② 王兴亚:《河南商帮》,黄山书社,2007,第 250 页。

40%用于扩大再经营。薪金分配办法,按照本人技术高低、责任大小、劳动态度、进店年限等核定。平时如有需用,只可借支,年终时进行总结算。如协盛全店铺实行掌柜责任制,同时还辅以族人监理制;店铺资金分为若干股,由东家按人口平均分配,收益分红,是一种东家股金制。协盛全这种责任明确、产权明晰的管理机制已经具备了现代公司制度的基本要素。①

在怀帮店铺中,店中人员也有一个晋升制度。学徒是最低一级的人员。学徒的年龄一般是17岁,也有13岁的。学徒为期三年,在学徒期间,没有工资待遇,学徒期满后,在店中可任伙计,成为店铺的正式工作人员。对于伙计从业明确提出"两保持"即保持衣帽端正、保持店内清洁,"三不准"即不准坐等客人、不准冷待客人、不准坐拿商品,"四禁止"即禁止损坏商品、禁止私事、禁止嬉笑、禁止吸烟,以此规范店铺正常运转,从而展示商家良好形象,维护商帮的规章制度,提升怀商的向心力和竞争力。

三、类型多样的交易平台

为加大经营商品和销售产品力度,怀帮商人往往借助商品交易会、会馆、庙会和集市等形式,大力开展商品贸易往来,推动怀庆府经济社会发展。比如明清时期,怀庆城内在每年药王孙思邈的生日(农历五月十三日)和祭日(农历九月九日)起会,每次会期一个,会上有大戏演出。届时,不仅有河南几十个州县的药商赴会交易,而且全国各地的药商也不远千里,云集于此进行交易。西南的云南、贵州、四川,西北的陕西、甘肃、宁夏,南方的湖南、湖北、广东、广西,东南的江苏、安徽、江西,东北的吉林、黑龙江及山西、河北、内蒙古等地药商慕名前来,参与购销活动。② 与此同时,许昌禹州、辉县百泉的药材交易会都是药材行业的博览会,因为药材交易会影响大、时间长、摊位多,吸引省内外的客商纷纷前往,当然也包括怀庆府的地黄、菊花、牛膝、山药四大怀药等药材参展。据记载,禹州药市始于唐朝,在明清时期就成为中国四大中药材集散地之一。元世祖至元一年(1264年),禹州已成为药材汇集之区。明洪武元年(1368年),明太祖朱元璋曾诏令全国药商来禹集结,每年春、秋、冬三个会期,

---

① 张民服、戴庞海主编《豫商发展史》,河南人民出版社,2007,第342页。
② 王兴亚:《河南商帮》,黄山书社,2007,第244页。

"内而全国二十二省、外越西洋、南洋,东极高丽,北际库伦,皆舟车节转而至,真可谓无街不药行,处处闻药香"。清乾隆十三年(1748年)禹州首次举办"药交会"。①

太昊伏羲陵庙会、浚县古庙会、商丘火神台庙会和洛阳关林庙会是中原四大庙会,在传承民俗文化的同时,也兼有"文化搭台、经贸唱戏"的功能。如被誉为"华北第一古庙会"的浚县正月古庙会会期从每年农历正月初一到二月二长达一个月,会期长,规模大,保持着明清特色,吸引着晋冀鲁鄂皖周边20个省市的商家云集,游客如潮,怀商商家会集,购销两旺,推动了怀药的销售,也促进了浚县商业的繁荣,成为集物资交流、民间艺术、节日文化为一体的庙会文化活动。

四、重义轻利的君子人格

司马迁在《史记·货殖列传》中曰"天下熙熙,皆为利来;天下攘攘,皆为利往",意思是说天下人为了利益蜂拥而至,为了利益各奔东西。在一定程度上,也泛指商人为营利而奔波。但是怀商由于受儒家耕读传家和"重义轻利"的影响,在长期商业活动中秉承"君子喻于义,小人喻于利"观念,形成了"义为先、利次之、义利兼顾"的君子般商业人格。怀商坚持维护怀药的良好信誉,从不以假乱真,不偷工减料,不以次充好。怀庆保和堂药店选用优质上等药材,所制丸、散、膏、丹,遵古炮制,选料上乘,味全量足,凡是入药的贵重药品,如人参、鹿茸、牛黄、麝香等都由掌柜亲自下药,从不马虎。清化七街的李记粮行提出"四不"经营:不欺人,不骗人,不亏人,不损人。王泰顺经营铁货,对产品实行三包,在售出的铁锅上标上记号,数月内质量有问题,包退包换包修,赢得市场信赖,成为国内有名的铁锅品牌。② 再如怀商商号协盛全义救同仁堂的例子,就说明了怀商在商业贸易活动中积极践行重义轻利的君子人格的价值观和经营理念。在太平天国鼎盛时期,南北交通受阻,北京老字号同仁堂因南方药材北进路线中断,一度因原料紧缺而生产停顿,陷入经营困境。协盛全商号东家在得知北京同仁堂由于药材货源出现危机时,并未哄抬物价趁火打劫,

---

① 何晓聪:《禹州中药材》,《农业·农村·农村(上半月)》2014年第3期。
② 张民服、戴庞海主编《豫商发展史》,河南人民出版社,2007,第343页。

而是闻讯急调各分店库存药材低价赊销甚至无偿相赠,帮助同仁堂渡过难关。因而,同仁堂复兴后,与协盛全成为至交,所需"四大怀药"均由协盛全提供。由此可见,协盛全商号义救同仁堂的举动使得其日后名利双收。但在当时,协盛全若非是义字当头,是不能做出如此胜举的。① 再如杜盛兴商号以儒家"忠诚""谦恭礼让"和"诚信"为规范,商号经营一条重要原则是不卖次品不谋厚利,总店正月十六为开盘日药号唱价,各同行依次降价而随之。杜盛兴商号的价格,全国各分店差别不大,杜盛兴商号在山东曾自制一种阿胶,是用纯乌驴皮熬成的,质量、成本都很高,杜盛兴商号以薄利入市,不仅不提高阿胶价,还按厂价销售,很快在市场上打开了局面。② 大德生药店每服药均在白、绿、红等优质油光纸上面印有"地道药材""遵古炮制""货真价实""童叟无欺"等字样,还印着药店的字号和地址。

总的来说,我国商人、商业和商业文化起源于中原商族,繁荣于先秦,发达于汉唐宋,成型于明清。中原商人"位卑未敢忘忧国"的家国情怀、"士农工商"的农商并重思想、"官商互化"的政商融合和"寻本守源"的保守意识,在这里孕育了中国商业,产生了中国第一个经济学家,创立了中国最早的商业理论,出现了官商一体的儒商和政商巨头等,诸如范蠡和白圭均被后世商人尊为文财神,范蠡的"积著之理"总结了"择人而任时""财币欲其行如流水""无敢居贵"等经营诀窍,强调要遵循"贵上极则反贱,贱下极则反贵"的价格变异规律,白圭则提出"乐观时变,人弃我取"的经营之道,其商战理论影响深远。

---

① 程峰主编《怀商的历史与文化》,河南人民出版社,2007,第163页。
② 程峰主编《怀商的历史与文化》,河南人民出版社,2007,第96页。

第三章　商业人物的商业集镇空间

商业文化就是能够体现商业价值观念的文化指导思想和与之相对应的规范化制度的总称,包括商业制度、商业精神、商业建筑、商业设施、商品等诸多方面。① 历史上中原商人的商业活动主要在集市、码头、城镇、会馆、庙会等进行,逐渐形成独特的商业历史文化遗存、古城风貌景观和业态丰富的传统商业庄园,构成了丰富的商业活动空间遗存,成为记录中原商业文化发展的活化石。根据第1~9批全国重点文物保护单位名单,河南省商业文化遗存共36处,是商业活动空间的文化标识。开封朱仙镇、周口周家口、社旗赊店镇和滑县道口镇、淅川荆紫关镇成为商业贸易重镇,这其中既有河南历史文化名城和中国历史文化名镇,还有国家重点文物保护单位和国家非物质文化遗产项目。汝州半扎古镇曾是晋鄂古道上的重镇、襄洛古道上的驿站,2019年半扎古镇被列为世界文化遗产"万里茶道"申遗项目遗产点,再次说明集镇商业活动空间遗存的商业地位的重要性。北宋汴京商业繁华铸就东京成为国际大都市,留下了《东京梦华录》和《清明上河图》历史记忆;明清河南巩义康氏家族缔造的四百多年里兴盛不衰的商业神话,使康百万庄园成为河洛康家兴衰的历史见证,这些都是商业活动空间展陈代表。下面,我们从商业古镇和商业展陈两个方面论述商业活动空间的历史文化遗存。

第一节　商业古镇

商业古镇是集镇重要的商业空间形态,是古代居住性建筑的商业集镇,具有地域特色、文化原真、形态灵动的特征。"镇"多因商业需要而兴起。设镇,

---

① 《商业文化:中华商业文明的精髓》,《河南日报》2007年3月16日,第9-10版。

始于北魏时期,当时是在军事要冲设险防守,因此镇也称军镇。北宋时,由于社会经济的发展,在"镇"作为边远地区小军事要地继续存在的同时,在社会经济发达的地区,出现了作为乡村经济中心的新型的"镇"。北宋时镇的数量大大增加,而且往往是镇与市并称,其军事意义已完全淡化。① 目前,河南省的十大名镇分别是开封朱仙镇、社旗赊店镇、淅川荆紫关镇、永城芒山镇、禹州神垕古镇、滑县道口镇、西华逍遥镇、洛阳关林镇、舞阳北舞渡镇、郑州古荥镇和广武镇,尤其是河南的开封朱仙镇与湖北武汉的汉口镇、江西的景德镇和广东的佛山镇又并称为"全国四大名镇",成为集商业集市、文化旅游、民俗体验、研学服务、休闲购物为一体的商业古镇。下面,选取朱仙镇、赊店镇、荆紫关镇和道口镇论述商业空间形态发展脉络。

一、开封朱仙镇

朱仙镇是国家公布的第四批历史文化名镇。它位于河南省开封市西南部,贾鲁河穿镇而过,因而具备了水、陆两种交通运输条件,这便成为它兴起、发展和繁荣的重要条件。② 据《祥符县志》记载,朱仙镇原名聚仙镇,后因战国朱亥的食邑和封地而得名。战国,侠士朱亥随信陵君窃符救赵,立下盖世功勋,朱亥故里"聚仙镇"遂改称"朱仙镇"。太平兴国九年(984 年),宋太宗令"凿尉氏县界新河九十里,数旬而毕",拉直了的新河使朱仙驿因紧邻蔡河而成开封附近的水陆要冲,由村落而驿站,进而成为集镇。金元时期,随着开封地位的衰落、运河的变迁,以及黄河改道,朱仙镇也就随之衰落了。明清时期,朱仙镇因贾鲁河的开通而走向鼎盛,成为"南船北车"的转运处和货物集散地,与广东佛山镇、江西景德镇、湖北汉口镇同为全国"四大名镇"。

朱仙镇便捷的交通条件使省内外商帮之间的信息交流更加频繁,商业联系更加紧密。因此,这里便成为商人们聚集在一起的活动场地,从而更加促进了朱仙镇商业、经济的繁荣。鼎盛时期的朱仙镇,共有 116 条街道,庙宇也达 110 多座,③镇内建筑遗迹如春秋启封遗址、宋代古战场、明代清真寺、岳飞庙

---

① 张民服、戴庞海主编《豫商发展史》,河南人民出版社,2007,第 267 页。
② 刘斐:《朱仙镇商业兴衰探源》,《河南社会科学》2010 年第 3 期。
③ 毛春荣:《朱仙镇兴衰的历史与地理之缘》,硕士学位论文,郑州大学,2009,第 20-21 页。

等,还有估衣街、曲米街、京货街等古老的街名,呈现出北宋以来的建筑布局特征。① 除此之外,朱仙镇还有源于唐宋盛于明清的木版年画,有豫剧正宗之称的祥符调,有观者如云的庙会和独特的回族风俗,有古镇的五香豆腐干,久负盛名。② 尤其是京货街的"德兴斋"糕点铺,火神庙门的金家油茶铺,风味独特的烤全羊、野兔肉与葱油饼,等等,吸引不少食客自驾前来品尝。

　　大约自17世纪至19世纪,贾鲁河通航后,朱仙镇进入兴盛时期。朱仙镇由于地处贾鲁河航运终点、华中及豫南至开封的陆路要冲而兴盛。朱仙镇成为南来北往的客商从事商贸活动的场所和全国货物集散地。山陕等西北地区的皮毛、木材、铁器、桐油由此向南输出,京津地区的食盐、杂货及江西、福建运入的茶叶、纸张、瓷器等由此运销各地,江南的丝绸、鞋帽、大米、茶叶由此贩至西北。朱仙镇还与省内各州县有着密切的经济联系,当地之人则纷纷兴办起各种饮食、旅店、仓储等服务性行业,朱仙镇开始具有商业重镇的雏形。元朝建都大都(今北京),把大运河改建为南北向,直通京都,河南汴渠漕运逐渐废弃。元代黄河决溢频繁,自至元九年(1272年)到至正二十六年(1366年)的95年中,就决溢40年,有时一年就决口十几处或几十处。随后,几乎年年决溢。据记载,自宋端平元年(金天兴三年,1234年)蒙古军在开封以北寸金淀决河以灌宋军以后,黄河可能由封丘南、开封东至陈留、杞县分为三股:一股经鹿邑、亳州等地会涡水入淮,一股经归德(今河南商丘)、徐州,合泗水故道南下入淮,一股由杞县、太康经陈州会颍水至颍州南入淮。至元二十三年(1286年),"河决开封、祥符、陈留、杞县、太康、通许、鄢陵、扶沟、洧川、尉氏、阳武、延津、中牟、原武(今原阳县)、睢州15处"。元大德元年(1297年),黄河在杞县蒲口决口,黄水直趋200里,至归德(今河南商丘)横堤以下和古汴水合流入淮河。至正四年(1344年),黄河在白茅口(今山东曹县境内)决口,泛滥7年,到至正十一年(1351年)四月,朝廷才派贾鲁治河。贾鲁堵口工程规模之浩大,为封建时代治河史上所罕见。贾鲁治河既消除了水患,又复兴了漕运,所疏通的这条河道被命名为贾鲁河。贾鲁河开通之后朱仙镇作为贾鲁河航运终点,成为开封唯一的外港,是开封不可或缺的重要组成部分。

---

① 刘永涛:《朱仙镇传统建筑形态与格局的当代衍变》,《民间文化论坛》2006年第2期。
② 王玉芳:《朱仙镇乡村民俗旅游开发设想》,《安阳师范学院学报》2008年第5期。

贾鲁是元代著名的河防大臣，也是一位在治理黄河上卓有成效的水利专家。在受命为行都水监使后，贾鲁就沿河道实地考察，往返数千里不辞劳苦，取得治河第一手资料，并向朝廷进献绘图报告，提出两个治河方案：一是就决口以下新河道北岸筑堤，限制决河横流，工程量小；一是堵塞决口，同时疏浚下游河道，挽河回故道，这是事半功倍的做法。至正十一年（1351年），55岁的贾鲁出任工部尚书兼总治河防使，指挥15万民夫和2万士兵，开始了黄河治理史上这场著名的"贾鲁治河"。

朱仙镇木版年画是中国古老的传统工艺品之一，被列入第一批国家级非物质文化遗产名录。朱仙镇年画源于汉唐壁画艺术，题材和内容大多取自于历史戏剧、演义小说、神话故事和民间传说，融入了中原文化的审美观念和崇神意识，反映了农民希冀五谷丰登、富裕兴旺、和睦如意、平安吉祥、六畜兴旺等美好的生活愿望，以及扶正祛邪、爱憎分明的思想感情，具有独特的地方色彩和淳朴古老的民族风格。北宋年间，汴京作为全国政治、经济、文化中心，活跃的世俗文艺给年画的创作提供了丰厚的土壤。在这一时期，雕版印刷技术的成熟，使供不应求的笔绘年画转向刻印年画，并且官办与民办作坊齐开，使开封木版年画的印刷及销售盛况空前，很快影响到全国。在反映北宋开封百姓生活状况的《东京梦华录》中谈到了在市井中人们印制和售卖以门神、钟馗为内容的年画。可见朱仙镇年画在北宋时期已逐渐成熟。

北宋灭亡后，宋王室南迁，一部分朱仙镇的艺人逃到南方江浙一带，同时也把这一民间艺术带到了江浙一带，为了迎合当地百姓的审美需求，艺人们运用朱仙镇年画的生产技艺，结合当地民俗民风，发展出新的桃花坞木版年画，桃花坞木版年画和朱仙镇年画可以说是传承关系。据说，山东潍坊年画也是从朱仙镇流传过去的，因为朱仙镇距开封20公里，历朝历代黄河曾经泛滥，朱仙镇屡遭淹没，艺人为了谋生，逃生到山东、河北，就形成山东潍坊年画和河北武强年画。北宋灭亡后，金人把能工巧匠掳掠到北方，所以山西年画、陕西年画基本上也是从朱仙镇传过去的。因此，有专家就说，中国木版年画的龙头和源头就是朱仙镇木版年画。

明清时期，朱仙镇河道四通八达，随即成为中原的商业重镇。此时，朱仙镇达到繁盛顶峰，位居华北水陆交通联运码头之首，聚集人口20余万，400余家商号，为河南中部最大的贸易中心。在朱仙镇集市上交易的商品，通过贾鲁河南下入淮河,再与长江接通,运往东南各地,再将江南的货物运往河南。镇上业商的不仅有本地人,而且有山西商人、陕西商人、甘肃商人、安徽商人和福建商人,山西商人还在这里开起了票号。① 木版年画在繁荣的商埠迅速恢复,买卖兴隆,声名大振。据载,当时朱仙镇从事这一行业的有300余家。明末李自成起义给朱仙镇经济造成了巨大破坏。明崇祯十五年(1642年)五月李自成围攻开封,是年九月,李自成决河,"由曹、宋二门而出,南入于涡",开封境内顿成一片汪洋,这一事件对祥符境内的经济产生了重大影响,"河淹户内外殆以百万计""自壬午河决,沦陷旧所,有者百不存一"。不难想象开封境内朱仙镇经历此次水灾后的凋敝情形了。

  清康熙时朱仙镇盛极,江淮之吴粳、楚稻、丝、茶、糖、纸、杂货,由此北运;西北之山货物产由此南输,南船北马皆分途于此,成为华北最大的水陆交通联运码头。鼎盛时期,朱仙镇面积约50平方华里,贾鲁河纵穿镇中,将镇分为东、西两部分,河上建桥3座,将东镇、西镇连为一体。镇南门外沿河两岸,码头林立,长达5华里。镇内有4万余户,计20余万人口,多系商人。外地商人主要来自山西、陕西、甘肃、安徽、福建等省。当时镇内有戏楼11座,以明皇宫戏楼为最,每年豫省各戏剧班、社,都按时到明皇宫献艺。朱仙镇成为明清时期开封府治下的一个新兴商业文化中心。清末时,由于朱仙镇河道阻塞,航道不通,木版年画与其他商业都日趋萧条。《开封县志》中记载,从1194年到1944年的750年间,开封县境内黄河多次泛滥决堤,导致泥沙淤积、河床抬高,运粮河道堵塞。1904年和1912年,京汉铁路和津浦铁路分别开通,使南北交通路线发生了巨大变化,朱仙镇逐渐失去了水陆交通作用。至20世纪初,昔日繁华的市镇因洪水、风沙等原因已沦落为一个残破不堪的集镇,商人四散,商业急剧萎缩。② 商业的衰落,导致大量商人、工匠、村民等流亡外地,全镇人口在民国二十三年(1934年)仅剩1700余户,不及全盛之时的1/24。③

---

① 王兴亚:《河南商帮》,黄山书社,2007,第9页。
② 朱和平:《朱仙镇衰落原因与复兴途径试探》,《许昌师专学报》2000年第1期。
③ 徐静:《试论历史文化名城朱仙镇的遗产价值及发展策略》,《遗产与保护研究》2018年第10期。

二、社旗赊店镇

赊店镇地处河南省南阳市社旗县城,因东汉时刘秀举义兵赊旗而得名,享有"中华御酒之乡"和"天下第一店"的美誉。赊店镇现为社旗县城所在地,古称兴隆店、赊旗镇、赊店等,1989年被河南省人民政府公布为首批省级历史文化名镇①,2007年5月被国家建设部、国家文物局公布为第三批中国历史文化名镇。2013年赊店古镇荣获"中国传统建筑文化旅游目的地"称号,2014年赊店古镇入选全国十大"影响世界的中国文化旅游名镇",2015年赊店古镇成功入选"2014中国最具价值文化(遗产)旅游目的地景区"。

赊店镇兴于春秋战国时期,汉以后属宛县。唐宋时期,赊店镇曾更名为许封镇。宋元毁于战火。明清属南阳府,1914年后属南阳县。1965年以古镇为基础成立社旗县,赊旗镇也改为社旗镇。② 2004年复名为"赊店镇"。尤其是明清之际,成为北通汴洛之动脉,南达襄汉之津渡,东衢闽越之喉塞,西连山陕之要道。镇内有号称"天下第一会馆"的山陕会馆、号称"华北第一镖局"的广盛镖局、七十二街、火神庙、赊店老酒等。③ 清代中后期,赊店镇与朱仙镇、回郭镇、荆紫关镇并称为河南四大名镇。赊店镇出现"白天千帆过,晚上万盏灯"的繁华景象,成为辐射方圆数百里的一个重要的商品集散地。④ 这里成为中原土特产、棉花、粮、油、酒、漆、纸、丝绸、皮革及江淮沿海的盐、茶、糖、药材、化妆颜料等各种货物的集散地。

赊店镇地理位置优越,境内有潘河、赵河等多条河流,交通条件便利,是明清时期著名的水陆码头和商业重镇,全国各地商人纷纷到此经商。全镇共有72条街道36条胡同,镇内流动人口达13万,有各类门店1000余家。72条街道都以商业特色命名,如山货街经营山货,瓷器街经营瓷器,铜器街经营铜器,骡店街经营骡马旅店,麻花街经营小吃等。当时经营的商品有药材、生漆、桐油、布匹、食盐及茶叶等。当时的赊店有"天下店,数赊店""金汉口,银赊店"

---

① 赊店历史文化研究会编《中国历史文化名镇——赊店》,大象出版社,2005,第1页。
② 社旗县地方史志编纂委员会编《社旗县志》,中州古籍出版社,1997,第37-38页。
③ 赵燕鸿:《古镇旅游开发的社区参与机制探析——以赊店镇为例》,《河南教育学院学报(自然科学版)》2020年第1期。
④ 尹婕:《赊店古镇 酒香飘荡两千年》,《农村·农业·农民(B版)》2010年第7期。

的美誉。① 据记载,当时赊店镇上的大商号吞吐量惊人,花布行50多家,每天可成交棉花5万余公斤、土布7000余匹;八大粮行日交易小麦、高粱、玉米、绿豆10余万公斤,仅"通盛行"一家,每天都要动用大车400辆、小车20多辆、骡马40多匹、挑担人夫1000多人。镇上500多家商行经营百货,21家骡马店朝夕待客,48家"过载行"日夜装卸不停。赊店镇上的加工业随之繁荣。当时镇上有9家染坊,最大的一家日染青蓝布300多匹。酿酒业更为发达,最盛的有"永禄美""永隆统"等6家酒馆,当时赊店酒行销冀、鄂、桂、粤等十数省。②

目前,古镇除古街巷大部分保留完好外,还有各级文物保护单位24处。其中有全国重点文物保护单位山陕会馆以及火神庙、瓷器街、福建会馆、蔚盛长票号、厘金局、广盛镖局、古码头等古迹。③ 如山陕会馆坐北朝南,位于古镇中心,俗称"山陕庙",是山西和陕西富商为"续乡谊,通乡情",敬关爷,崇"忠义"而建的商业会馆。山陕会馆始建于清乾隆二十一年(1756年),至光绪十八年(1892年)竣工,前后延续136年。据《创建春秋楼碑记》和《重修山陕会馆碑记》记载,会馆兴修过程中"运巨材于楚北,访名匠于天下",仅春秋楼就花费白银近80万两,可见工程之大。会馆坐北朝南,南北长156米,东西最宽62米,建筑面积6235.2平方米,总占地面积12 885.29平方米。整个建筑分前、中、后三进院落,中轴线上依次为琉璃照壁、悬鉴楼、石牌坊、大拜殿、春秋楼,中轴线两旁有木旗杆、铁旗杆、东西辕门、东西马厩、钟鼓楼、东西廊房、腰楼马王殿、药王殿、道房院等20余座建筑。除春秋楼和木旗杆毁于清末外,其他建筑保存完好。④ 整个建筑布局严谨,排列有序,装饰华丽,尤其是该建筑的砖雕、石雕、木雕甚为精致,被称为"会馆三绝"。

山陕会馆是我国目前规模最大、最完整、建筑与艺术价值最高的会馆建筑之一,也是赊店镇地标性建筑。1988年,社旗山陕会馆被国务院公布为全国第三批重点文物保护单位。山陕会馆以敬奉关帝为主,关公除了是忠义的代表,更以武财神的身份受到众多商家追捧。"仁中取利真君子,义内求财大丈夫""赊酒赊旗不赊义,食蔬食鱼不食言",诚信正是赊店兴盛的基石,也正是山陕

---

① 唐新、郭建新:《河南社旗赊店镇》,《文物》2014年第3期。
② 张春岭:《赊店老镇的历史风华》,《中国地名》2017年第10期。
③ 唐新、郭建新:《河南社旗赊店镇》,《文物》2014年第3期。
④ 河南省古代建筑保护研究所编《社旗山陕会馆》,文物出版社,1999,第7页。

会馆文化的又一体现。如山陕会馆记述商业道德规则碑刻分别为《同行商贾公议戥秤定规矩》碑、《公议杂货行规》碑和《过载行差务》碑。① 其中,初刻于雍正二年(1725年)重刻于同治元年(1862年)的《同行商贾公议戥秤定规矩》碑对度量衡规范做出了详细的规定。《同行商贾公议戥秤定规矩》碑记载:"年来人烟稠多,开张卖载者二十余家,其间即有改换戥秤,大小不一,独纲其利,内弊难除。是以,合行商贾,会同集头等,齐集关帝庙,公议秤足十六两,戥依天平为则,庶乎较准均匀者,公平无私,俱各遵依。"这是中国现存最早的民间商会诚信规则,它不是由官府强迫,也不是出自消费者的要求,而是商人的自觉行动。乾隆五十年(1785年)的《公议杂货行规》碑明确倡导诚信精神,其中刻录内容,对各种商业行为做出的严格规定多达18项。《公议杂货行规》记载的"卖货不得包用,必要时落三分,违者罚银伍拾两;如有旧店换人名者,先打出官银伍拾两会行友,违者不得开行;卖货不得论堆,必要逐宗过秤,违者罚银伍拾两;不得合外分夥计,如违者罚银伍拾两;买表辛不得抄红码,必须过秤"等是对商业行为的诚信经营做出严格规定,立于道光二十三年(1843年)的《过载行差务》碑是对支应官府的席片数量做出分解公示。这三块碑石是我国现存会馆类建筑中所存最早也最为全面的商业道德规则碑记,堪称全国之最。②

赊店古镇还被誉为"万里茶道枢纽",在民间有"天下店,数赊店""金汉口,银赊店""填不满的北舞渡,拉不完的赊旗店"等说法。"清初茶叶均由西客经营,由江西转运河南再销关外。"这句《茶叶杂咏》中的记载,道出了赊店历史渊源。当时,山西商人把福建、浙江等地的茶叶集中到江西,通过水路北上运到内蒙古直至俄罗斯。赊店正是当时晋商"茶叶之路"中最著名的水路码头所在地,汇集了各路商人富豪,小镇逐渐发展成"北走汴洛,南船北马,总集百货"的著名商埠。经营茶叶贸易的商人在古镇开设茶庄、茶楼、茶社等,其中号称山西"外贸世家"的榆次常氏家族,是俄蒙茶叶贸易中的重要晋商,其享誉中外的玉字号大德玉、大泉玉、大升玉均在赊店古镇设有分号。赊店商人在从南到北的贩茶奔波中,开辟了纵贯大江南北的"茶叶之路",孕育了艰苦奋斗、

---

① 许檀:《清代河南赊旗镇的商业——基于山陕会馆碑刻资料的考察》,《历史研究》2004年第2期。
② 张振宇:《南北水陆节点古镇——赊店研究》,硕士学位论文,武汉理工大学,2012,第67页。

开拓进取、不畏艰险的创业精神,由此形成了蕴含"诚、规、义、争"的赊店古镇商业文化。其核心是"诚信为本"的商业道德精神。①

关于赊店的衰落,流传最广的是一个故事。然而赊店的衰落有更为复杂的背景,光绪年间的《南阳县志》载:"赊店镇自铁路轮船兴,道僻商贾日稀,近者就衰矣。"京汉铁路的滚滚车轮,遮掩了汴洛古道上的辚辚车马;潘河、赵河水位下降,消歇了唐河岸边的帆影橹声;山陕商人的南下西还,抽去了支撑赊店繁华的骨架。再加上兵匪祸患,到了民国初年,这座曾有过13万人口的商业重镇,只剩下不足1万人。

三、淅川荆紫关镇

荆紫关镇为第二批中国历史文化名镇,是河南省首批国家级历史文化名镇,位于河南省淅川县,西临丹江,北依伏牛山,是连接河南、陕西、湖北三省的交通要冲。同时,在全国40多个三省交界地区中,荆紫关镇是全国唯一一个在方圆两公里均设镇级政府的地区,故有"一脚踏三省""鸡鸣三省荆紫关"之称。荆紫关镇仅镇区著名的明清古街上就有13处全国重点文物保护单位,可以说是目前中原地区保存最完好的明清古镇。2013年5月19日,中国邮政发行了《中国古镇(一)》特种邮票1套8枚。其中,第4枚是南阳淅川县荆紫关镇。

荆紫关镇有2000年建城史,史称荆子口关。其中,"荆"字,源于此处曾为战国时期楚王太子"荆"的镇守之地,时名"荆子口";"紫"字,源于此地年年盛开的荆籽花;"关"字,源于古镇西北有两山对峙之地名"月亮湾",扼守三地,其险似关,关外为八百里秦川,关内为南阳盆地。战国时期,此地唤为"荆子口";西汉时期,这里即成小集,得名"草桥关";元朝时,称为"荆籽口";及至明朝,因有官兵驻扎,又易名"荆子堡";进入清朝,再度改"堡"为"关"(荆子关);民国初年,为取紫气东来之意,关名改"子"为"紫"。②

荆紫关镇具有深厚的历史文化底蕴,形成于唐代,兴盛于明清时期。其实,早在新石器时代,荆紫关镇地域就有人类居住繁衍,在今庙岭村的东边,考

---

① 张振宇:《南北水陆节点古镇——赊店研究》,硕士学位论文,武汉理工大学,2012,第17页。
② 刘磊:《基于"簇—群"联结的传统村镇风貌解析与修复——以荆紫关镇为例》,《世界地理研究》2018年第6期。

古发现的庙岭遗址,面积就有约4000平方米。① 春秋时,荆紫关镇属于楚国的三户邑。战国时期,荆紫关古关口地理位置是朝秦暮楚、秦岭古关口的军事战略要地,属楚国的丹阳地区。唐代开始,穿过荆紫关镇的丹江成为与运河、蜀道并称的我国南北三大通道之一,丹江历史源远,沟通荆楚、江南与中原地区,是重要的沟通南北的通道;荆紫关古镇地处丹江水势水流收窄口,大船不通,仅小船可过,因此货物需在此转运,明清时期荆紫关镇是丹江水运的重要转运码头与区域商贸重镇。② 至今在荆紫关镇的店子村附近仍残存有明代的"土城"墙基,根据碑文记载为荆紫关协镇都督府千总衙门驻守所在地。③ 现存的"土城"长114米,宽117米,墙基宽达10米,可见当时这里的城镇规模很大,也说明了荆紫关镇当时的繁荣程度。

古镇是明清时期南北货物集散地,有明清古街与河街这两大商街,逐渐成为豫、鄂、陕等地的商贾云集之地。荆紫关的古街道俗称"清代一条街",呈南北走向,全长1250米,分南、北、中三街,曾有三大公司、八大帮会、十三家骡马店、二十四大商号等有历史记载的老字号多达250余处,现今街区内仍有前店后厂式商业店铺遗存。古街在2001年被国务院批准为"全国重点文物保护单位"。据《南阳县志》记载,当时荆紫关"康衢数里,巨室千家。百艇接樯,千蹄接踵,熙熙攘攘,异常繁华",已经出现了长达5华里的商业街(今清街)。光绪年间,河街规模也已长达二里,乾隆三十七年(1772年)更达至"帆樯林立、绵延十余里"的规模巅峰,④成为方圆百里的货物集散中心,饭馆、酒楼、旅店上百家。

古街两旁商业店铺林立,火墙高耸,木作格扇门古朴典雅。高达7米的砖石结构关门屹立于镇之南端。尤其是平浪宫、禹王宫、江浙会馆、湖广会馆(湖北、湖南、广东、广西)、山陕会馆、万寿宫(江西会馆)、清真寺和陈家大院、刘家大院等清代建筑群错落有致地分布于街道两侧,使古镇成为一处古建筑大

---

① 国家文物局主编《中国文物地图集·河南分册》,中国地图出版社,1991,第554页。
② 黄蕾:《文化复兴理念下历史文化名镇发展路径研究——以荆紫关镇为例》,载中国城市科学研究会编《2019城市发展与规划论文集》,中国城市出版社,2019。
③ 国家文物局主编《中国文物地图集·河南分册》,中国地图出版社,1991,第554页。
④ 唐新、王洪连、徐国兴:《河南淅川荆紫关镇》,《文物》2015年第1期。

观园。① 其中,万寿宫是江浙商人在乾隆十年(1745年)修建,位于古街道南部,又称"江浙馆",现在还有12间宫室。禹王宫是两湖及广东的商人在乾隆二十五年(1760年)修建,位于古街道中部,又称"湖广会馆",具有典型清代宫殿建筑风格。山陕会馆是山西和陕西的商人修建,位于古街道中部,是荆紫关镇古建筑群中规模最大的一座。山陕会馆始建于清代道光年间,占地面积4000平方米,现存大门楼、钟楼、春秋阁等6座建筑,房屋29间,从建筑风格上来说,气势宏大,可以看出这两省商人的豪富。而平浪宫则比较独特,它是那些靠给巨商大贾下力的船工们集资修建的,建筑的雕饰、风格都跟船工们的生活有关,而且极其精美。

荆紫关镇因丹江水运而繁荣,但随着丹江水运的衰落和近现代铁路、公路等交通事业的兴起,荆紫关镇失去了生存和发展的基础而逐渐萧条。在衰落的同时,由于该地地形多山,陆路交通不便,不利于与其他地方的沟通交流,在商业衰落之后当地又没有形成符合时代发展潮流的优势特色产业,所以荆紫关镇已经跟不上时代发展的步伐而沉寂下去。② 总之,荆紫关镇体现了南北文化的交流与融合,为研究中国古代建筑、商业文化、民俗、经济等提供了重要的实物资料。

四、滑县道口镇

道口镇坐落在河南省滑县西北部的卫河之滨,东临城关镇,北与浚县县城相望,是中国历史文化名镇。道口镇东西长2里,南北宽5里,纵横12街,72条胡同,四面7个城门,水门2个,有九门相照之称。每天卫河上往来船只在百只以上。镇上商贾云集,盛时商号近百,从商人数上万,以经营铁业、铜业、酿酒业、布袋业四大行业著称,是豫北商品重要的集散地。③ 中国大运河永济渠卫河段从道口古镇穿城而过,现存有原生态的古河道、古码头、古城墙、古庙宇、古民居、古商号等丰富的历史遗存,共有各类历史建筑2000多间,见证了大运河的千年繁华。

---

① 淅川县地方史志编纂委员会编《淅川县志》,河南人民出版社,1990,第60页。
② 徐蒙蒙:《荆紫关镇的兴衰及思考》,《南阳理工学院学报》2015年第1期。
③ 王兴亚:《河南商帮》,黄山书社,2007,第10页。

道口古镇就是今天道口镇顺河古街一带的老街,沿卫河而建,因大运河而兴。道口古镇最先建于黄河西岸的鲧堤之上,依卫河而兴起。关于"道口"名字的由来,据说是因有李姓人家在黄河渡口摆渡而得名,史称李家道口,渐渐简化为道口。① 但道口镇真正繁荣始于隋炀帝开凿京杭大运河,由于永济渠卫河段流经这里,道口镇成了远近闻名的码头。道口明清时为浚县所辖,1949年后为滑县和道口镇政府驻地。

　　明代初年,朱棣迁都北京,重修大运河,并在道口设递运所运输官资、军需,古镇因此日益繁荣。道口古镇依靠大运河航运,上达辉县(今辉县市)百泉,下抵天津,交通顺畅,航运发达。明清时期,道口镇可以说是水陆交通发达,商贾云集,货物鳞次栉比。据明人黄汴的《天下水陆路程》所载,华北地区较重要的官马大道中,就有两条经过道口镇:其一,由京师至西安官路,经由顺天府良乡县、彰德府、汤阴县、卫辉府、清化镇……至西安府;其二,由京师至开封府官路,经由顺天府良乡县……彰德府、汤阴县、卫辉府(由此西去陕西、四川;西南由郑州去云、贵)、南……抵开封府。驿路方面,河南位于黄河中下游,"东连齐楚,西阻函潼,南据淮,北逾卫彰"。明清时期,"邮传四至,东、东北、西、西南、南、北、西北"等七条驿路抵开封大梁驿,其中通往北方的驿路即为经道口镇一线,即自直隶磁州40里入彰德府安阳县,45里至汤阴县治,25里至宜沟驿,60里至卫辉府淇县淇门驿,50里至汲县卫源驿……90里至省城祥符县大梁驿,全程380里。水路方面,道口镇位于卫河东岸,"黄、卫通鲁、冀,白、丹达秦、楚,汝、颍、澧、淇、贾鲁诸水,若网在纲,汇注淮河,直趋江南"。这些河流及其众多的支流,共同构筑了中原地区纵横交错的水运交通网。道口镇即利用这些水运网络,沟通南北东西,转运物资,发展商贸,成为全国商贸重镇。② 在民国年间,道口镇与朱仙镇、赊店镇、周口镇并称为"中原四大名镇"。而道口古镇最鼎盛的晚清时期,由于1907年道清铁路的修通,这里成了连接铁路、公路、航运的"水旱码头",交通网四通八达,素有"千年古镇小天津"之誉。道口镇地处太行山与华北平原的交接地带,西依太行山,东部为平坦的华北大平原,紧邻卫河东岸,所处位置自古以来一直是沿太行山东麓由京师通往南部的交通大道。

---

① 滑县地方史志编纂委员会编《滑县志》,中州古籍出版社,1996,第23页。
② 孟祥晓:《明清时期卫河与沿岸中小城镇的变迁——以道口镇为例》,《中原文化研究》2018年第2期。

在道口镇的物产中,道口烧鸡是道口古镇名扬四海的中原美食,被誉为"中州名馐"。道口烧鸡创始于清顺治十八年(1661年),距今已有300多年的历史。据当地县志记载,在开始的100多年时间里,由于技术条件差,还没有什么起色,生意并不兴隆。到乾隆五十二年(1787年),张氏的先祖张炳,一次在大街上闲逛,偶遇一位曾在清宫御膳房做过厨师的刘义。刘义为感谢当年张家救济恩情,将宫廷烧鸡秘方无偿传授给张炳。张炳从此得"要想烧鸡香,八料加老汤"的秘诀,八料即为陈皮、肉桂、豆蔻、白芷、丁香、草果、砂仁和良姜等八种佐料,张炳按其用法、用量,依法烹制,制作出"色、香、味、烂"等俱佳的烧鸡。从此,张炳的烧鸡生意越做越兴隆,张炳就取了刘义的"义"和他们的"张"姓,把店铺取名为"义兴张"。张炳家族的烧鸡声誉大振,远近闻名,并定铺号名为"义兴张"。

从此以后,人们所说的道口烧鸡,其实主要就是"义兴张"的烧鸡。20世纪50年代,义兴张第六代传人张和礼公开了祖传的烧鸡秘方。从此以后义兴张烧鸡制作技艺就没有了秘密,义兴张也就成了全道口乃至全国的义兴张。今天的道口古镇大集街的街口,还有一家"义兴张"的烧鸡老店,里面俨然就是一个小型的道口烧鸡博物馆。

名扬四方的道口烧鸡、驰名海外的道口锡器、盛极一时的同和裕银号、镖局镖师流传下来的武术功夫……无不记录着古镇的昔日辉煌。民居、商号、码头、寨墙见证了古镇千年的繁华。大运河申遗成功前后,道口镇多方筹集资金6000多万元,集中开展了河道、城墙、码头等文物本体维修和环境整治、河道清淤等工作。道口镇也先后建成了古镇民俗展馆、同和裕银号展馆、运河历史文化展馆与大运河非物质文化遗产展示场馆、老粮仓保护性修缮及监测中心,这对于保护和弘扬运河古镇文化起到了积极作用。

第二节　商业展陈

商业展陈通过商业遗存、陈列物品、空间环境、技术手段等要素,再现并展示商人活动的园区、场馆和建筑的商业地理活动空间格局,是集镇商业空间主要形态之一。其中,会馆以社团或建筑物形式存在,以地域为纽带把同一地区的商人组织起来,由经营各类或者同类商品的商人集资修建,保护同人利益,讲求经营对策,组织联谊活动,兴办社会事业,会馆的规模和数量基本可以反映出一个地区商品经济的发展水平。康熙年间,始有山陕商人在省城开封龙亭附近修建当地第一家会馆。至乾嘉年间,各地会馆相继而成。据统计,省内以山陕会馆命名者有 32 处,山西会馆 32 处,江西会馆 6 处,湖广、湖北会馆各 5 处,福建会馆 4 处,江浙、四川会馆各 3 处,江南、山东会馆各 2 处,江宁、湖南、两江会馆各 1 处。分布最广的是山陕和山西会馆,达 46 个县之多。① 据统计,河南省国家级商业展陈文化遗存有 24 项,见表 4 河南省国家级商业展陈文化遗存名单。巩义的康百万庄园见证历经 400 年而不败的康氏家族商业神话,张祜庄园是明清民国时期张氏家族开办钱庄的常青藤资本家庄园,开封的清明上河园再现北宋汴京超百万人的国际化大都市繁华,遍布河南的山陕会馆即社旗馆、商丘馆、洛阳馆、唐河馆和邓州馆等记述明清时期山西、陕西两省商贾在中原商埠的繁华和河南良好的经商景象。由此可见,中原商业展陈在中原商业文化体系中占有重要的地位。下面,以巩义康百万庄园、商丘归德古城、洛阳山陕会馆、开封清明上河园来论述商业展陈的基本轮廓。

表 4 河南省国家级商业展陈文化遗存名单

编号	名称	时代	所在地	备注
1	社旗山陕会馆	清	社旗	第三批全国重点文物保护单位
2	隋唐洛阳城遗址	隋唐	洛阳	第三批全国重点文物保护单位
3	北宋东京城遗址	北宋	开封	第三批全国重点文物保护单位
4	商丘归德古城	明	商丘	第四批全国重点文物保护单位
5	山陕甘会馆	清	开封	第五批全国重点文物保护单位
6	康百万庄园	清	巩义	第五批全国重点文物保护单位
7	潞泽会馆	清	洛阳	第五批全国重点文物保护单位
8	百泉	明、清	辉县	第五批全国重点文物保护单位
9	宋国故城	周	商丘	第六批全国重点文物保护单位
10	卫国故城	周	淇县	第六批全国重点文物保护单位
11	黄国故城	周	潢川	第六批全国重点文物保护单位
12	共城城址	周	辉县	第六批全国重点文物保护单位
13	滑国故城	周	偃师	第六批全国重点文物保护单位
14	叶邑古城	周	叶县	第六批全国重点文物保护单位
15	轵国故城	周	济源	第六批全国重点文物保护单位
16	关林	明至清	洛阳	第六批全国重点文物保护单位
17	洛阳山陕会馆	清	洛阳	第六批全国重点文物保护单位
18	邓城叶氏庄园	清	商水	第七批全国重点文物保护单位
19	郏县山陕会馆	清	郏县	第七批全国重点文物保护单位

① 张民服、戴庞海主编《豫商发展史》,河南人民出版社,2007,第 349 页。

续表

编号	名称	时代	所在地	备注
20	西蒋村马氏庄园	清至民国	安阳	第七批全国重点文物保护单位
21	庙上村地坑窑院	清至民国	陕县	第七批全国重点文物保护单位
22	张祜庄园	清至民国	巩义	第七批全国重点文物保护单位
23	刘镇华庄园	民国	巩义	第七批全国重点文物保护单位
24	怀邦会馆	清	禹州	第八批全国重点文物保护单位

一、巩义康百万庄园

康百万庄园，又名河洛康家，位于河南省巩义市康店镇，始建于明末清初，是全国重点文物保护单位，国家 AAAA 级旅游景区，是 17、18 世纪华北封建堡垒式建筑的代表。康百万是明清以来对"中原活财神"康应魁家族的统称，康氏家族前后十二代人在这个庄园生活，跨越了明、清和民国三个时代，共计 400 余年，庄园也从最初的山腰建至山顶，面积达 64 300 平方米，比北京恭王府还多 3000 多平方米。民间有谚语："头枕泾阳、西安，脚蹬临沂、济南，马跑千里不吃别家草，人行千里尽是康家田。"[1]由此可见，康家在当时规模之大、财富之多。庄园背依邙山，面临洛水，因而有"金龟探水"的美称，是全国三大庄园之一，与山西晋中乔家大院、河南安阳马氏庄园并称"中原三大官宅"，被誉为豫商精神家园、中原古建典范。[2]

明朝初期洪武年间，康家先祖在巩县（今河南巩义）康店镇洛河边安家。对此，《巩县志》有记载："明洪武七年（1374 年）秋天，钦命侯监理督检院大学士率民三千七百四十丁，分二十四牌（迁郑一牌），迁至巩县之背阴分业务农。"上述文献记载迁至巩县康店定居的康家始祖名字叫康守信。康守信成家立业后，生子贵，贵生四子，其名为俊、英、安、雄。三门始祖安就是康百万家族的始祖。

第六代传人康绍敬奠定了康家兴盛十二代四百余年的家族基业。[3] 为解决温饱，康家先祖在洛河岸边开了一个小饭馆。寒来暑往，小店逐渐成为河洛一带知名的客栈。后来，客栈所在地被称为"康家店"。康绍敬时期，建造了康

---

[1] 孙学敏、周修亭主编《康百万庄园兴盛四百年的奥秘》，河南人民出版社，2007，第 1 页。
[2] 杨峰、李岚：《康百万庄园　豫商精神之家园》，《大河报》2015 年 1 月 19 日，第 A13 版。
[3] 康磊、张锋：《走进康百万庄园系列之十一：康绍敬与康家的兴起》，《河南经济报》2010 年 10 月 25 日。

氏家族府邸。到了清朝时期，康氏家族通过发展布匹、布市和造船业发财，靠土地致富，人称"百万富翁"。随着家族财富的积累，康家在原有庄园的基础上进行扩建，将房舍增加到了山顶，从而构成了这个具有中世纪风格的城堡。晚清时期，慈禧太后携带光绪从西安返京，路过巩义康店镇时，被称为"豫商第一人"的康鸿猷向清政府捐资100万银两，慈禧太后赐其"康百万"的封号，"康百万"成了这个庄园的主人"康氏家族"的统称。在建造的过程中，康百万庄园逐步形成了寺沟、张沟等明代楼院，龙窝沟、寨上主宅区、南大院、栈房区、店铺、饲养区、祠堂、木材厂、造船厂、金谷寨等不同功能的清代建筑，辅以碑楼、牌坊、花园等辅助建筑，从而形成了一个集农、官、商为一体的"靠山筑窑洞，临街建楼房，濒河设码头，据险垒寨墙"传统两进式四合院布局，是华北地区大型堡寨式建筑群的代表。①

康百万庄园占地240余亩，包含19部分。靠山筑窑洞，临街建楼房，濒河设码头，集农、官、商于一体，有33个庭院、53座楼房、73孔窑洞及房舍1300多间，庭院建筑为豫西地区典型的两进式四合院。从整个庄园的建筑布局来看，以寨上主宅区为中心点，通用砖、石砌寨墙，在山脚下拔地而起直至山顶端，傍山面水，风景最佳，而且地势险要。寨南建金谷寨和南大院，还有菜园。东寨脚下建各种作坊，偏东建栈房、庙堂、饲养院、花园等。北寨脚下扩建住宅区，再北是康氏家庙等。西南角寨墙内，是庄园的"看家院"，居高临下，俯瞰庄园全景，守卫主宅区的安危。寨上区是康百万庄园的主体，幢幢楼房建在邙山半腰黄土层上，孔孔窑洞如蜂窝般分布在邙山崖壁，是康家主要成员的居处，外面有高约10米、周长1公里多的寨墙防护，并设砖券隧洞寨门。院内以中院为轴线向左右展开，东为老院和边院，西为里院和新院。除新院外，里、中、边、老四院均筑高大雄伟硬山式门楼，院落均为两进四合院，院内设假山、精雕云龙、喷水石鼓、葡萄架、花坛、窑洞、楼房和耳房。寨上区除住宅区外，还有康家堆放日用杂品的寨上南大院，寨后第二道防线天窑，及寨后第一防线的寨上看家院。大寨的东、南、北的平地和山沟是寨下区，建筑着康百万庄园的卫星院，这里地势宽阔平坦，和寨上区依山就势的布局截然不同，为前空后实的布局，左右建有高大的二层厢房楼，正中上首为宏伟的宫殿式大厅，砖瓦、木质结

---

① 左满常、白宪臣：《河南民居》，中国建筑工业出版社，2007，第91页。

构,悬山房顶,脊、柱雕刻图案复杂,窗楼雕刻精湛。从空间布局上看,康百万庄园前院为生活服务区,设栈房区、作坊区、饲养区等附属性院落,还设置有厨房、客房等;后院为主宅区,是家庭内部生活的重心。各院落都以轴对称形式布局,设有堂屋、左右厢房、耳房等,其中堂屋住长辈,厢房住晚辈,孩童与未婚女子居于内院。在中轴线上单独建立祖祠,供奉祖先,举办家庭礼仪活动。①庄园建筑以寨上主宅区为核心,向寨下其他区域以扇面形式展开,建成功能不同、形式各异的群体院落,既保留了黄土高原民居和北方四合院的形式,又吸收了官府、园林和军事堡垒建筑的特点。

康氏家族尽管冲破传统的轻商观念,投身商海,经营致富,但在400余年发展中,仍以礼仪为本、读书传家,讲究的是忠孝节义、积德行善,形成"以礼经商,义中求财"的经营之道。我们从康百万庄园的匾额楹联中可以窥见一斑:"处世无他莫若为善,传家有道还是读书""行道有福克勤有继,居安思危在约思纯""入户问家声礼乐诗书孝悌千秋岁,卷帘看春色椿萱棠棣芝兰满庭芳""本道德为文章春华秋实,寓精明于浑厚智山仁水""俭能起家兼能养德,文可会友亦可辅仁""贻厥孙谋惟忠惟孝,绳其祖武克俭克勤"。比如到十四世康应魁时代,康家生意已经在山东、陕西得到长足发展,更是奠定了在西安的绝对地位。康家在垄断泾阳的棉花市场之后,成了当地唯一的棉花供应商。在此情景下,康家完全可以抬高棉花价格来增加收入,但是康家却没有这样做,相反,在秋棉上市的时候,康家大力组织人力、物力及有经验的过秤员,到附近地区宣传,按照等级收购棉花,部分好的棉花收购价格甚至高于一般市场价,而且使用的是县政府公布的标准秤,任人核实。这样既解决了当地百姓的生计问题,同时又在泾阳地区站稳了脚跟,从此再无其他商人与之竞争。康家花行因其诚信,店大不欺客,所以生意一直红火,这反映了康家良好的商业道德。② 当时,陕西棉植获得大发展。康应魁在泾阳收棉,要在冬天之前发至清军军需所用之处。但由于受到了陕西当地一些势力的阻挠,水路运送棉花的船都拒绝载运。随着时间的推移,棉花或有霉点,康应魁却坚持不在当地低价出售,而是将100多万斤棉花在泾阳河畔举火焚烧,从河南、山东高价收棉以

---

① 李艳芳、冯柯:《以康百万庄园为例论传统建筑的空间组合艺术》,《山西建筑》2021年第1期。
② 李静雯:《康百万庄园对现代豫商的启示》,《河南牧业经济学院学报》2016年第5期。

保质按时送达清军处，这也为他赢得了一份长达10年的军需品订单，让他获得了专门供应军需布料和棉花的供应权。①"义中求财，财归于义"是康家长盛不衰的法宝。康家在自己富裕的同时，不忘当地百姓。康家主人建学校、修筑黄河大坝、赈济救灾等善举不仅赢得了百姓的信任和尊重，也引起官府的重视和赞赏，为康家日后的经济发展打下了良好的基础，使康家成为远近闻名的名门望族。另外，在康家主客厅上方，悬挂着一块造型独特的家训匾，也是康百万庄园的镇园之宝"留余匾"。匾额上引用了南宋留耕道人王伯大的四句座右铭《四留铭》：留有余，不尽之巧以还造化；留有余，不尽之禄以还朝廷；留有余，不尽之财以还百姓；留有余，不尽之福以还子孙。接着，引用明朝进士高景逸的两句话："临事让人一步，自有余地；临财放宽一分，自有余味。"②最后总结道："若辈知昌家之道乎？留余忌尽而已。""留余"即"凡事留有余地"，秉承了孔孟儒学思想的中庸之道、儒家文化、处事理念，把"诚、信、义、恕、让"等儒家伦理道德贯彻到商业经营之中，③这是康家繁荣昌盛四百余年的秘诀。

康百万庄园既有明代的建筑楼院，又有清代的建筑群，是中原民居代表性的古建筑群。康百万庄园还是一座雕刻艺术的宝库，砖雕、石雕、木雕都有极高的水准。建筑物上自房顶屋瓦，下至门窗廊柱，都有雕刻饰件。艺术表现上则采用了透雕、浮雕、圆雕等不同工艺手法，设计新颖，工艺精湛，风格各异。无论大门小门，门枕石和柱础上的石刻浮雕，如人物、动物等都活灵活现，生动传神；碑楼上精美的砖雕图案栩栩如生；屋檐下龙飞凤舞的木雕图案，格调雅致。特别是，有一具保存完好的檀木三进式顶子床，雕刻细致入微，纹饰繁缛，据说是工匠们花费了1700多个工作日才雕刻完工的。此外，庄园里还保存有碑刻、牌匾、家具、古玩、书画、器皿、衣帽等历史文物3000余件，对于研究明清文化、民间风俗、古代建筑等都具有极高的价值。④比如康百万庄园通过房屋布局、院落命名、楹联匾额、雕刻绘画等诸多形式，向人们传递着尊老敬长、尊师重教、和睦兴家、立身处世等优良家风。在康百万庄园有大量记载康氏家人

---

① 符媛、高玉楼、刘通：《康百万庄园：一代豫商的财富神话》，《中国建筑装饰装修》2017年第4期。
② 孙学敏、周修亭主编《康百万庄园兴盛四百年的奥秘》，河南人民出版社，2007，第45页。
③ 安杰山：《豫商文化的形成及利弊探析》，《河南商业高等专科学校学报》2011年第6期。
④ 参见：《〈探秘康百万〉走进康百万庄园》，https://new.qq.com/rain/a/HNC2020052700636300。

父子相爱、兄弟相亲、妯娌和睦、善待下人等的文物遗存。如"克慎厥猷"院,寓意做人要谨慎小心,惟忠惟孝,克勤不息。楹联"处世无他莫若为善,传家有道还是读书",传扬的同样是睦家、齐家、兴家之道。与此同时,在康家人看来,只有家庭内部的和睦团结还不够,还必须做到善待家丁、仆役,关爱邻里朋友,才能够真正做到上下齐心、内外团结,才能够共图兴家之大业。康氏十六代传人康无逸数次举办赈灾等社会公益活动,众乡邻深感其情谊赠送"谊重桑梓"匾。"功垂桑梓"碑原立在寨下大路边,是南阳知府顾嘉衡等歌颂康百万组织团练对抗捻军的大型石碑。"功垂桑梓"碑的铭文长达600多字,较为详尽地记载了清末康家倾其家财、抵御强盗、护佑乡邻的感人事迹。正所谓"道德传家,十代以上;耕读传家次之;诗书传家又次之;富贵传家,不过三代"①。

二、商丘归德古城

商丘市处于河南省、山东省、安徽省交界处,陇海铁路与京九铁路交汇于此,交通便利,素有"豫东门户"之称。《读史方舆纪要》载"盖睢阳襟带河、济,屏蔽淮、徐,舟车之所会,自古争在中原,未有不以睢阳为腰膂之地者"美誉。商丘古城位于河南省商丘市睢阳区,主要有商祖祠、阏伯台、燧皇陵、张巡祠、应天书院、八关斋、南城门-东城门、文庙、穆氏四合院、侯方域故居、北城门等文化遗存,为国家历史文化名城、全国重点文物保护单位、国家 AAAA 级旅游景区、国家水利风景区。

归德府历史上曾被称为睢阳,是因为古城位于睢水之北。位于古城南侧的睢水,向北可以通达黄河,向南可以通达淮河、长江,沟通了黄河、淮河、长江流域之间的联系,成为城市起源与发展的重要区位条件。② 据《商丘县志》记载,北宋灭亡后,商丘古城规模为"旧城周十二里三百六十步",明初去四分之一,规模变为"周围九里三百一十步"。③ 现存的归德府古城,前身是明代洪武二十二年(1389年)修筑的归德州,位于今归德府古城的南面。明弘治十五年

---

① 郭长华:《康百万庄园的礼文化及其现代价值》,《河南牧业经济学院学报》2017年第3期。
② 邓辉、法念真:《基于城市形态发生学的商丘归德府古城空间特征分析》,《地理科学》2016年第7期。
③ 河南省商丘县志编纂委员会编《商丘县志(清·康熙四十四年)》,中州古籍出版社,1989,第127页。

(1502年)黄河决堤泛滥,归德古城被洪水吞没。明正德六年(1511年),由于睢水泛滥,老城被淹,城址北移,遂因旧城北墙改筑新城。《商丘县志》载"正德六年重筑,乃徙而北之,南门,旧之北门故址也"。1513~1540年间,归德古城先后建造了西门外门楼四座,东南门内门两座,城墙、城湖和城堤等,逐渐形成较为完整的布局。嘉靖二十四年(1545年)改归德州为归德府。归德府城分别在顺治初年、康熙二十六年(1687年)、乾隆十一年(1746年)、乾隆十三年(1748年)、乾隆二十九年(1764年)重修。① 其中,嘉靖三十四年(1555年)重修城墙,建西门楼与北门楼,建设角楼与敌楼,用砖石加固城墙。嘉靖三十七年(1558年),又陆续建造了东西南北的四座城门,城门取名为宾阳门、拱阳门、垤泽门和拱辰门。② 清顺治初年知府张若愚重修城门,修建有城门四座,东曰宾阳,西曰垤泽,南曰拱阳,北曰拱辰。清康熙二十六年(1687年)知县周宗义又重修,复建门楼。③ 归德府古城,实际上是指归德府的内城,主要有"城七里有奇,门四池广五丈两尺"。根据历史文献分析,清代归德府内城的大小街道共有88条,具有整齐划一的棋盘格式布局。街区规模大致分为200 m×200 m和130 m×130 m两类,也有一些不太规范的长方形,大致130 m×230 m。城内主要街道有4条,分别是从大隅首通向东门的义字一、二街,大隅首北侧通向西门的泽字一、二、三街,大隅首通向北门的礼字一、二、三、四街,大隅首通向南门的元字一、二、三、四街。④ 现在的归德府内城,从南向北,东西向街道有南马道西街2条,娄隅首街4条,叶隅首街4条,察院隅首街6条,中山街6条,小隅首街5条,刘隅首街5条,四牌楼街4条,闹龙街1条,北马道东街2条;从东向西,南北向道路有东马道街4条,凤池2条,广场街7条,中山街8条,红阁街2条,菜市4条,当铺街4条,双牌坊街3条,西马道街6条。现在的归德府内城共有79条街道,比20世纪50年代增加了5条街道。⑤ 现存归德

---

① 穆章阿,等:《嘉庆重修大清一统志》卷一九三《归德府·城池》,四部丛刊本。
② 河南省商丘地区地方志编纂委员会编《归德府志(清·乾隆十九年)》,杨子健、莫振麟等校点,中州古籍出版社,1994,第89页。
③ 伍平:《浅析商丘军事与城址变迁》,《城市建设理论研究(电子版)》2014年第17期。
④ 河南省商丘县志编纂委员会编《商丘县志(清·康熙四十四年)》,中州古籍出版社,1989,第57-58页。
⑤ 邓辉、法念真:《基于城市形态发生学的商丘归德府古城空间特征分析》,《地理科学》2016年第7期。

府城之下同时叠压着明朝弘治十六年(1503年)之前元朝时期修建的归德府城、北宋时期的应天府南京城、隋唐时期的宋州治所宋城、秦汉时期的梁国国都睢阳城、周朝时期的宋国都城等都城、古城。商丘古城是当今世界上现存的唯一一座集八卦城、水中城、城摞城三位一体的大型古城遗址。

  传说中三皇五帝中的黄帝、炎帝、颛顼和帝喾,均曾在商丘建立王都。史载颛顼曾迁都商丘。帝喾高辛氏都于"亳",《史记》注引《集解》皇甫谧曰:"都亳,今河南偃师。"后来帝喾封他的儿子阏伯(契)于商。阏伯就是商族的始祖,居住的土丘就被称为商丘。阏伯在公元前2400年,发明了以火纪时的历法,在管火的同时曾筑火神台观察星辰,以此为依据测定一年的自然变化和年成的好坏,为中国古老的天文学做出了贡献。阏伯在他的封地"商"(今商丘)做火正,深受人民的爱戴,故人们尊他为"火神"。阏伯死后葬于封地,由于阏伯的封号为"商",他的墓冢也被称为"商丘",即今商丘的由来。"商丘"二字,最早的含义就是"居住在丘岗之上的子姓氏族(商族)的聚居地"①。"商丘"二字,也是商朝都城遗址之意。

  商丘古城自古有"江淮屏障""兵家必争之地、商贾云集之所"的美誉。阏伯的六世孙王亥创造了商业文明,被尊为华商始祖。史料记载,王亥生活在夏朝中期,是夏诸侯国商国国君、商的首领。《荀子·成相篇》记载:"契玄王,生昭明,居于砥石,迁于商。"他驯服了牛,并发明了牛车,使生产力得到发展。商部落很快富裕起来,物品有了剩余,王亥便带着商部落的人去其他部落以物易物交换生产、生活必需品及其他物品。后来,阏伯的十三世孙商汤灭夏在商丘古城附近建立了商朝,后来都城几经迁徙,将商朝最后一页历史留给了安阳的殷墟。但商丘这片土地无疑承载了商朝更多的创业神话。

  春秋五霸之一的诸侯国宋国,立都商丘,在继承与发展殷商文化,特别是商业文化方面,功不可没,是当时中国最大的商业中心,使得商丘古城再一次得到了前所未有的繁荣。这一时期,与疆土一起强大起来的,是以商丘为中心辐射开去的中华圣人文化的诞生,或者说商丘是中国思想文明的演绎和雄起地。老子、孔子、孟子等思想家经常在这里讲学,庄子、墨子、惠子、宋钘、计然、

---

① 参见:班琳丽《古城的"前世":一层一层的文明叠压》,澎湃新闻,2020年4月1日,https://www.thepaper.cn/newsDetail_forward_6789012。

原宪、司马耕等一大批驰名华夏的思想家均诞生于这里。战国后期,魏国以商丘古城为治所设立大宋郡。

隋唐时期的商丘,大运河的通航,西到京师,南达江淮,北到幽燕,十分便利,漕运商旅,八方辐辏,粮商、盐商、茶商、丝商等均集聚于此,大大促进了商丘的商业发展,使之成为当时闻名遐迩的商业大都市。隋朝开凿大运河的目的是便于南北交通,促进南北政治、经济交流。唐时期的商丘已成为当时中国著名的大都市之一。杜甫游历商丘古城时写下《遣怀》一诗:"昔我游宋中,惟梁孝王都……邑中九万家,高栋照通衢。舟车半天下,主客多欢娱。"今商丘古城是经西周宋国都城、汉代梁国都城、唐代宋州城、宋代南京城、金元明初睢阳城等逐步发展演变形成的,现今发掘的城市遗址有东周宋国古城、明前期归德城。① 总的来说,归德古城自南宋建炎二年(1128年)黄河向南改道之后,历经金、元、明、清四朝的黄河改道泛滥的威胁。归德古城在明弘治十五年(1502年)被黄河冲坍,次年筑土围城。现今的归德古城自明朝正德六年(1511年)开始建设,②以元代城墙为南城墙,在旧城北重筑新城,嘉靖三十七年(1558年)包砖建成,渐形成了由城堤、城墙、城湖、引河、排水管网等构成的归德古城轮廓,南墙长950.6米,北墙长993.4米,东墙长1210米,西墙长1201米,周长4355米,高6米,顶阔6米,址阔9米。南为拱阳门,拱券式建筑,门洞全长21米,台高8米。东为宾阳门,西为垤泽门,南为拱阳门,北为拱辰门。③ 已有500余年历史,期间经历天灾人祸,不停地维护与修补得以保存至今,具有较高的历史价值和社会价值。

三、洛阳山陕会馆

洛阳山陕会馆位于洛阳市老城区九都东路,始建于清代康熙、雍正年间,是当时在洛的晋、陕两地商人筹资修建,用于"叙乡谊、通商情、拜关帝",也就是聚会经商、交流信息和物资集散转运。嘉庆、道光年间,山陕会馆经历了多

---

① 吴朋飞:《商丘古城发展研究——兼析明代商丘城市的历史地理问题》,《商丘师范学院学报》2010年第2期。
② 袁林君:《归德府古城保护规划研究》,硕士学位论文,河南大学,2015,第23-24页。
③ 河南省商丘地区地方志编纂委员会编《归德府志(清·乾隆十九年)》,杨子健、莫振麟等校点,中州古籍出版社,1994,第89页。

次修缮。洛阳山陕会馆的建立与洛阳得天独厚的地理位置密切相关。洛阳，早在隋炀帝迁都至此，就作为全国重要的政治、经济、文化中心，借以大运河和丝绸之路的交汇之便，在明清时期成为全国重要的码头，形成洛阳城内"天下之舟船所集，常万余艘，填满河路，商旅贸易，车马填塞"的商业繁荣景象①。洛阳山陕会馆1986年被河南省人民政府公布为省级重点文物保护单位，2006年被国务院公布为全国重点文物保护单位。2014年，洛阳隋唐大运河博物馆依托洛阳山陕会馆建成并对外开放，2019年被列为世界文化遗产"万里茶道"申遗项目遗产点。同时列入我省世界文化遗产"万里茶道"申遗项目遗产点的还有南阳府衙、赊店古镇、半扎古镇、洛阳关林、潞泽会馆、太行陉（河南、山西）、南阳天妃庙、扳倒井驿站、郏县山陕会馆等9处重要管理设施、商贸城镇、代表性商贸设施、交通设施类遗存、信仰类设施。②

洛阳山陕会馆坐北朝南，南北长90余米，东西宽约50米，占地面积10 000余平方米，建筑面积近5000平方米。洛阳山陕会馆布局前密后疏，由仪门、琉璃照壁、山门、舞楼、正殿、拜殿、后殿等建筑组成，现存主要建筑有二龙戏珠琉璃石基照壁、东西木构牌楼式仪门、带八字墙的山门、前庑殿后歇山式舞楼、拜殿、正殿及东西配殿、东西廊房、东西厢房等，还有碑刻十余通和石狮子等石雕作品。③ 总的来说，洛阳山陕会馆没有正开的大门，只有东、西两座仪门。琉璃照壁位于两座仪门之间，呈"凸"字形，高7.6米、宽13.2米，自下而上由青石座、壁身、绿色琉璃瓦顶三部分组成。山门与琉璃照壁呼应，面阔三间。山门后为面阔五间的舞楼，其上的木雕装饰和彩绘图案精美，丰富多彩。拜殿面阔五间，进深三间，为歇山式高台建筑，殿前筑有月台。正殿是会馆最后一重殿，为悬山式建筑，面阔五间，琉璃覆瓦，别具一格。④

洛阳山陕会馆的山门的正上方刻着"河东夫子"四个字。这里"河东夫子"指的就是关公，敬奉关公寓意商人经商要以诚信为本。舞楼的屋脊都是琉璃构件，有二龙相戏的"珠"是蜘蛛，象征商路的四通八达；连接整个琉璃屋脊

---

① 洛阳师范学院大运河研究院：《洛阳，千年运河"活"起来》，《光明日报》2018年4月21日，第12版。
② 温小娟：《河南省10处遗产点列入万里茶道申遗项目》，《河南日报》2019年5月26日。
③ 苏江：《洛阳山陕会馆的拐子龙、草龙、蔓草、万字纹饰畅谈》，《文物鉴定与鉴赏》2019年第20期。
④ 鲁博：《洛阳山陕会馆》，《洛阳日报》2018年7月18日，第5版。

的绳子图案,蕴含着"绳绳相扣,代代相传"的寓意;姿态各异的八仙,指商道上要"八仙过海,各显神通";有白菜,意指"白来财"。舞楼主要作用是演戏酬神,每逢重大节日,特别是关公诞辰,商人都会请戏班到馆内演出。正殿是会馆的主体建筑,面阔五间,进深三间,歇山式顶,琉璃覆瓦。照壁高12米、宽13.2米,由青色雕砖砌成,正中用彩色琉璃方砖镶成3块方形壁面,其上雕饰二龙戏珠、花卉、人物等,基座雕饰有图案。拜殿是会馆的中心大殿,是每年四月祭拜关公的主要场所。由于关公果敢忠义、重义轻财的品格,因此山陕商人祭拜关公,既为其提供精神依托,也以此约束商业活动行为,诚实守信,公平交易。再加上关公是山西人,山西与陕西相邻,两省商人以他为荣,敬奉关公,期冀关公这尊财神能保佑他们的生意财源滚滚。① 拜殿现存有完整的清代早期点金彩画,虽经岁月侵蚀,但色彩依然艳丽,图案精美,实为弥足珍贵。后殿的檐梁下的木门雕花却是人物花鸟、虫鱼细草。上述琉璃、彩画与木雕装饰具有明显的河洛文化特色和典型的商业特点,表现出山陕商人观念中祈盼富贵平安的美好愿望。其中,"铿锵有力、细缕雕镂"的装饰艺术现象下,多元的装饰题材、生动的装饰形式、广泛的装饰手法,隐含了明清时期经济的富足与社会转型下商贾地位的"质的飞跃",充分彰显出商人观念中求财、求官的商业理念与处世情境,世俗文化与道德教化的交融并济,呈现出雅俗共赏、互助兼容的和谐状态。②

洛阳山陕会馆作为豫西地区保存较为完整的清代早期建筑群之一,建筑布局与建筑形式、结构都有其独到之处,该会馆为研究清代洛阳的历史地理、水陆交通、经贸往来、民俗民风、建筑艺术等提供了丰富的实物资料。③ 比如脊兽是屋脊上安装的瑞兽形构件,主要起装饰和加固作用,也表达纳福避祸的心愿,同时还是显示古建筑等级的重要标志。洛阳山陕会馆中脊兽有260多枚,位居洛阳市之首,这与其兼作关公庙而不受营造规定限制以及山陕商人雄厚的财富实力有关。最值得一提的是洛阳山陕会馆古建筑上的"仙人走兽"队列与故宫太和殿上的"仙人走兽"队列有渊源,其中的"龙、凤、狮子、马和鱼"是由太和殿上"仙人走兽"队列中的"龙、凤、狮子、海马、天马和狎鱼"简化而来。

---

① 杨浩烨、侯贤俊:《洛阳山陕会馆与关公文化》,《文物鉴定与鉴赏》2019年第9期。
② 杨梅:《洛阳山陕会馆的装饰艺术研究》,硕士学位论文,河南师范大学,2016,第2页。
③ 鲁博:《洛阳山陕会馆》,《洛阳日报》2018年7月18日,第5版。

洛阳山陕会馆现存古建筑上脊兽的设置均符合清代建筑惯例,可为相关古建筑的研究与修复,以及仿古建筑的设计与建设提供参考。① 再如洛阳山陕会馆敬奉关公,是一座商业会馆与关帝庙相结合的古建筑群,馆内的建筑装饰、匾额、楹联、碑刻使关公文化得以充分呈现。在正殿前檐东尽间西侧的清道光十八年(1838年)《东都马市街山陕西众商积金建社碑记》碑载:"洛居天中,为四方辐辏,山陕众商居奇于斯,旧在会馆结关帝圣社,每届四月初旬间,隆盼饔之仪,张乐迎醵,乐轮至诚。一切供亿各捐囊赀。"说明每年四月初旬要举办隆重的祭祀关公活动,费用由商号捐献。正殿前檐东次间东侧立的清道光十五年(1835年)《东都山陕西会馆碑记》碑载"馆中正殿五间,祀关圣帝君"。在拜殿前檐西尽间西侧的清咸丰二年(1852年)《山陕会馆关圣帝君仪仗记》碑载:"洛阳地居土中,为古都会,城南旧有山陕会馆,雕梁画栋……而帝君仪仗之用缺而未备。庚戌秋,陕西西安、同州二府布商敷十余家,捐凑厘金,共勷盛事。制黄缎绣边伞一柄,扇一柄,牌三对,旗三对……一切应用之器莫不悉备。"根据以上记载可看出山陕商人对关公祭拜和信奉的真诚,基本印证"明清之际,关公由武庙陪祀逐渐成为主祀,与孔子并称为文、武二圣,故称夫子"②。诚然关公文化信仰带有一定的封建迷信色彩,但对于约束商业行为、规范商业道德,特别是弘扬中华优秀传统商业文化仍具有重要作用。上述记载也是研究豫商文化史重要的碑刻实物材料,更是研究河洛文化乃至中原文化的珍贵史料。

洛阳隋唐大运河博物馆是依托洛阳山陕会馆筹建而成,在一定程度上可以说,山陕会馆成为展示世界文化遗产中国大运河的名片。

洛阳隋唐大运河博物馆东展厅主要展出隋唐大运河的开凿及隋唐大运河的繁荣和作用。其中就介绍了仁寿四年(604年)七月隋炀帝杨广登基后,于洛阳营建新都,同时为巩固洛阳的政治、军事、经济中心地位,加强对关(山)东、东南地区的控制,确保江南漕粮运抵洛阳,历时六年完成了历史上第一次以洛阳为中心北到北京、南到杭州全长2700公里的南北人工运河,沟通海河、黄河、淮河、长江、钱塘江五大水系,辐射东北、东南。隋唐大运河实现了在广

---

① 林丁:《洛阳山陕会馆古建筑之脊兽研究》,《城市建筑》2019年第27期。
② 王伟:《洛阳山陕会馆研究》,中州古籍出版社,2016,第105页。

大国土范围内南北资源和物产的大跨度调配,促进了不同地域间的经济、文化交流,在国家统一、政权稳定、经济繁荣、文化交流和科技发展等方面发挥了重要作用,促进了以洛阳为代表的运河沿线地区的经济和社会的繁荣发展。

洛阳隋唐大运河博物馆西展厅主要展出了隋唐大运河在洛阳段遗留下来的文化遗迹。宋代以后洛阳逐渐失去了中国政治中心的地位,隋唐大运河洛阳段也逐渐衰落,尤其是元代后运河取直,成为京杭大运河。虽然隋唐大运河不少地方被废弃,但是通济渠(即洛河)仍然发挥着航运作用,对于洛阳的经济和商业保障功不可没,并且一直使用到20世纪中叶。隋唐大运河的遗存历经沧桑也保留下来,比如通济渠、含嘉仓、回洛仓、天津桥等,让人们管窥昔日运河的风采。

洛阳隋唐大运河博物馆是全方位、多角度展现大运河中枢自然特性、人文精华的专题性博物馆。它既是运河文物、文献资料征集、收藏和运河文化研究、展示的中心,也是传播中国运河文化的重要窗口。

四、开封清明上河园

开封是水陆都会,素有"北方水城"之美誉,境内河流众多,金水河、五丈河(广济渠)、蔡河、汴河(宋代对大运河的称呼)等四条河流穿城而过,分别通往江南、山东和河南中部,航运十分便捷,各方物资源源不断集中到开封城里。特别是汴河显得更加重要,《宋史·河渠志》载汴河"横亘中国,首承(大河),漕引江、湖,利尽南海,半天下之财赋,并山泽之百货,悉由此路而进"。北宋时期,开封作为全国的政治中心,常驻的禁卫军就有10余万人,后来增加到34万人。作为全国的经济中心,开封是手工业和商业活动最为集中的地方。手工业分官营和私营两部分,包括丝织、造船、印刷、军器制造、织染、制药、笔墨制造和食品加工等,从业者超过8万人,商户2万多户,分属于160余行。东京年纳商税额55万贯,占全国商税的一半。州桥、相国寺一带是商业最繁华的地方。东京的园林集我国南北园林之大成,其中如艮岳、玉津园、瑞圣园、琼林苑、宜春苑等更为上品。当时东京的最高学府——太学中的贡生最多时达到3800人。大批文人、学者荟萃东京。欧阳修、梅尧臣、苏轼、苏舜钦、曾巩、王安石、柳永、周邦彦等都在东京有过创作活动。由此可知,北宋时期不仅江南,而且远至南海的物资都由此水路运到开封,所覆盖的范围已占宋代领土的一半左右。开封由于位居华北,是南来北往的陆路中心,陆上交通也很方便,是中国城市发展史上辉煌的一页。① 北宋人柴宗庆曾有过这样的诗句:"曾观大海难为水,除去梁园总是村。"后人评述宋代开封的繁荣,有"汴京富丽天下无"之说。《东京梦华录》和《清明上河图》,用文字和图画生动地描绘了当时的东京风情,今人从中可窥当时东京城市形象之一二。

北宋开封商业繁荣,有两万多户人家以经商为业,仅在政府登记的店肆就达6400多户,资产十万以上者比比皆是,最多可达百万。此外,还有许多集中的贸易市场。饮食服务行业尤为发达,各种各样的酒楼、饮食店、茶坊鳞次栉比。开封的手工业也极其繁荣,门类众多,军器、瓷器、织锦、印刷、酿酒和刺绣一向闻名,在全国占有重要地位。工人人数也为以前历代首都所不及,仅官营手工业作坊的工匠就达8万人以上。

汴河是北宋国家漕运的重要交通枢纽、商业交通要道。北宋画家张择端画的《清明上河图》,全图大致分为汴京郊外春光、汴河场景、城内街市三部分,宽24.8厘米,长528.7厘米,绢本设色,作品以长卷形式,采用散点透视构图法真实地描绘了当时汴河上交通运输繁忙的景象,展现了宋代城市的发展及形形色色市民活动的场景,也是宋代风俗画的最高成就。

张择端在《清明上河图》中,画有587个人物、13种动物和9种植物,各种牲畜56头、车轿20余辆和大小船只20余艘,描绘了北宋汴京当时的舟船往复、飞虹卧波、商铺林立、吆喝买卖、熙熙攘攘、歌舞升平的繁华景象和丰富的社会生活民俗风情,证明了汴京的繁华。整幅画卷恢宏大气,布局巧妙合理,结构紧凑不乱,构图视角独特,笔法技巧娴熟,工笔为主,兼有写意。画卷中的城郭、房屋、车船、桥梁、林木、沟渠,生动逼真,精妙绝伦,称得上神工妙笔。从画面上可以看到人烟稠密,粮船云集,人们有在茶馆休息的,有在看相算命的,有在饭铺进餐的,还有"王家纸马店",是卖扫墓祭品的。河里船只往来,首尾相接,或纤夫牵拉,或船夫摇橹,有的满载货物,逆流而上,有的靠岸停泊,正紧张地卸货。横跨汴河上的是一座规模宏大的木质拱桥,它结构精巧、形式优美,宛如飞虹,故名虹桥。有一只大船正待过桥,船夫们有用竹竿撑的,有用长竿钩住桥梁的,有用麻绳挽住船的,还有几人忙着放下桅杆,以便船只通过。

---

① 张妙弟:《开封城与黄河》,《北京联合大学学报》2002年第1期。

邻船的人也在指指点点地像在大声吆喝着什么。船里船外都在为此船过桥而忙碌着。桥上的人，也伸头探脑地在为过船的紧张情景捏一把汗。这里是闻名遐迩的虹桥码头区，车水马龙，熙熙攘攘，名副其实是一个水陆交通的会合点。《清明上河图》不仅在我国绘画史上占有重要地位，而且因为深入细致地描绘了当时的风土人情、房舍建筑、桥梁设计、道路规划、船舶制造和商铺布局等，还具有极高的历史学术价值。

清明上河园是以张择端的传世名画《清明上河图》为蓝本，以《营造法式》为建设准则，并且利用当代的建造方式，1∶1而建的大型宋代历史文化主题公园。它位于开封市龙亭区龙亭湖西岸园区，占地面积40万平方米，其中水域面积多达12万平方米，景观建筑面积3万多平方米，是当前我国规模较大的仿宋建筑群。1992年清明上河园开始动工建造，1998年正式对外开放以来，清明上河园始终坚持以"再现千年历史画卷，建设国家精品景区"为发展方针，既展现了宋代的民间艺术，又体现了开封古城深厚的北宋文化底蕴。景区的建筑风格、景观设施、旅游演艺乃至工作人员的服装、道具等都灵活真实地再现了北宋开封当时的民俗风情和市井文化，创造了文旅界令人称颂的"清明上河园现象"，成为中国运营最为成功的大型文化主题景区之一。2008年是清明上河园开业十周年，这一年游客人数超过100万人次。① 2015年清明上河园的净利润首次突破亿元大关。2015年景区实现营业收入2.58亿元，同比增长27.09%；2017年实现营业收入2.96亿元，同比增长16.98%；2018年实现营业收入3.56亿元，同比增长20.27%。②

清明上河园设驿站、民俗风情、特色食街、宋文化展示、花鸟鱼虫、繁华京城、休闲购物和综合服务等八个功能区，主要建筑有城门楼、虹桥、街景、店铺、河道、码头、船坊等，并设有校场、虹桥、民俗、宋都等四个文化区，照图筑造了驿站、码头、船坊、酒坊、校场等普通建筑以及虹桥、上善门这样的标志性建筑，检票员、导游、商贩、表演者都身着宋装，集中展现宋代诸如酒楼、茶肆、当铺、汴绣、官瓷、年画等东京城京都繁华街市风情。如北宋汴京城的大内、宣德楼前省府宫宇街道、朱雀门外街巷、东角楼街巷、潘楼东街巷、马行街北诸医铺、

---

① 参见：《清园"筑梦人"：全心全力二十年，成就清明上河园！》，搜狐网，2018年10月29日，https://m.sohu.com/a/271991834_348758/。
② 崔葳：《清明上河园发展战略研究》，硕士学位论文，中原工学院，2019，第17页。

大内西右掖门外街巷、大内前州桥东街巷、寺东门街巷、马行街铺席的兴隆和繁华，诸如果子行、酒店、肉铺、包子店、肉饼、分茶、羹店、珠子铺、香药铺、时行纸画、花果铺席等等，像灌汤包、桶子鸡、五香羊蹄、烩面、红薯泥、黄焖鱼、锅贴、羊肉炕馍、炒凉粉、回民羊肉汤、四味菜、锅贴豆腐等美食应有尽有，还有民间武术表演、吹糖人儿、捏面人儿、杂技表演、盘鼓表演、斗鸡、蹴鞠、喷火和刺绣等民间艺术展演，街道上时不时有着一些穿着宋代经典服饰的小贩出现在人群中，他们或推着小车，或肩挑扁担，还有一些马车来回穿梭，形象地再现了宋代的服装、食品、住房、娱乐场景。清明上河园内还有《杨志卖刀》《包公巡案》《王员外招婿》《大宋·东京保卫战》《岳飞枪挑小梁王》《梁山好汉劫囚车》和《汴河漕运》等精彩剧目表演来重现宋朝丰富的民俗风情，①深度还原《清明上河图》中的市井人物，使游客真切地感受到古代市井生活。

其中，大型水上实景演出《大宋·东京梦华》由八阕经典宋词和一幅《清明上河图》串联的画面，利用科技手段制造出梦幻的效果，采用浪漫主义的手法和动静结合的展演方式，把《清明上河图》画卷中展现的场景，搬上了夜色中巨大的水面舞台，街道场景设置紧挨着观众席，宋朝老百姓也都"活"了起来，他们从史书中、从画卷上、从历史的记忆里，穿越千年时空走上舞台，如吆喝着生意经的小商小贩、摇着鹅毛扇的文人骚客、腆着肚的达官贵人、穿着袈裟的僧侣和尚、奔跑戏耍的娃娃们、踩高跷放鞭炮的人们以及吹着唢呐的迎亲队伍等，把人们的记忆带回1000多年前的宋朝，重现了北宋王朝的盛世繁华。据统计，2019年《大宋·东京梦华》演出收入已突破1亿元，进入中国旅游演艺"亿元俱乐部"②。此外，清明上河园结合我国传统节日，推出了"中秋文化节""七夕文化节""端午文化节""清明文化节"等相关的节事活动，打造了"大宋·年民俗文化节""啤酒文化节""中华巨马展演"等活动。为了进一步丰富游客夜间观赏内容，清明上河园相继推出了《清明上河图》光影秀以及《开河祈福》《欢乐宋》《大宋·汴河灯影》《新汴梁八景》《菊美人》等夜间演出剧目，使游客感受到与白天截然不同的景致和文化氛围，还有力地推动了景区文化与旅游业的融合发展。③

---

① 周铎、段汉明：《开封民俗文化探析——以清明上河园为例》，《美与时代(城市版)》2020年第5期。
② 范成凯：《〈大宋·东京梦华〉今年收入已破亿元》，《河南日报》2019年11月13日，第15版。
③ 程卫进、宋航：《开封清明上河园文旅融合发展探讨》，《人文天下》2020年第14期。

因此,清明上河园先后获得中国旅游知名品牌、国家文化产业示范基地、国家 5A 级旅游景区、中国十大文化旅游景区、影响世界的中国旅游文化知名品牌、河南省省长质量奖、河南省研学旅游示范基地等诸多荣誉。① 如园区目前有大师坊、东坡书院等研学场所,打造了军事类、非遗类、展馆及博物馆类等形式多样、内容丰富的研学旅行路线,开设有泥咕咕、木版年画、宋室风筝、灯笼等制作课程。景区还专门聘请了传统手工艺人、民间艺术大师、非遗传承人和专业讲解员开展现场表演教学,真正使学生在寓学于乐的同时感受中华优秀传统文化的独特魅力。

---

① 《开封清明上河园》,《人大建设》2021 年第 1 期。

下 编

第四章　中原商业文化传承创新的现状

河南是文化资源大省,文化积淀深厚,文化资源丰富,是中华民族之根、华夏文明之源。目前,河南省有龙门石窟、安阳殷墟、登封"天地之中"历史建筑群、中国大运河、丝绸之路等5项24处世界文化遗产,有420处全国重点文物保护单位,有1170处省级文物保护单位,不可移动文物数量居全国第二。河南还拥有洛阳、安阳、开封和郑州4个大古都和20个中国历史文化名镇(村)。与此同时,河南还是文物大省,全省现有可移动文物470万余件,各类博物馆数量已达339家,位居全国第三。自1990年"全国十大考古新发现"评选以来,全省共有45项考古发现获此殊荣,位居全国首位。文化产业被认为是21世纪的无烟工业、朝阳产业,能够更好地实现社会、经济、环境协调发展,可以助推文化河南建设。研究表明:文化作为发展主体的背后因素,影响发展主体的各种行为,包括经济行为,并通过发展主体的组织整合功能而影响社会经济发展的各个环节。① 依据"遗产经济学"的观点,历史文化遗产资源本身具有双重价值,即文化价值和经济价值,二者密不可分,经济价值是文化价值的延伸。② 由于中原商业文化是一种潜在的文化资源,能产生巨大的社会效益和经济效益,因此,新时代让中原更加出彩就要求传承创新中原商业文化,中原商业文化传承创新与河南经济社会的发展关系密切,对于河南实现由资源开发型向产业发展型转变、由资源大省向经济强省转变、由文化大省向文化强省转变具有重要的推动作用。

---

① 孟召宜:《文化观念与区域可持续发展》,《人文地理》2002年第4期。
② 陈凌云:《发展中的"遗产经济学"》,《中国文物报》2005年2月18日,第5版。

第一节　中原商业文化传承创新 SWOT 分析

习近平总书记在党的十九大报告中指出，深入挖掘中华优秀传统文化蕴含的思想观念、人文精神、道德规范，结合时代要求继承创新。河南地处中原，历代为中华民族的腹心重地，在中华文明的发生、发展的过程中占有举足轻重的地位。传承创新中原文化是历史和时代赋予河南的文化使命。

悠久的中原商业文化发展史留下了厚重的河南商业文化遗存。中原商业文化是中原文化的主要组成部分，是豫商共有的精神家园，是河南历史文化遗产保护展示、非物质文化遗产传承、历史名人故里体验、历史文化旅游等文化品牌的内核。如作为"八大古都"（河南居其四）的郑州在都城文化资源优势转化方面，取得了一定的成绩，如商城文化资源开发、黄帝文化资源开发等。但也应该看到，商业文化资源开发还仅仅局限在物质文化遗产方面，如遗址、城址、碑刻、故居等文物古迹，而非物质文化遗产如商业人物、历史故事、商业精神等方面还有很大的提升空间和维度。

我们知道，SWOT 分析方法中，"S"代表 Strength，"W"代表 Weakness，"O"代表 Opportunity，"T"代表 Threat。其中，S、W 是内部因素，O、T 是外部因素，将外部机会和威胁与企业内部优势和弱点进行匹配，形成可行的备选战略。[①]因此，在探讨中原商业文化传承过程中，利用 SWOT 理论和方法，分析总结文化资源开发的自身优势与劣势、面临的外部机遇与挑战，以期为中原商业文化资源的永续利用提供借鉴，这对于推进文化强省，弘扬中原人文精神，加快中原经济区建设，实现"建小康富人民，兴河南强中原"的中原梦，全面建成小康社会，让中原更加出彩，具有十分重要的现实意义。

一、SWOT 理论界定

SWOT 分析是西方国家普遍应用的一种战略选择方法，是目前战略管理与规划领域广泛使用的分析工具。1971 年，美国哈佛商学院 K. J. 安德鲁斯在

[①] 苏斌、王雅芳、周朝民：《定量求解 SWOT 模型最优方法与决策效用》，《技术经济与管理研究》2001 年第 5 期。

其所著《公司战略概念》一书中首次提出 SWOT 分析,①20 世纪 80 年代,美国旧金山大学管理学教授韦里克进一步提出来 SWOT 分析法,即态势分析法。②按照企业竞争战略的完整概念,战略应是一个企业"能够做的"(即组织的强项和弱项)和"可能做的"(即环境的机会和威胁)之间的有机组合。著名的竞争战略专家迈克尔·波特提出的竞争理论从产业结构入手对一个企业"可能做的"方面进行了透彻的分析和说明,而能力学派管理学家则运用价值链解构企业的价值创造过程,注重对公司的资源和能力的分析。SWOT 分析,在综合了前面两者的基础上,以资源学派学者为代表,将公司的内部分析(即 20 世纪 80 年代中期管理学界权威们所关注的研究取向,以能力学派为代表)与产业竞争环境的外部分析(即更早期战略研究所关注的中心主题,以安德鲁斯与迈克尔·波特为代表)结合起来,形成了自己结构化的平衡系统分析体系。③

这种方法最早用于企业战略管理,后来得到广泛应用,扩展到社会经济管理的各个层面。SWOT 分析方法主要针对企业在选择发展战略时,对企业自身的优势和缺陷,以及企业所面临的外部机遇和挑战进行综合分析与判断,从而对被选战略方案进行系统的评价。世界著名的企业如沃尔玛、星巴克集团和耐克公司等都运用 SWOT 分析法,对企业内外部条件各方面内容进行综合和概括,进而分析企业的优劣势、面临的机会和威胁,从而使企业在"商场如战场"的竞争中,不断发展壮大。

20 世纪 90 年代,SWOT 分析与战略方法被引进到我国,得到我国政府机关、企业界、策划单位、咨询机构以及科研团体的广泛关注和重视。目前,这种

---

① C.鲍曼:《战略管理》,郑薇译,中信出版社,1997。
② 王秉安、甘健胜:《SWOT 营销战略分析模型》,《系统工程理论与实践》1995 年第 12 期。
③ 龚小军:《作为战略研究一般分析方法的 SWOT 分析》,《西安电子科技大学学报(社会科学版)》2003 年第 1 期。

方法被我国学者广泛应用在企业管理、金融投资、市场营销等领域,①并且这种理论的运用显示出不断向其他研究领域纵深发展的趋势。

(一)SWOT 含义

1.SWOT 的内涵

SWOT 四个字母分别代表四个英文单词,其中"S"代表 Strength,指自身的优势;"W"代表 Weakness,指自身的缺陷;"O"代表 Opportunity,指面临的外部机遇;"T"代表 Threat,指面临的挑战或威胁。其中,S、W 是内部因素,O、T 是外部因素,将外部机会和威胁与企业内部优势和弱点进行匹配,形成可行的备选战略,这就是我们经常所说的 SWOT 分析与战略。优势-机会(SO)战略:是一种发展企业内部优势与利用外部机会的战略,是一种理想的战略模式。弱点-机会(WO)战略:是利用外部机会来弥补内部弱点,使企业改劣势而获取优势的战略。优势-威胁(ST)战略是指企业利用自身优势,回避或减轻外部威胁所造成的影响。弱点-威胁(WT)战略是一种旨在减少内部弱点,回避外部环境威胁的防御性技术。② SWOT 分析与战略,常常被用于制定企业集团发展战略和分析竞争对手情况,在战略分析中,它是最常用的方法之一。

所谓 SWOT 分析,即态势分析,就是将与研究对象密切相关的各种主要内部优势、劣势、外部机会、威胁等,通过调查列举出来,并依照矩阵形式排列,然后用系统分析的思想,把各种因素相互匹配起来加以分析,从中得出一系列相应的结论,而结论通常带有一定的决策性、前瞻性、指导性和科学性。

在这里,SWOT 战略即策略制定,是指在对研究对象进行内部环境因素和外部环境因素分析的基础上,采用 SWOT 系统分析方法,对研究对象所处的情

---

① 关于国内学者运用 SWOT 分析我国公共管理方面的文章,可参阅下面文献:陶婷芳《上海吸引跨国公司地区总部的 SWTO 分析和对策研究》,《财经研究》1998 年第 11 期;林宝禄《电信企业重组后 SWTO 分析及创新战略》,《亚太经济》1999 年第 5 期;吴向东《WTO 背景下的铁路施工企业 SWOT 和对策研究》,《基建优化》2002 年第 5 期;夏家秋《运用 SWTO 分析法 实施盐化工企业战略调整》,《江汉石油职工大学学报》2003 年第 4 期;樊彩萍《地市高校中外合作办学 SWTO 分析及发展策略》,《安徽工业大学学报(社会科学版)》2004 年第 6 期;罗光杰《深圳会展业发展态势 SWTO 分析及对策探讨》,《内蒙古科技与经济》2005 年第 8 期;朱峰、阎涛蔚《"定远"舰旅游项目 SWOT 分析及营销战略选择》,《商场现代化》2006 年第 3 期。

② 苏斌、王雅芳、周朝民:《定量求解 SWOT 模型最优方法与决策效用》,《技术经济与管理研究》2001 年第 5 期。

景进行全面、系统、准确的研究,从而根据研究结果制定相应的发展战略、计划以及对策等。

总之,SWOT分析与战略是一个完整的整体,在运用的过程中,分析与战略的制定在很大程度上是同步进行的,并且还会出现反复交叉、循环出现的情况,并不是直线形路径进行的,这是因为SWOT分析本身是一个动态的过程,也是可变的,具有很多不稳定的因素,易受外界环境因素的影响而产生无规律的波动。

2.SWOT的维度

这里我们借用社会学的"维度"概念,分析SWOT战略主要内容和实施步骤,以全面认识和运用SWOT的理论。SWOT理论不仅仅是一个静态的理论,而且还是一个动态分析的过程,在运用其分析的时候,首先要选取分析对象;然后,对选取对象进行综合分析(如S-O分析、S-T分析、W-O分析、W-T分析等)或者单个态势分析(如S分析、W分析、O分析和T分析),在认真分析选取对象影响因子的基础上,根据其影响度把相关因素列举出来,构造SWOT矩阵;最后,在完成环境因素分析和SWOT矩阵的构造后,便可以制订出相应的行动计划。关于SWOT的维度,可以参阅图2。

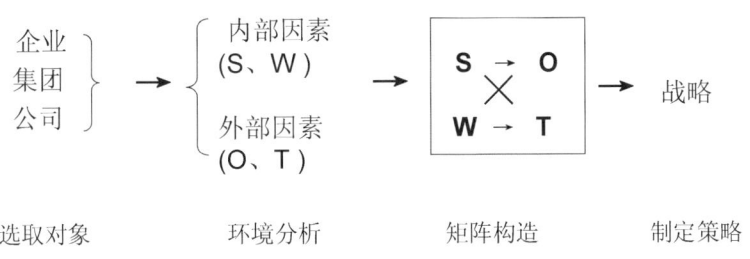

图2　SWOT维度进程示意图

(二)SWOT的分析步骤

1.选取对象

在进行SWOT分析,选择分析的对象时,要明确对象的性质和发展现状以及初步选择发展意向的领域,明晰研究对象发展目标和战略任务,认真研究选取对象的潜在发展能力,尽可能多地占有对研究对象如企业、集团、有限公司等实体的资料和材料,以便于科学、有针对性地制定出发展策略。

2.环境分析

SWOT分析法是指对组织特定的内部和外部环境进行全面深入分析的方法。其中,分析外部环境旨在找出组织发展可能存在的机会和威胁,分析内部环境旨在找出组织自身具备的优势和存在的劣势。①

在对特定对象进行环境分析时,运用各种调查研究方法,分析其所处的各种环境因素,即外部环境因素和内部能力因素。其中,外部环境因素包括机会因素和威胁因素,它们是外部环境对研究对象的发展直接有影响的有利和不利因素,属于客观因素,一般归属为经济的、政治的、社会的、人口的、产品和服务的、技术的、市场的、竞争的等不同范畴。外部的机会是指环境中对其发展有利的因素,如政府支持、良好的供求关系等;外部的威胁指环境中不利的因素,如新竞争的出现、技术老化等。这些都是影响研究对象当前竞争地位或未来竞争地位的主要障碍。内部环境因素包括优势因素和弱势因素,它们是研究对象在其发展中自身存在的积极和消极因素,属于主动因素,一般归类为管理的、组织的、经营的、财务的、销售的、人力资源的等不同范畴,表现在研究对象的资本、技术、设备、职工素质、产品、市场、管理技能等方面。

在调查分析这些因素时,对选取对象既可以进行综合分析(如S-O分析、S-T分析、W-O分析、W-T分析等),也可以进行单个态势分析(如S分析、W分析、O分析和T分析);不仅要考虑到选取对象的历史与现状,而且更要考虑其未来发展前景。通过以上SWOT分析,制定能够充分抓住外部有利时机、发挥自身优势、消除威胁、克服劣势的SWOT发展战略。

3.矩阵构造

列出目前与研究对象密切相关的其自身所具有的优势和劣势,外部环境中存在的发展机遇和挑战等因素,将调查得出的各种因素根据轻重缓急或影响程度等排序,将对研究对象发展有直接的、重要的、大量的、迫切的、久远的影响因素优先排列出来,而将那些间接的、次要的、少许的、不急的、短暂的影响因素排列在后面,用系统分析的方法,构造SWOT矩阵。关于SWOT矩阵分析,可以参阅表5。

---

① 樊彩萍:《地市高校中外合作办学SWTO分析及发展策略》,《安徽工业大学学报(社会科学版)》2004年第6期。

表 5 SWOT 矩阵分析

内部因素	外部因素	
	O（Opportunity）	T（Threat）
S（Strength）	Aggressive Expansion（企业可利用本身的竞争优势配合机会,强强发展）	Diversify（以企业的竞争优势转变为符合发展趋势）
W（Weakness）	Turnaround（改善企业体质或结构,以将弱势变为强势）	Rebuild（建立企业新的部门或开发新的市场）

4.制定策略

在完成环境分析和 SWOT 矩阵的构造后,运用系统分析的综合分析方法,将排列与考虑的各种环境因素相互匹配起来加以组合,得出一系列研究对象未来发展的可选择对策,制订出相应的行动计划。① 制定发展策略要坚持"发挥优势因素,克服弱点因素,利用机会因素,回避威胁因素"原则,既要考虑过去,也要立足当前,同时还要着眼未来,这样,才能对研究对象所处的情景进行全面、系统、准确的研究,从而根据研究结果制定相应的发展战略、计划以及对策等。关于 SWOT 策略路径选择过程,可以参阅图 3。

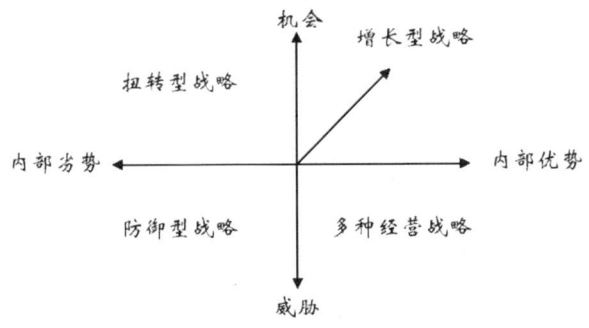

图 3 SWOT 策略选择模式

二、中原商业文化传承创新现状的 SWOT 分析

近年来,SWOT 分析与方法理论被我国学者广泛运用在文化产业领域,其

---

① 参见:《什么是 SWOT 分析》,http://www.pandengzhe.blog.hexun.com/4488277_d.html。

中对河南省文化旅游资源整合研究方面也取得了一系列研究成果,[1]不仅为河南文化强省建设做出了应有的贡献,也为中原商业文化传承创新提供了有益的方法。

(一)中原商业文化传承创新现状的 S 分析

首先,区位优势。河南地处中部,是我国重要的交通枢纽之一,不仅陆路交通便捷、航空运输发达,而且城市立体化交通体系和中原城市群城轨高铁设施基本完备,为传承中原文化提供了条件。如国家铁路干线陇海、京广、京九、武西、郑西、焦柳、新菏、宁西以及孟宝、新密等支线在河南省境内交汇,还有漯(河)阜(阳)、汤(阴)台(前)等9条地方铁路,在河南省境内纵横交织,欧亚大陆桥横穿全省。公路四通八达,国家级高速公路京港澳、连霍在省会郑州交汇,另有106、107、207、310、312等国家级高速公路和高等级公路贯穿东西南

---

[1] 关于SWOT分析方法运用到中原历史文化资源开发领域情况,可以参阅下列相关成果:孙艳红《河南工业旅游的SWOT分析与战略选择》,《河南科技大学学报(社会科学版)》2005年第4期;邢金善《河南民族体育旅游的SWOT分析与营销战略》,《山东体育学院学报》2005年第5期;姚晓莉、刘永焕《河南发展生态旅游的SWOT分析》,《河南机电高等专科学校学报》2006年第1期;许茂伟《河南发展现代物流业的SWOT分析》,《河南科技》2006年第1期(上);耿鹏旭、王卓理《平顶山市旅游开发SWOT分析与对策研究》,《平顶山学院学报》2006年第5期;徐娥《基于SWOT分析的河南文化旅游发展研究》,《河南科技》2006年第10期(上);关中美、王娟《云台山生态旅游的SWOT分析》,《浙江树人大学学报》2007年第1期;王星光、贾兵强《中原历史文化遗产旅游经济可持续发展的SWOT分析》,《江苏科技大学学报(社科版)》2008年第3期;高新伟《开封文化旅游竞争力的SWOT分析》,《新乡学院学报(社会科学版)》2008年第1期;刘长运,等《基于SWOT分析的南阳旅游可持续发展研究》,《地域研究与开发》2009年第4期;王云,等《许昌旅游发展的SWOT分析及对策研究》,《许昌学院学报》2009年第5期;杨文琪《发展生态旅游的SWOT分析与战略设计——以新乡黄河湿地鸟类国家级自然保护区为例》,《广东农业科学》2010年第6期;翟方、岳贤锋《中原经济区建设时期中原城市群体育旅游的SWOT分析及对策研究》,《河北体育学院学报》2011年第4期;刘保亮《申遗成功后嵩山文化旅游开发的SWOT分析》,《洛阳理工学院学报(社会科学版)》2012年第3期;贾兵强《云梦山文化资源开发的SWOT分析》,《当代旅游》2012年第4期;赵鹏旭,等《三门峡黄河湿地自然保护区生态旅游SWOT分析与开发对策》,《中南林业科技大学学报》2012年第12期;王明艳,等《焦作太极拳文化旅游的SWOT分析及对策》,《河南科技学院学报》2013年第1期;王中雨《基于SWOT分析的河南省休闲农业与乡村旅游发展研究》,《农业经济》2014年第3期;肖华《河南省非物质文化遗产旅游开发的SWOT分析》,《鸡西大学学报》2014年第3期;李雪琴《河南文化旅游资源及其开发的SWOT分析》,《甘肃农业》2014年第7期;夏红云《基于SWOT分析法的河南文化品牌建设战略构想》,《周口师范学院学报》2015年第3期;张万钦《河南丹江湿地保护区旅游开发SWOT分析》,《河南林业科技》2016年第1期。

北,形成以郑州为中心的"米"字形的河南高速公路网,尤其是连霍国道主干线,在河南境内全长611公里,自东向西贯穿全省,将商丘、开封、郑州、洛阳、三门峡等五座中心城市和历史文化名城连为一体。水运便利,国家主航道的淮河、沙颍河以及省航道的涡河、唐白河等与华东水网连接。其中,沙颍河周口至省界段恢复通航,可从周口直达华东地区,形成河南第一条通江达海的水上通道。郑州航空港地处我国内陆腹地,空域条件较好,适宜衔接东西南北航线,开展联程联运,有利于辐射京津冀、长三角、珠三角、成渝等主要经济区。① 郑州新郑国际机场为全国17个4E级机场之一。河南每周有568个航班往返北京、上海、广州、西安等54个城市;每周有5个航班直飞香港、澳门,经澳门可直达台北。2021年年底郑州新郑国际机场货运连续5年位居中部地区机场第一,货邮吞吐量连续两年稳居全国第六,连续两年跻身全球货运机场40强。② 这样形成了以省会郑州为中心,连接全国和世界各地,服务功能较为齐全的立体交通网,为中原商业文化可持续发展提供了良好的硬件设施。

其次,资源赋存。据统计,河南商业文化资源数量多、类型全、价值大,居全国首位。如河南省商业文化遗存中共36处全国重点文物保护单位,开封朱仙镇、周口周家口、社旗赊店镇和滑县道口镇、淅川荆紫关镇是历史上商业贸易重镇,北宋汴京创造了世界商业都市,明清巩义康氏家族缔造了400多年兴盛不衰的商业神话,王亥被奉为商业鼻祖,子贡被认为是中华儒商始祖,范蠡被后人称为商圣,弦高被誉为我国第一个爱国商人,等等。与此同时,河南还有5处世界文化遗产、4座历史古都城市、8处国家考古遗址公园、20座历史文化名村名镇以及339座博物馆、470万余件馆藏文物,不仅丰富了厚重的中原历史文化内涵,而且还是著名文旅融合发展的资源禀赋。

最后,中原经济区的辐射。中原经济区是以郑州都市区为核心、中原城市群为支撑,涵盖河南全省18个地市及山东、安徽、河北、山西12个地市3个县区的经济区域,市场潜力巨大,文化底蕴深厚,在全国改革发展大局中具有重

---

① 国家发展和改革委员会:《郑州航空港经济综合实验区发展规划(2013-2025)》,《河南日报》2013年4月8日,第3版。
② 参见:祝传鹏《年货运量首次突破70万吨!疫情之下,郑州机场货运量何以逆势增长?》,大河网,2021年12月31日,https://baijiahao.baidu.com/s? id = 1720664808574488967&wfr = spider&for = pc。

要战略地位。在中原经济区的战略下,河南省提出"以郑州为中心,洛阳为次中心,开封、新乡、焦作、许昌、平顶山、漯河、济源7城市为结点"建设策略,大旅游的辐射作用日益显著。如处于陇海铁路线上的郑州、洛阳、开封,是河南省重点推出的"三点一线"旅游品牌,特别是郑州的少林寺、洛阳的龙门石窟和白马寺、开封的"宋城"是闻名国内外的旅游景点。同时,该地域的综合产业优势,尤其是以郑州为首的商贸城对周边省份产生的巨大辐射作用和聚集作用,使其成为经济、文化中心。这些都是中原商业文化传承创新的优势所在。

(二) 中原商业文化传承创新现状的 W 分析

首先,传承理念滞后。在推动中原商业文化传承过程中,我们发现存在两种不良倾向:一种观点认为,过分保护或是过分强调开发历史文化资源,都不利于文化资源的永续发展;另一种观点认为,文化产业就是开发,文化资源只有开发出来,才能凸显其价值。所以,在中原商业文化传承创新上,缺乏科学性、前瞻性和全局性,从而不同程度地存在重品牌建设、轻文化内涵的倾向,个别文化建设有一定盲目性和随机性,没体现出独特性、科学性和传承性。

其次,管理模式落后。在管理模式上,中原商业文化资源管理沿用已有的"业务部门+属地政府"双重领导、多头管理建设模式,在一定程度上,致使文化品牌在规划、保护与开发中出现相对混乱现象,影响了文化资源优势转化为资本优势的效率。在对已形成的文化品牌旅游资源开发的资金投入上,河南省虽然建立了政府主导的多元投资体系,力图破解中原商业文化发展瓶颈问题,但目前中原商业文化传承创新投资模式单一、资金链条脆弱、竞争力不强的局面依然存在。

最后,创新程度偏低。目前,中原商业文化旅游资源开发,主要是以传统的人文观光型为主,度假休闲型和专项旅游型文化遗产辅助的格局。从市场结构看,出境游和入境游规模很小,在国内旅游方面,出省游的人数大于入省旅游人数,形成河南省旅游市场"小进大出"、客源倒流的局面。"吃、住、行、游、购、娱"六要素配套不协调,产业结构尚处在资源开发的初级阶段。文化旅游信息服务、交通运输、旅游商品、饮食住宿、保健娱乐等关联产业配套还不够完善。尤其在旅游购物方面,普遍存在旅游商品研发能力弱,文化内涵挖掘不够,产品档次不高、结构雷同,在旅游消费中比重过低等问题。从旅游者的消费结构看,交通和门票花费过高,购物消费远低于国际标准。

(三)中原商业文化传承创新现状的 O 分析

首先,国家政策。习近平总书记在党的十九大报告中指出:"坚持创造性转化、创新性发展,不断铸就中华文化新辉煌。"同时还指出,"创造性转化、创新性发展"是指导传承发展中华优秀传统文化的重要方针。中共中央办公厅、国务院办公厅印发《关于实施中华优秀传统文化传承发展工程的意见》提出,到 2025 年,中华优秀传统文化传承发展体系基本形成。目前,党中央国务院正在河南实施的五大国家战略(即国家粮食战略工程河南粮食生产核心区、中原经济区、郑州航空港经济综合实验区、河南自贸试验区和郑洛新国家自主创新示范区),为河南发展文化旅游创造了历史性发展机遇。《国民旅游休闲纲要(2013—2020 年)》提出,到 2020 年,基本建成与小康社会相适应的现代国民旅游休闲体系,为中原商业文化可持续发展提供政策条件。国务院《关于印发"十四五"旅游业发展规划的通知》(国发〔2021〕32 号)中指出,全面建成小康社会后,旅游成为小康社会人民美好生活的刚性需求,旅游成为传承弘扬中华文化的重要载体。商业文化和旅游深度融合,旅游在传播中华优秀商业文化方面必将发挥更大作用。

为了加强对历史文化资源的保护和开发,我国颁布了一系列法律、法规与办法。新中国成立以来,国务院就保护文物发出了一系列重要文件,如《关于在农业生产建设中保护文物的通知》《关于进一步加强文物保护和管理工作的指示》《关于加强文物保护利用改革的若干意见》《关于加强历史文物保护工作的通知》《关于打击盗掘和走私文物活动的通告》《关于进一步加强文物工作的通知》《关于加强和改善文物工作的通知》以及《文物保护法》《森林法》《水污染防治法》《水资源保护法》《环境保护法》《野生动物保护法》《野生植物保护条例》《风景名胜区管理暂行条例》《自然保护区条例》《国务院关于加强文化遗产保护的通知》《中国民族民间文化保护工程实施方案》《关于加强我国非物质文化遗产保护工作的意见书》《世界文化遗产保护管理办法》《旅游发展规划管理办法》和《旅游区(点)质量等级的划分与评定》,对指导和规范文化资源健康发展提供法制条件。

为了进一步加强我国文化遗产保护,继承和弘扬中华民族优秀传统文化,推动社会主义先进文化建设,国务院决定从2006年起,每年6月的第二个星期六为我国的"文化遗产日"。2016年9月,国务院把"文化遗产日"调整设立为"文化和自然遗产日"。如2020年"文化和自然遗产日"主题为"文物赋彩　全面小康""非遗传承　健康生活",2021年"文化和自然遗产日"主题为"文物映耀百年征程""人民的非遗　人民共享"。国务院决定设立"文化和自然遗产日",对于宣传、提高公众认识,动员全国人民积极参与文化遗产保护工作,继承和弘扬中华民族优秀传统文化,大力推进社会主义文化建设,对于进一步加强爱国主义和革命传统教育,加强中国特色社会主义文化建设,都有十分重要的意义和作用,并将产生深远影响。

其次,文化河南战略。我省自2004年实施文化强省战略以来,加快文化资源开发进程,推动中原文化可持续发展。《河南省建设中原经济区纲要》提出,传承弘扬中原文化,提升文化软实力,打造文化创新发展区。河南省十二届人大三次会议提出要加快建设高成长服务业大省,打造文化强省,建设文明河南①,河南省十三届人大二次会议再次提出,发挥优势打好"四张牌",打造文化高地建设②,为中原文化传承创新奠定良好的社会条件。2019年11月29日,河南省委十届十次全会中再次提到发挥中原文化资源优势,奋力构筑全国重要文化高地。2020年1月14日,河南省委书记、省人大常委会主任王国生在省第十三届人民代表大会第三次会议闭幕时指出,"一部河南史半部中国史"的厚重底蕴,让中原文化为中华文明撑起了主干、延续着根脉。河南省第十一次党代会提出实施文旅文创融合战略,推动文化繁荣兴盛,加快推进文化旅游强省建设。

与此同时,我省还出台了《关于进一步加快全省旅游产业发展的意见》《中原城市群旅游资源共享实施意见》《华夏历史文明传承创新区建设方案》和《河南省国民经济和社会发展第十四个五年规划和二〇三五年远景目标纲要》等,提出弘扬社会主义先进文化,提升中原文化整体实力和影响力,打造文化软实力强、文明素质高的文化强省。③

---

① 《省十二届人大三次会议隆重开幕》,《河南日报》2014年1月17日,第01版。
② 陈润儿:《政府工作报告》,《河南日报》2019年1月23日,第01—02版。
③ 参见:桂娟《河南:落实十八大精神　建中原文化强省》,新华网,2012年12月3日,http://www.xinhuanet.com/politics/2012-12/03/c_113885349.htm。

上述国家和河南省相关政策为推动中原商业文化传承创新提供了良好的发展环境。

(四)中原商业文化传承创新现状的 T 分析

作为一个综合性、专业性、技术性等兼有的文化业态,中原商业文化传承创新的发展与外部环境的发展有较高的相关度。总体上来说,目前我省的宏观环境和外部条件是有利于中原商业文化传承创新的,但在某些方面还存在一些制约因素,不利于中原商业文化传承,如商业文化旅游资源开发、基础设施建设、人才培养等方面与旅游强省所应达到的水平相比还有一定的差距。

具体来说,目前,影响中原商业文化传承创新的外部因素主要如下。

首先,同质品牌竞争激烈。目前,我国文化旅游呈现复合化、生态化、体验化、休闲化等融合发展,从而使单一的旅游资源竞争压力大,尤其是同质文化品牌竞争激烈。由于我省文化旅游产业起步较晚,文化旅游意识还远远不够强,而邻近省像安徽、山东、江西、湖北等旅游业发展已有相当规模。这样,我省要与中部其他省份竞争,如果没有一定的创新是无法形成自身优势从而积极参与市场竞争、获取效益和实现经济增长的,旅游业的发展也必将面临严峻的挑战。目前,我国商业文化旅游逐渐向新业态融合发展,已形成了多种旅游市场类型,如名人旅游、会馆旅游、文博旅游、民俗旅游、故居旅游等发展迅速,尤其是同质资源竞争激烈。如鹤壁新区以鹤壁商文化为主题的文化旅游休闲风情街区客源主要在以鹤壁、濮阳和新乡为中心的豫北部地区,而且鹤壁离北京、天津、开封、郑州、济南等地的路程较近,但这些地区的旅游产业较发达,且文化旅游资源丰富多样,因此,鹤壁旅游的发展不仅要与京、津等大城市进行竞争,而且还要面临与河南省内的开封、安阳、洛阳、郑州等毗邻地区的竞争。另外,豫北各旅游区对鹤壁商业文化旅游构成了一定的挑战和威胁,从人文景观来讲,大伾山、岳飞庙、比干庙、殷墟等旅游区具有相对强的竞争力,自然山水景观如八里沟、万仙山、青天河、云台山等对该旅游区构成了一定的挑战和威胁。从省外来看,位于山西省晋中市祁县东观镇乔家堡村的乔家大院,是全国重点文物保护单位、国家二级博物馆、山西省十大文化品牌,素有"皇家有故宫,民宅看乔家"之说,其建筑风格、商业文化和民俗文化独具特色,对鹤壁商文化为主题的文化旅游休闲风情街区开发将形成同质竞争。

其次,旅游软实力较弱。目前我省是文化资源大省,但不是文化旅游强省,特色鲜明的商业文化品牌相对较少,文化旅游结构不够合理,缺乏竞争力,发展大旅游品牌的氛围不够浓厚。商业文化旅游品牌的知名度低、市场覆盖面小,旅游资源分散、档次不高、规模较小,像登封少林寺、洛阳龙门石窟、焦作云台山、开封清明上河园这样的大旅游品牌还比较少,旅游辐射带动能力和核心竞争力不强。如郑州文化旅游品牌,除了少林寺品牌知名度较高外,其他大多数资源尽管在历史上都有较高的知名度,但多因历史悠久,或保护不力,或开发不足,或遗存规模有限,品牌价值含量多相对不足,难以形成强大的文化传播力。再如河南内乡的范蠡故里园与山东薛城范蠡庙旧址、山东肥城范蠡墓、湖北石首范蠡墓、湖南华容范蠡墓、山东定陶县范蠡墓和安徽涡阳范蠡墓相比,无论是文献记载、资料考证、文化遗存还是社会美誉度,实力都较弱。

与此同时,作为文化资源核心支撑的旅游景区管理和服务水平还有待进一步提高。行业管理体系不健全,与旅游密切相关的旅行社、宾馆、酒店、餐饮等还未完全纳入旅游行政部门的监管范围;旅游景区管理还存在乱收费、物价贵等现象,有些生态景区内放牧现象没有得到彻底制止,乱砍滥伐、毁山毁林、无序开采现象依然存在,不同程度地对建设旅游文化品牌带来消极影响。有些景区周边治安环境恶劣,景区附近出租车欺行霸市、超载运行、欺诈游客,附近村民到景区骚扰闹事、阻挠施工、围堵大门等现象也时有发生。

最后,人才争夺威胁。面对文化产业开发和旅游的迅猛发展,文化旅游专业人员的增长相对不足,文化旅游的高级人才争夺现象十分突出。相比较而言,国外和发达省份的历史文化资源保护与开发单位占有较强的优势,他们在对人才的待遇、工作条件、发展空间、培训机会等方面都比中西部地区优厚,而作为欠发达地区的河南省,在专业人才相对比较缺乏的情况下,文化遗产方面人力资源将受到严重威胁,必将会出现"孔雀东南飞"的现象。如南阳旅游从业人员有 5000 余人,但是,旅游资源开发、旅游规划、旅游管理、旅游营销、文化遗产管理、遗产经济学等方面的高素质人才严重缺乏。特别是景区内的服务人员如导游、服务员等,大多是从当地招来的,没有经过专门的培训;有些虽然经过一些培训,但水平还不够高。同时人力资源培训也大多集中在低层次人员,对管理层重视不够,整体文化素质偏低,从业人员中本科毕业获得学士学位的比例不高,硕士以上文化程度的人数更少,文化遗产、文化产业管理和旅游管理专业的高层次人才数量很少,这种局面严重制约了南阳商业文化资源的开发利用。

第二节　中原商业文化传承创新存在的问题

目前,河南的文化资源优势还没有得到充分开发和挖掘,资源优势还没有转变为经济优势,中原文化资源很多还处在"休眠期"状态或是"金屋藏娇",犹如"藏在深闺,无人识",与世隔绝,外界人很少了解。即使作为省会城市的郑州,丰富的历史文化资源优势也还没有转化为经济优势。在倪鹏飞对中国47个城市竞争力的研究中,郑州排名45位,其文化竞争力排名末位。[①]

以河南文化资源为依托,大力发展文化旅游不仅满足了当代人精神文化的需求,而且促进了旅游产业的发展。据统计,2018年"十一"假期,河南省旅游收入464.6亿元,接待6186.6万人次[②]。2018年,河南省接待海内外游客突破7.86亿人次,同比增长18.15%;实现旅游收入8120亿元,同比增长20.28%。[③]虽然我省文化旅游近年来发展速度有所加快,但和全国相比,仍处于较低水平。据统计,2019年"五一"小长假,全省旅游市场共接待游客3639.12万人次,旅游收入230.37亿元,同比分别增长34.12%、38%。[④] 这也从另一个层面说明中原文化开发利用过程中还存在问题,同时潜力还很大,还需要加大开发力度,整合资源,形成合力,拉大产业链条,把资源优势转变为经济优势,在加快推动文化旅游业高质量发展中发挥重要作用。

形象是旅游地的生命,也是形成竞争优势最有力的工具。然而,在文化资源传承创新方面,河南的一些地方急功近利,缺乏长远规划和严格管理,只讲短期经济利益,而忽视旅游资源深层次的开发,从而出现对文化资源过度开发的现象,忽视遗产生态环境的承载能力,在一定程度上影响和制约我省历史文

[①] 倪鹏飞:《中国城市竞争力报告 NO.1 推销:让中国城市沸腾》,社会科学文献出版社,2003,第38页。
[②] 参见:河南省旅游局《2018国庆黄金周河南游客接待量居全国第三》,河南省人民政府网,2018年10月9日,http://www.henan.gov.cn/2018/10-09/693682.html。
[③] 参见:冯雷《豫去年迎7.86亿人次海内外游客　进账8120亿》,大公网,2019年1月23日,http://www.takungpao.com/finance/236132/2019/0123/239609.html。
[④] 参见:刘杨《五一期间河南共接待游客3639.12万人次　旅游市场"文化味儿"十足成亮点》,大河网,2019年5月5日,https://news.dahe.cn/2019/05-05/479284.html。

化资源的可持续发展。如 2011 年 10 月,全国旅游景区质量等级评定委员会指出少林景区的游览环境、旅游接待设施、旅游秩序、管理服务方面存在问题,少林景区的重点文化遗产景区亟待保护。① 2019 年 7 月 31 日,文化和旅游部发布公告,根据 5A 级旅游景区年度复核结果,对复核检查严重不达标或存在严重问题的云台山等 6 家 5A 级景区通报批评,责令整改处理,限期 3 个月。②

当前,尽管我省商业文化开发利用都取得长足发展,但是,还存在一些问题,诸如可持续发展观念淡薄、文化资源管理体制不顺、投入资金相对不足、整合资源力度不够、产业链条比较薄弱、从业人员素质偏低、旅游公共服务体系还不健全以及旅游规模化、集约化发展程度偏低等,在一定程度上影响和制约中原商业文化传承创新。

一、可持续发展观念淡薄

一方面,在文化资源的传承创新方面,中原商业文化资源在历史上有些曾互为管辖,所以出现资源重合或相似的情况,由于缺少沟通和协调,未能与其地域联合形成合力,使资源开发利用受限。各县(市)、区都有丰富的商业文化资源,但并未对资源进行认真的梳理、排队,并未对本地资源真正有别于其他地区的优势进行分析,都想抓,平均用力,反而都没有抓出成效。就目前看来,开发方式仅限于对景区的环境整治,满足于初步的参观旅游需求,未结合资源的文化内涵进行深度挖掘。一些地方急功近利,缺乏长远规划和严格管理,只讲短期经济利益,而忽视文化遗产深层次的开发。有些历史文化遗产地修建工程质量低,雕塑粗制滥造,将一些名胜景点装扮得不伦不类,其低层次、低品位与古文物深厚的文化内涵极不相称,令游人啼笑皆非。如有些商业文化景区出现大广场、宽道路、大建筑的城市化倾向,有些则出现低劣粗俗的建筑景观和文化活动,有些因修路建房导致大面积开山、毁林,有些景区白色污染、水污染加重,有些景区还出现破坏旅游视野和环境的索道、妨碍泄洪的拦水坝,有些自然保护区游览道路和游览活动已深入核心区,给自然生态和野生生物

---

① 金明大:《少林景区面临 5A 级景区摘牌危机 被要求限期整改》,《瞭望东方周刊》2012 年第 4 期。
② 参见:《文旅部发布公告 处理云台山等 7 家 5A 级景区》,大公中原网,2019 年 7 月 31 日,https://www.dgbzy.com/148178.html。

保护造成了严重影响。还有些景区旅游公路直修山顶,不仅破坏了山体植被,还使原本3~5小时的游览压缩到了30~50分钟,大大降低了景区和当地的综合旅游收益。①

另一方面,对历史文化遗产资源过度开发,忽视了遗产生态环境的承载能力。2018年"十一"黄金周,河南旅游收入464.6亿元,接待6186.6万人次,开封清明上河园日接待人数均超过最佳日接待量的150%,大量游客的涌入,对园区的水质、空气、生物、环境等都带来直接危害,严重影响着景区的生态环境。

同样,对于非物质文化遗产保护理念还远远没有普及。对民间商业文化的绵延赓续与民族精神培育的关系,对民间商业文化在当代的政治价值、道德价值、教育价值、文化价值、文化产业价值的认识,在社会上尚没有得到真正确立。如淮阳泥泥狗是中原泥塑艺术代表,是淮阳太昊陵古庙会上的一种独特的民间商业文化工艺品。目前淮阳金庄等村制作泥泥狗的农户越来越少。再如对于华商始祖王亥的地位,现在人们还持存疑态度,主要因为他生活在久远的夏商时期,文献记载只有《史记》有简要记述。

二、文化资源管理体制不顺

按照《中华人民共和国文物保护法》《风景名胜管理暂行条例实施办法》《中华人民共和国自然保护区管理条例》《中华人民共和国非物质文化遗产保护法》和《世界文化遗产保护管理办法》以及河南省的相关规定,河南省的商业文化资源比如康百万庄园、社旗山陕会馆、商丘归德古城、范蠡故里园等都要接受文物单位、文旅部门、风景名胜区和非物质文化遗产多个主管部门的业务归口管理和地方各级政府的行政领导。关于我省商业文化资源管理体系具体情况,可以参阅表6。

---

① 吕连琴:《河南山地旅游开发问题与对策》,《地域研究与开发》2006年第3期。

表6 中原商业文化资源管理体系

单位类别	风景名胜区	自然保护区	文物保护单位	历史文化名城	非物质文化遗产
属地主管部门	地方政府	地方政府	地方政府	地方政府	地方政府
业务主管部门	住房和城乡建设厅、文物局、自然资源厅、环保局	自然资源厅、国土资源厅、水利厅、环保局	文物局、住房和城乡建设厅	住房和城乡建设厅、文物局	文化和旅游厅、河南省艺术研究院
其他相关部门	旅游局、环保局	旅游局、环保局	旅游局、环保局	各级地方政府	各级地方政府

由于管理不力,各市、县(区)、乡的公安、工商、林业、税务、农业、文化等部门纷纷插足文化遗产管理,有的景点管理部门高达十几个,各部门各自为政,独立经营,形成了多头管理的混乱局面。这种分头管理的管理体制,导致政出多门,致使中原商业历史文化遗产的规划、保护与开发受到多重制约。由于缺乏统一规划,文化遗产开发各自为营、孤立作战、分散经营,影响和制约了文化资源的整体开发,一些资源得不到合理整合,导致文化产业整体竞争优势尚未形成。再加上区域之间、部门之间缺少有效合作,历史文化遗产推销、经营仍然以政府主导为主,市场化、产业化程度不高。如中国八大古都,河南有其四,四个古都之间有着悠久的历史渊源和千丝万缕的联系。安阳和郑州之间有着很深厚的历史渊源,作为殷墟文化的承载地,安阳是商代后期都城的体现,而郑州商都是商代前期的模本。十三朝古都洛阳的汉、魏、隋、唐文化,八朝古都开封的宋文化也闻名于世,浓缩了中国从夏代到金代3000多年灿烂商业历史文化的精华。而现在四个古都却各自为战,没有联合起来协同作战,没有通过相互推介文化旅游资源来吸引游客。在整合河南区域内的商业文化资源的同时,郑州还需要放眼全国,现在还没有进行统一的推介活动,没有形成一个整体来表现河南灿烂的商业文化,推出一体化的文化旅游线路。

同时,文化产业主体运行机制不健全,对外宣传推介没有形成合力,影响了商业文化资源的市场配置效率。目前对外开放商业文化场所多由文旅部门下属的全供事业单位管理,其主要职责是进行文物保护,受单位性质所限,在经营模式与经营理念上都体现出较多的事业单位特性,无法适应市场经济发展的需要。商业文化类型多样,内涵不一,形成各自相对独立的体系,难以统领。如南阳、新郑、洛阳在历史上都是文化名城,甚至是国都所在地,早已形成相对独立的文化地标。相比之下,商业文化既无厚重的文化底蕴,也无引领所在地域的文化特色发展的水平。

三、投入资金相对不足

河南省社会经济基础与长三角、珠三角、东部地区相比有一定差距,政府财力有限,因此,拿不出更多的资金投资商业文化资源保护与开发利用,而社会投资的数额也非常有限,远远不能满足文化遗产传承创新的需要,结果直接影响到文化资源的开发利用,制约文化产业的发展速度。在一定程度上,经济条件制约了我省文化资源保护。一些重要的商业文化遗存、古城、会馆、庄园等不能得到及时、全面的整修、保护,往往是毁坏或毁坏严重时,才予抢修,既耗费了资金,又不利于保存文物的原貌。对于抢救保护人类口头和非物质文化遗产,国家虽有一定投入,但这些投入对于十分庞大的保护对象而言,相对于其消亡的速度而言,仍是杯水车薪。尤其是在基层,必需的经费得不到保证,致使大量的普查、记录、整理、传承及重点抢救保护工作无法有效开展。[1]

由于对商业文化资源的开发、整治、保护的投入资金不足,致使历史文化遗产地的基础设施相对薄弱,交通基础设施条件比较差,接待服务设施如住宿、餐饮、购物等水平低,卫生设施建设与管理相对滞后。20 世纪 90 年代初,山东、河南两省在入境游市场发展水平上,山东略高于河南。进入 20 世纪 90 年代中期之后,山东入境旅游大踏步发展,两省的差距逐渐拉开。2002 年,山东省接待入境旅游人数 97.7 万人次,而我省入境旅游人数为 41.6 万人次。同时,政府的经费投入不足,也使旅游促销力度不大,从而降低河南历史文化资源总体知名度。2010 年至 2012 年河南省每年安排 5000 万用于旅游宣传推介,而山东省政府投入到旅游宣传促销方面的经费在 2003 年已经达到 6000 多万元。山东通过以政府为主导的大投入、大宣传,树立了山东旅游在海内外良好的形象,[2]从而产生良好的社会效益和经济效益。

四、整合资源力度不够

截至目前,河南省商业文化既有全国重点保护单位 36 处,国家非物质文

---

[1] 夏挽群、陈江风:《河南非物质文化遗产的历史、现状及抢救保护》,《河南社会科学》2007 年第 1 期。

[2] 《走山东 看河南——山东入境游快速发展的启示》,《河南日报》2004 年 5 月 27 日。

化遗产1项,全国文化先进县2个,国家历史文化名城、名镇、名村3个,国家级生态旅游示范区1个,国家级文化产业示范园区1个。同时,河南省历史上著名商业人物34人,比如商业始祖王亥、爱国商人弦高、商圣范蠡、商人祖师白圭、儒商鼻祖子贡、富商大贾吕不韦和理财家桑弘羊,分布在洛阳、南阳、新郑、巩义、商丘等地域,虽然文化资源丰富、价值大,但是单体旅游资源相对分散。高级别不等于高知名度,中原商业文化由于资源整合力度不够,致使很多有极高价值的景区不为外人熟知,从而导致旅游外向度低。中原商业文化除了四大古都、五个世界文化遗产等在外影响力比较大,其余的相对影响力较弱。比如作为国家中心城市的郑州,大家想到的是少林寺和功夫文化,因为郑州地区兴起较晚,地表依存古迹较少,加上郑州又是一个移民城市,在已经形成的关于郑州文化形象的观念里,郑州市是一个新兴城市,人们不能自然地把郑州与古都或历史文化名城联系在一起,这给利用历史文化资源塑造郑州古都形象增加了难度。除郑州商城知名度较高外,其他商业文化资源尽管在历史上都有较高的知名度,但多因历史悠久,或保护不力,或开发不足,或遗存规模有限,品牌价值含量多相对不足,难以形成强大的文化传播力,古都或历史文化名城的认可度低。

一般而言,中原商业文化资源均具有深厚的历史底蕴,对文化遗产资源的开发出现如挖掘不够、保护不力的现象,很多富有价值的文化资源难以得到很好的保护和利用。一些文化旅游景点为迎合、吸引游客,开发一些产品,但脱离固有的自然资源,属于引进、仿制或移植产品。同时,对历史文化资源产品定位不准,对外吸引力和影响力不强,直接影响旅游经济的效益。据调查,河南省接待1个欧美游客的效益相当于接待3个日本游客的经济效益。[①]

五、产业链条比较薄弱

目前,河南省加快文化新业态发展,并把壮大数字产业作为培育新的经济增长点。但是,河南省文化产业链条上还存在瓶颈和薄弱环节,综合配套不够完善。目前,河南商业历史文化在资源开发结构上,形成了以传统的人文观光型为主,度假休闲型和专项旅游型文化遗产辅助的格局。

---

① 冯福田:《对进一步开发河南旅游经济的几点思考》,《开封教育学院学报》1996年第2期。

当前,河南文化旅游"吃、住、行、游、购、娱"六要素配套不协调,产业结构尚处在资源开发的初级阶段。旅游信息服务、交通运输、旅游商品、饮食住宿、保健娱乐等关联产业配套还不够完善,在一些环节上还存在瓶颈,尤其在旅游购物方面,普遍存在旅游商品研发能力弱,文化内涵挖掘不够,产品档次不高、结构雷同,在旅游消费中比重过低等问题。商业文化遗存所在地的休闲体验项目单调,有些重要的景区景点食宿条件还不能满足游客多层次的需要,一定程度上影响了旅游产业的综合效益。

从旅游者的消费结构看,交通和门票花费过高,购物消费远低于国际标准。相关资料显示,由于河南旅游纪念品开发滞后,商品特色不明显,种类单一,旅游购物成为河南旅游产业链条上的薄弱环节,在六要素中,河南的旅游购物是个"短腿",旅游业还停留在"门票经济"时代。统计数字显示,在国内,购物收入占旅游总收入的22%左右,但作为旅游资源大省的河南,景区旅游购物收入的比例却一直徘徊在10%左右,而世界旅游发达国家的这一比例更是高达40%~60%。①

特别是"五一"假期、国庆黄金周、春节期间,由于商业文化遗产产业链条薄弱,遗产地配套服务设施不完善,致使旅游者的活动安排得单调、紧张,一个接一个地赶景点,走马观花,使游客感到"花钱买罪受",使有些旅游成了让人惧怕的"辛苦游"和"旅途游"。

六、从业人员素质偏低

中原商业文化资源的从业人员主要指文化遗产行政管理人员、旅游业工作人员、遗产地(景区)工作人员。由于河南人口多,教育相对滞后,经济不够发达,在人才引进上受诸多限制,客观上造成了河南文化资源从业人员素质偏低。从管理学角度来看,文化素质相对较低,缺乏创新意识,市场营销理念淡漠,缺乏科学的管理,是造成市场竞争力不强的主要原因。②

人口文化素质较低,开放意识较差,使得旅游发展的软环境要素亟待改善

---

① 王星光、贾兵强:《中原历史文化遗产旅游经济可持续发展的 SWOT 分析》,《江苏科技大学学报(社会科学版)》2008 年第 3 期。
② 邢金善:《河南民族体育旅游的 SWOT 分析与营销战略》,《山东体育学院学报》2005 年第 5 期。

或提高,如服务意识、卫生意识、安全意识、管理水平、经营水平、服务水平等。目前,中原商业文化资源从业人员中主要缺乏高层管理人员,缺乏高级别导游人员和外语导游,涉外酒店的多数服务人员外语水平较差。一些景区服务人员、交通服务人员素质低下,加上宣传教育不足,执法力度不强,市场管理不力,假冒伪劣商品充斥市场,坑蒙拐骗、宰客、不守信用现象时有发生,极大地影响了河南的形象,弱化了游客来中原的愿望,大大减少了河南的市场份额。

第五章　中原商业文化传承创新的经验借鉴

中原商业文化是中原文化的组成部分,是文化河南建设的重要资源禀赋。传承创新中原商业文化仍然处在探索阶段,实现商业历史文化资源的可持续发展,需要汲取国内外的成功经验,以期为河南文化高地建设和文化强省建设提供借鉴,加快现代河南建设步伐,助力中原在中华民族伟大复兴中更加出彩。

第一节　国外历史文化遗产的科学保护机制

经过长期的发展,国外有很多国家的历史文化遗产开发利用逐步形成颇具特色的模式,尤其是像美国、英国、法国、意大利、澳大利亚、日本等主要发达国家的保护机制相对完备,无论是重视历史文化遗产的保护程度,还是文化遗产的保护理念,都可以为中原商业文化传承创新提供借鉴。

一、合理的投入机制

国外历史文化遗产在资金投入上形成了一套长效的机制,从而在保护历史文化遗产的过程中起到关键性的作用。众所周知,持续充足的政府资金投入和社会的广泛参与是历史文化遗产保护的重要保证。

在发达国家,历史文化遗产保护资金的来源主要是政府投入,同时还有非政府组织、社会团体、慈善机构和个人(志愿者)等社会力量参与投资,其中,政府起主导作用。美国对文化遗产的管理实行国家公园制度。美国《国家公园管理手册》明确规定,国家公园是社会公益事业,根本不同于以赢利为目的的旅游开发区,国家公园的保护经费由联邦政府拨给国家公园管理局。① 这样,作为一项社会公益事业,每年联邦政府拨 20 亿美元保护经费给国家公园管理局。与此同时,联邦政府还通过税费减免和降低门票价格等措施,鼓励社会各界对自然和文化遗产的投资。在英国,由国家和地方政府提供的财政专项拨款和贷款,是保护资金最重要的来源,非政府组织的捐赠和志愿者个人的捐款也是经费的重要来源,除此之外,志愿人员的义务劳动、无偿提供房产和固定资产,也可纳入资助范围。在保护资金的具体投入与运作方面,英国政府授权各种团体负责实际运作。由于与政府关系的密切程度和承担责任不同,各保护团体获得的政府拨款也不同。② 在日本,逐步形成以国家投资带动地方政府资金相配合,并辅以社会团体、慈善机构及个人的多方合作。国家和地方资金分担的份额,由保护对象及其重要程度决定。日本规定对传统建筑群保护地区的补助费用,国家及地方政府各承担 50%;对古都保护法所确定的保护地区,国家出资 80%,地方政府负担 20%;而由城市景观条例所确定的保护地区一般由地方政府自行解决。③

二、完善的保护体系

完善的保护体系主要是指科学、高效、精简、完备的管理网络体系,在保护历史文化遗产中发挥主导作用。世界上最重视历史文化遗产保护的国家之一意大利,建立了多层次的历史城市建筑保护和管理机构,并形成了保护机构网络。意大利历史城市与古建筑保护和管理机构主要由国家文化遗产部负责,各大区、市则设有相应的管理机构。如罗马,市政府下设有相关办公室对全市、历史城市区、发展区、文物古迹区和古建筑区分别规划管理,其中罗马市设有总体规划办公室,负责全市总体规划,重点是全市的生态环境、城市交通干线、地区城镇的发展。罗马市历史城区建筑保护办公室运用微机系统对历史城区的街区保护、建筑维修、私人住宅改建和居民生活环境改善进行全面管理。罗马市郊区办公室组织管理郊区市政建设项目,规划管理郊区各小区的配套建设,负责重点小区改造规划的实施。除国家各级政府机构外,意大利还

---

① 谢凝高、吴楠:《别让世界遗产成遗憾》,《城市导报》2002 年 3 月 15 日。
② 焦怡雪:《英国历史文化遗产保护中的民间团体》,《规划师》2002 年第 5 期。
③ 王林:《中外历史文化遗产保护制度比较》,《城市规划》2000 年第 8 期。

有一些保护历史城市和古建筑的民间团体,如"我们的意大利"在全国有200多个分会,2000多个会员。该组织在推动政府建立法律、健全制度、保护遗产、社会宣传等方面发挥了巨大的作用。在法国除国家和各城市设立有专门管理历史文化遗产的机构外,各类受保护的历史文化遗产所在地也分别设有专门的管理机构。①

美国国家公园系统由联邦政府内政部下属的国家公园管理局直接管理,国家公园管理局将全国50个州划分为7个大区,分别管理全国200多个不同类型的国家公园,每个国家公园都是独立的管理单位,公园的管理人员都由总局直接任命、统一调配,直接对美国国家公园管理局负责。所有国家公园的规划设计统一由国家公园管理局下设的丹佛规划设计中心全权负责。② 澳大利亚对大堡礁的旅游管理包括一系列完整严密的计划,主要有分区计划、地点计划、管理计划和25年战略计划。这些计划从空间上覆盖了整个遗产区域,并对敏感地带和关键地点给予更细致和特别的管理。在时间上,除重视日常管理外,还注重战略管理,使大堡礁的保护和资源利用具有可持续性,而不仅仅看重眼前利益。这一系列的计划成为大堡礁旅游管理各项工作的指导,保证了整个旅游管理过程都贯穿了对世界遗产保护理念的实现。③

在日本,国家历史文化遗产保护由文物保护行政管理部门和城市规划行政管理部门这两个相对独立、平行的组织机构共同负责。与文物保护直接相关的事务归国家文部省文化厅,与城市规划相关的事务归国家建设省城市局。为了给政府决策提供高层次的参谋,使行政与学术有效地结合起来,地方政府机构中还设立法定的常设咨询机构——审议会,其作用是提供技术与监督。④日本的国家公园由环境厅与都道府县政府、市政府以及国家公园内各类土地所有者密切合作、联合管理。国家公园的管理就是与公园的其他用途使用者

---

① 何一民、李小波、王舟云:《历史文化名城的保护与开发的新理念》,《四川省情》2006年第8期。
② 张朝枝、保继刚:《美国与日本世界遗产地管理案例比较与启示》,《世界地理研究》2005年第4期。
③ 邓明艳:《国外世界遗产保护与旅游管理方法的启示——以澳大利亚大堡礁为例》,《生态经济》2005年第12期。
④ 姜敬红:《世界遗产地设立环境执法综合管理机关的探讨》,《乐山师范学院学报》2006年第3期。

达成某种程度的合作,通过合作管理体系来对自然环境进行保护。日本的国家公园建设往往是由政府与私人合作进行。一般情况下基础性工程如道路、自然小径、野餐地、停车场、野营地和厕所由政府负责建设,而能够收费的设施如客房和交通设施则由私人投资兴建。①

三、科学的保护理念

开发与保护、社会效益与经济效益等观念,都会对历史文化遗产保护产生重要影响。许多国家,从本国的实际情况出发,采用分区管理和分级管理相结合、地域文化和民族文化相结合、旅游开发与生态保护相结合,以实现历史文化遗产可持续发展。

从国际经验来看,分区的方法被证明是行之有效的保护和管理手段,并且得到了大多数国家的利用。在美国就有国家公园和州立公园之分,不过国家公园与州立公园的联系很弱。但州立公园确实起到了减轻国家公园旅游发展压力的作用。日本则根据《自然保护法》划分为荒野区、自然保护区和地区自然保护区3种类型,根据《自然公园法》,又划分为国家公园、国定公园和地区性自然公园3类。②

分级手段也是各国加强资源保护和管理的常见手法之一。意大利把文物保护分成4个等级:第1级是具有重大历史价值的建筑艺术精品,称为"重要文化价值建筑",其保护方法和我国的重点文物保护单位类似,即一切按原样保存,保护原物不得改变;第2级指具有特色的建筑,对此稍松一些,室内外的可见部分不可改动,但结构可以更新;第3级是地方价值建筑,仅保存外观,室内可以改动,增加现代化的设施,以便更好地加以使用;第4级指上述文物建筑周围环境中的一般建筑,只保存其外形,只要原样不改就可以重建。这样,国家根据文物的保护级别,制定相应的保护措施。③

许多国家都采取措施保护本国的传统文化,如法国、韩国等都十分注重保护和弘扬本国的传统文化,增强人民的民族自豪感,在取得良好的社会效益和

---

① 任海、张宝秀、中冈裕章、龚卉、佐野充:《日本国家公园的制度建设、发展现状及启示》,《城市发展研究》2020年第10期。
② 杨锐:《改进中国自然文化遗产资源管理的四项战略》,《中国园林》2003年第10期。
③ 王景慧:《论历史文化遗产保护的层次》,《规划师》2002年第6期。

经济效益的同时,吸引公民自觉加入到保护历史文化遗产的行列。英国同样十分注重开发文化遗产资源,旅游业十分发达。伦敦两日一次的白金汉宫皇家卫队换岗仪式,几乎每次都吸引数万至数十万游客。日本也一样,积极发掘民俗文化资源,吸引旅游,增加收入。日本一年一度的焰火大会,是日本人最有特色、最为普遍的传统活动之一,也是日本之夏的时令风物,仅东京的焰火大会,每年都有近百万人观看,吸引了大批外国游客。①

此外,国外在保护历史文化遗产过程中,始终坚持可持续发展的理念,如旅游设施与生态系统相协调,引导健康旅游行为,避免对文化遗产的破坏。如在澳大利亚的大堡礁绿岛公园,游客不许带走任何自然物体(包括贝壳),违者将被处以高额罚款。在新西兰的卡巴提岛,游人在上岛观鸟前,必须经过一天的相关知识培训,然后洗澡消毒,不许自带食物和背包,上岛后的行为举止须文明,岛屿上也没有明显的建筑设施,当游客离开时,可见到这样的标识牌:"除了你的脚印,什么都别留下。"②

四、完备的法律保障

国外保护历史文化遗产的经验表明,遗产保护法律先行。国外普遍采取的方法是不仅立法保护,而且法律保护体系和法律监督体系同样完善。

历史文化遗产保护法律中,法国针对相应的遗产概念,确定了一整套行政管理体系、资金保障体系、监督体系、公众参与体系等,使得保护制度法制化。早在 1913 年,法国就制定《保护历史古迹法》,成为世界上第一部保护文化遗产的现代法律。1962 年,法国又制定了《历史性街区保存法》,亦称《马尔罗法》。③ 1930 年英国政府制定了《古建筑法》,对于保护古建筑做了具体规定。1967 年英国制定了《城市环境适宜准则》。1943 年,德国立法规定改变历史建筑周围 500 米环境要得到专门的批准。1962 年,德国还进一步制定了保护历史性街区的法规。与此同时,俄罗斯、匈牙利、西班牙等国家都先后制定了有

---

① 何星亮:《关于保护和开发文化与自然遗产的若干问题》,《云南社会科学》2003 年第 6 期。
② 颜文洪:《世界遗产与保护地管理模式比较研究》,《城市问题》2006 年第 3 期。
③ 邵甬、阮仪三:《关于历史文化遗产保护的法制建设——法国历史文化遗产保护制度发展的启示》,《城市规划汇刊》2002 年第 3 期。

关法律。① 意大利专门立法对历史文化名城实施成片保护,房屋拆迁、维护必须依法,不得擅自修缮。俄罗斯立法规定世界遗产区域内不准乱拆乱建。②

1885年,加拿大联邦政府就颁布了国家公园行政法令,现已有6部与保护国家公园相关的国家立法。其中在体制方面有《加拿大遗产部法》《加拿大国家公园局法》,在自然遗产管理方面有《加拿大国家公园法》,在文化遗产管理方面有《遗产火车站保护法》。

日本国家公园的保护和利用法规由国家环境厅制定,每5年修订一次;准国家公园适用的法规仿照国家公园的标准,由国家环境厅、都道府县制定。③1960年韩国政府颁布了《无形文化财产保护法》。此外,在欧洲各国,诸如法、德、芬兰、挪威等国,在近半个世纪中,先后都颁布了相关的文化遗产保护法案,建立了严密的保护机制,形成了文化遗产保护的法制秩序和良好的人文环境。④

第二节 国内世界文化遗产可持续发展模式

我国在1985年加入《保护世界文化与自然遗产公约》,1986年开始世界遗产申报工作,1987年即成功申报了第一批包括长城等在内的6项世界文化遗产。2021年7月25日在福州举办的第44届世界遗产大会上,"泉州:宋元中国的世界海洋商贸中心"成功入列《世界遗产名录》。至此,我国世界遗产总数增至56处,自然遗产总数位列世界第一,是世界上拥有世界遗产类别最齐全的国家之一,也是世界自然与文化双遗产数量最多的国家。我国境内的世界遗产包括:文化遗产38项,自然遗产14项,文化和自然混合遗产(双遗产)4项,涉及古城类、古村落、园林类、宫殿类、坛庙类、陵墓类、宗教建筑类、军事工程类、原始遗址类、山川类等10余种类型。截至2020年12月,中国列入联合国教科文组织非物质文化遗产名录(名册)项目共计42项,总数位居世

---

① 王景慧:《论历史文化遗产保护的层次》,《规划师》2002年第6期。
② 尹卫国:《用可持续旅游保护世界遗产》,《中国经济周刊》2004年第30期。
③ 李华明、李莉:《制度创新:世界遗产法律保护的新思维》,《广西民族大学学报(哲学社会科学版)》2005年第6期。
④ 昌山武道:《自然保护法讲义》,北海道大学图书刊行会,2003,第198页。

界第一。其中,人类非物质文化遗产代表作 34 项(含昆曲、古琴艺术、新疆维吾尔木卡姆艺术和蒙古族长调民歌),亟须保护的非物质文化遗产 7 项,优秀实践名册 1 项。

我国数量众多、类型多样、价值独特的世界文化遗产在保护传承、开发利用文化资源方面逐步探索出一条具有中国特色的文化遗产发展道路。下面,我们选取有代表性的世界文化遗产可持续发展模式加以论述。

一、世界文化遗产武当山保护为要

武当山风景区位于湖北省西北部,在丹江口市境内,属大巴山东段。武当山,又名太和山、仙室山,背倚苍茫千里的神农架原始森林,面临碧波万顷的丹江水库(中国南水北调中线工程取水源头),是联合国公布的世界文化遗产地,是中国国家重点风景名胜区、道教名山和武当拳发源地。

《太和山志》记载的武当乃中国道教敬奉的"玄天真武大帝"(亦称真武帝)的发迹圣地。武当山是我国著名的道教圣地,相传道教信奉的"真武大帝"即在此修仙得道飞升,也是武当拳术的发源地。武当意为"非真武不足当之"。明代,武当山曾被皇帝敕封为"大岳、玄岳",地位在"五岳"诸山之上。1982 年武当山被列为国家重点风景名胜区。武当山古建筑群始建于唐代贞观年间(627~649 年),在明代得到了大力发展,进入鼎盛时期。武当山古建筑群建筑面积达 5 万平方米,占地总面积 100 余万平方米,规模极其庞大。建筑群主要包括太和宫、南岩宫、紫霄宫、遇真宫四座宫殿,玉虚宫、五龙宫两座宫殿遗址,以及各类庵堂祠庙等 200 余处。① 1994 年,武当山古建筑群被列入《世界遗产名录》。世界遗产委员会评价:"武当山古建筑群中的宫阙庙宇集中体现了中国元、明、清三代世俗和宗教建筑的建筑学和艺术成就。古建筑群坐落在沟壑纵横、风景如画的湖北省武当山麓,在明代期间逐渐形成规模,其中的道教建筑可以追溯到公元 7 世纪,这些建筑代表了近千年的中国艺术和建筑的最高水平。"②

2003 年初,武当山古建筑群的重要组成部分——遇真宫主殿被一场大火

---

① 颜丽丽:《我国世界遗产旅游开发研究——以武当山为例》,硕士学位论文,上海师范大学,2005。
② 刘红婴、王健民:《世界遗产概论》,中国旅游出版社,2003,第 89 页。

焚毁,引起世人瞩目。2004年在苏州举行的第28届世界遗产大会,对武当山提出警告。武当山管理决策者、管理者和经营者吸取教训,认真整改,逐步走向良性发展的轨道。概括起来,武当山可持续发展模式的经验,主要体现在依法保护机制、理顺管理体制和实施保护性开发。

首先,依法保护机制。

武当山风景名胜区坚持"保护为主、合理利用、科学规划、严格管理"的保护方针,在保护和规划方面制定出台了一系列的法律法规,确保世界文化遗产的可持续发展。其中,与武当山保护方面相关的法律法规有《湖北省武当山风景名胜区管理办法》《武当山古建筑群环境治理方案》《武当山文物景点管理制度》《武当山古建筑消防安全专项治理实施方案》《武当山文物景点整顿和规范工作实施方案》《武当山古建筑群维修计划》,与武当山规划方面相关的规定有《武当山古建筑群保护规划(2003—2008)》《武当山旅游发展概念规划(2001—2020)》《武当山古建筑群抢救性保护规划》《武当山旅游发展规划编制》《武当山六大景区建设性详规》《武当山城区建设性详规》《武当山城区休闲度假区、中心区、居民住宅区建设性详规》,为武当山世界文化遗产持续发展奠定了坚实的基础。

其次,理顺管理体制。

自1980年开始,武当山风景区管理部门历经数次变更:武当山风景区筹备处→武当山风景管理处→武当山管理局(镇)→武当山风景区管理局→武当山旅游经济特区→武当山风景名胜区建设领导小组。[①] 过去,武当山景区由道教协会、文物管理所、旅游发展局、风景管理局四个部门管理,分别负责一部分景点的管理和维护工作,收取各景点的门票,这种体制使得武当山风景区难以真正形成"统一规划、统一管理、统一建设"的局面;各级政府直接业务领导武当山景区的有湖北省政府、十堰市政府、丹江口市和武当山旅游经济特区政府等,这样就出现政企不分、责权不明、条块分割、各自为政、诸事无序的局面,以致出现了"管景区的管不了景点,管建设的管不了规划,管山的管不了林,管庙的管不了人"等怪现象。[②] 2003年,湖北省委、省政府决定成立武当山特区工

---

① 《武当山国家重点风景名胜区总体规划修编》,转引自李瑞冬主编《2004同济大学建筑与城市规划学院毕业设计作品选(风景科学与旅游系)》,中国建筑工业出版社,2005,第96页。
② 张培铁,等:《大力改革提高人气——武当山365天之变》,《湖北日报》2004年6月25日。

委、武当山特区管委会,与武当山风景区管理局合署办公,赋予特区独立行使县一级政府的管理职能和权限,实行封闭式管理。在此基础上,组建武当山旅游(集团)股份公司,具体负责武当山景区的经营,由十堰市政府及各有关部门组成管委会,负责对武当山具体的业务管理,从而形成武当山文化遗产管理、开发与经营模式,逐步使文化景区走上可持续发展的道路。

最后,实施保护性开发。

在遗产开发利用的过程中,要限制生态脆弱景点和关键区域的旅游人数,控制旅游容量。因为旅游容量是一个概念体系,包括生态容量、资源容量、经济发展容量、旅游心理容量和旅游地地域社会容量,一个旅游地域能够接待的旅游容量决定于五个基本容量中最小的那个。但是,目前我国对遗产地旅游资源容量、心理容量、社会容量等还没有科学的测算,据研究,游客密度以每 10 m^2 不超过 2 人为宜,在加强对游客的教育和管理后可增加至 3 人,由此计算出武当山风景区景点(含游道)瞬间最多可容纳 3000 人,以周转率 3 计,武当山每天最多可接纳游客 9000 人。[①] 因此,为了避免过多的游客对武当山生态环境造成负面压力和影响,在分别测算合理的旅游容量的基础上,对不同类型的景点和区域内旅游设施建造和旅游活动的开展要严格区分和控制。武当山分别依托古建筑建成"古迹游览区",在该区域保护性开发,重在保护和依托丹江口水库、金花湖建成"现代生态旅游区",以丰富旅游产品类型,并达到分流游客的目的。同时,根据不同景区的特点和历史发展背景,开发专题旅游活动,如八仙观品赏道乐、玉虚宫寻医问药、"中国汉民歌第一村"吕家河村听民歌等。

二、世界自然遗产武陵源保护分区

武陵源名胜风景区位于湖南省西北部武陵源山脉中段,由张家界国家森林公园和索溪峪、天子山自然保护区组成,总面积 500 平方公里,其中,中心景区面积 264 平方公里。1988 年,被批准为国家风景名胜区,1992 年根据自然遗产遴选标准被列入《世界自然遗产名录》。世界遗产委员会评价:"武陵源景色奇丽壮观,位于中国中部湖南省境内,连绵 26 000 多公顷(260 多平方千

---

① 王友安:《发展武当山生态旅游的探讨》,《生态经济》2001 年第 12 期。

米),景区内最独特的景观是3000余座尖细的砂岩柱和砂岩峰,大部分都有200余米高。在峰峦之间,沟壑、峡谷纵横,溪流、池塘和瀑布随处可见,景区内还有40多个石洞和两座天然形成的巨大石桥。除了迷人的自然景观,该地区还因庇护着大量濒临灭绝的动植物物种而引人注目。"[1]区内茂密的森林、多姿的溪涧、变幻的烟云、淳朴的田园风光,构成立体的长幅画卷,蔚为壮观,尤其以"奇峰、幽谷、秀水、深林、溶洞"享有盛誉,称为武陵源"五绝"。武陵源具有完整的生态系统和众多的野生珍稀动植物物种资源,植被覆盖率达到97%,有高等植物3000多种,保存了长江流域古代植物群落的原始风貌,有高达50米、胸径近1.6米的古老银杏树,被称为自然遗产中的活化石;还有伯乐树、香果树等珍奇树种。武陵源有13种国家一级和二级保护动物,对研究野生动物与武陵源生态系统具有重要的科学价值。[2]

武陵源风景名胜区可持续发展,主要是由以下几个方面保证实施的。

首先,制定保护条例。2000年9月28日,《湖南省武陵源世界自然遗产保护条例》经过湖南省第九届人民代表大会常务委员会第十八次会议通过,并予以公布,自2001年1月1日起执行。这是我国第一部保护世界自然遗产的地方性法规。《湖南省武陵源世界自然遗产保护条例》成为保护世界自然遗产武陵源的法律依据。

其次,科学编制规划。武陵源风景名胜区的总体规划、详细规划的编制由国务院、部、省、市分别进行审批。严格执行风景名胜区总体规划,做好控制性详细规划,合理使用土地。严格规划管理,按照规划审批,核心景区禁止任何过夜接待设施的建设,对重点景区景点分别编制控制性详细规划和环境整治规划。在严格保护风景名胜资源的同时,控制风景区内的接待设施总量,高水平规划设计旅游村镇。

再次,实行功能分区。武陵源自然遗产按功能分为特级保护区、一级保护区、二级保护区、三级保护区,并在遗产区外划出一定的外围控制区。特级保护区为自然遗产保护核心区,包含了峰林地貌发育最集中、最典型的十里画廊、神堂湾地区,以及黑机墒保存完好的原始次生林。一级保护区包括石英砂

---

[1] 参见:伦晓璇《中国的世界遗产奇幻张家界武陵源》,中国网,2020年8月12日,http://guoqing.china.com.cn/2020-08/12/content_76589063.htm。
[2] 潘夏宁:《我国世界遗产地旅游可持续发展分析与评价》,硕士学位论文,广西大学,2006。

岩峰林景观、溶洞景观以及主要生物栖息地。二级保护区包括核心区视觉可达区域和河流水源区域。三级保护区相当于发展区，包括索溪峪、中湖、天子山。为保证风景区的水土、空气、生态与视域的要求，在外围控制区不得新建、扩建宾馆、饭店、培训中心、疗养院以及其他与景区资源保护无关的建筑和设施。

复次，完善保护机制。武陵源保护区按照《湖南省武陵源世界自然遗产保护条例》设立的专家委员会、政策委员会和遗产研究的专业机构，对遗产资源提供科学决策和监督评估依据。同时，在建设、环保、文化、生态等多方面的专家和政府部门指导和支持下，依靠科学技术，研究抵抗威胁遗产价值完整性的危险和防治自然灾害的技术与方法，研究遗产监测和动态管理的科学技术方案，制定以世界遗产动态管理为目标的景观生态网络工程方案；世界遗产保护监测技术关系到武陵源自然保护区的可持续发展。

最后，开展宣传教育。以新闻媒体为载体，通过报纸、杂志、广播、电视和网络等各种媒体，向社会公众普及世界遗产可持续发展的理念和知识，普及遗产保护知识和理念，形成全社会都来关心、支持世界遗产保护的风气，积极引导和鼓励人民群众参与遗产保护工作。

三、国家历史文化名城中的世界文化遗产丽江和平遥融合开发

丽江和平遥是我国仅有的以整座古城申报世界文化遗产获得成功的两座古城。丽江古城位于中国西南部云南省的丽江纳西族自治县，丽江古城又名大研镇，坐落在丽江坝中部，它是中国历史文化名城中唯一没有城墙的古城。丽江古城始建于宋末元初（13世纪后期）。古城地处云贵高原，海拔2400余米，全城面积达3.8平方公里，自古就是远近闻名的集市和重镇。古城建设崇自然、求实效、尚率直、善兼容的可贵特质更体现出特定历史条件下的城镇建筑中所特有的人类创造精神和进步意义。丽江古城是一座具有较高综合价值和整体价值的历史文化名城，它集中体现了地方历史文化和民族风俗风情，体现了当时社会进步的本质特征。[①] 平遥古城位于中国北部山西省的中部，始建

---

① 参见：《世界文化遗产——丽江古城》，人民网，2019年4月11日，http://travel.people.com.cn/n1/2019/0411/c41570-31025094.html。

于西周宣王时期(公元前827~公元前782年),明代洪武三年(1370年)扩建,距今已有2800多年的历史。迄今为止,它还较为完好地保留着明清(1368~1911年)时期县城的基本风貌,堪称中国汉民族地区现存最为完整的古城。古城池总面积2.25平方千米,至今还居住着4.2万城市居民,基本保持着明清时期的历史风貌。① 1986年,丽江古城和平遥古城同时被批准为国家历史文化名城,1997年,丽江古城和平遥古城又同时被批准为世界文化遗产。

丽江和平遥都是在中国城市发展史上地位重要、历史文化价值较高、规模较小的国家级历史文化名城。完整的古城格局、特色鲜明的古街道及建筑群等构成的整体风貌和历史文化氛围都保存完好。这两个古城分别在整体保护名城格局、形态和氛围的基础上,探索以古城文化为依托发展文化经济,使得古城保护走上了可持续发展的模式。② 文化经济是以文化资源为依托的经济发展形式,在市场经济体制下与农业经济、工业经济处于同等重要的位置,经济需要文化来支撑,保护文化遗产与保护城市文化环境需要经济来支持,两者相辅相成。

以平遥古城为例,既不破坏古城又要发展经济,寻求古城持续发展的经济模式,以古城文化为依托发展文化经济,具体表现在以下几个方面:面向大众的文化旅游和古代生活体验——文化观光;面向学生的历史文化知识学习游、修学旅游、知识旅游;面向相关专业的研究、教育、考察和教学实习基地;发展地方工艺品产业,建立古玩市场;发展土特产加工业和零售业、文化旅游产业、娱乐业;发展特色交通运输业——马车、人力三轮车等。

这种融合型开发,保持了古城特色,展示了传统风貌,也不排斥现代生活的介入,把当地人拥有的优秀文化和产业的诸要素同习俗、产业、土特产品、庙会、祭祀活动、传统艺术表演等组合起来,开发不仅具有地区文化传统而且游客能亲身体验的交流场所、设施。同时,作为世界知名的旅游景区,平遥古城以厚重的历史底蕴深得国内外游客的喜爱。但精通外语的优秀导游较少,限制了部分游客尤其是国外游客对平遥古城的深度理解。因此,为使游客更全面、详细体验平遥古城深厚的历史文化,给游客提供个性化、人性化的服务,平

---

① 参见:《世界文化遗产——平遥古城》,中央政府网站,2006年3月28日,http://www.gov.cn/test/2006-03/28/content_238428.htm。
② 王晓岚:《温州市历史文化遗产保护对策研究》,硕士学位论文,同济大学,2005。

遥古城管理部门决定引进包括中外文的电子导游机,完善古城的解说系统。文化、文物等各界专家对有关资料进行了编辑整理,以保证讲解词的客观、全面、真实。[1]

为了对丽江古城实施统一的有效保护与管理,改变目前文化遗产地环境行政执法政出多门、条块分割的局面,实现对世界遗产的真正有效保护,在丽江古城地设立了"世界文化遗产丽江古城保护管理局",下设办公室、保护建设科、文化保护管理科、财务科、综合管理科、监察执法科(加挂综合监察执法支队牌子)等6个职能科室,遗产监测中心和丽江古城维护费征稽支队。其主要职责是:贯彻执行有关世界文化遗产保护管理的法律、法规和政策;在一定范围内按权限行使综合行政处罚权;负责《世界文化遗产丽江古城保护规划》的组织实施和必要修编;负责丽江古城内基础设施的管理和完善;负责古城保护管理基金的征稽、管理和使用;组织丽江古城保护管理的宣传、教育、培训、学术研究及交流;负责对丽江古城传统民族文化的普查、搜集、整理研究及交流;负责丽江古城内房屋修建项目审查及《准营证》审批;负责指导丽江古城管理有限责任公司工作。

第三节 中原文化资源品牌化发展模式

近年来,河南依托厚重的历史文化资源,逐渐培育打造了一批具有浓郁中原风格和地域特色的知名文化品牌,如嵩山少林寺、清明上河园及大型实景演出《禅宗少林·音乐大典》《大宋·东京梦华》等旅游品牌,《梨园春》《武林风》等影视品牌,少林功夫、陈氏太极等武术品牌,大河网"学术中原"、映象网"智库河南"等"互联网+"理论品牌等,打造中原文化传承创新的新高地,助力中原更加出彩。

在中原文化品牌建设的过程中,世界文化遗产洛阳龙门石窟、安阳殷墟取得良好的社会效益和经济效益。再如登封立足禅宗文化旅游资源优势,突出发展"天地之中"世界文化遗产品牌,在郑州文化传承方面积累了很多成功经

---

[1] 参见:《平遥古城:将安装电子导游系统》,新浪网,2007年8月13日,https://news.sina.com.cn/o/2007-08-13/055812373005s.shtml。

验;作为中国老子文化之乡、河南省十大文化强县的鹿邑县通过打造"老子故里·中国鹿邑"文化品牌和举办纪念老子诞辰公祭大典、李氏宗亲寻根祭祖大典等活动,充分展示了鹿邑厚重的老子文化与风土民情,树立了老子故里新形象。因此,选取部分中原特色文化品牌建设显著的个案,系统分析和归纳总结河南省在中原文化传承创新过程中的经验和举措,旨在传承与创新中华优秀传统文化的"浓墨重彩",为建设中原商业文化传承创新区提供借鉴。

一、洛阳龙门打造石窟寺保护利用新标识

作为中原地区首个世界文化遗产,龙门石窟不仅是中华民族的文化瑰宝,也是全人类的优秀文化遗产。在龙门石窟的保护与开发过程中,坚持"保护为主,合理利用"的原则,逐渐形成较完备的可持续发展模式。

在管理体制上,1953年初,中央人民政府文化部批准成立了"龙门文物管理所";2002年3月,成立龙门石窟文物保护区龙门风景名胜区管理局(龙门石窟研究院),实现了景区内集中统一管理;2007年9月,成立龙门石窟世界文化遗产园区管理委员会,实现了单一景区管理职能向区域综合行政管理职能的转变;2019年12月,龙门石窟研究院升格为市直属事业机构,职能更加明晰,龙门石窟文物保护力度与研究力量进一步加强。[1] 同时,河南省人大常委会通过《洛阳市龙门石窟保护管理条例》,国家文物局发布《"十四五"石窟寺保护利用专项规划》等条例规划,有效地对龙门石窟文化遗产做出保护和监督,依靠法律的普遍约束力对历史文化遗产的保护做出强制性规范。

在遗产保护方面,自20世纪60年代初开始,中央文物保护专家会同北京地质学院对龙门石窟进行了地质勘查,并整理出龙门石窟完整的地质调查报告和图册,成为龙门石窟开展科学保护的基础。1965年建立了龙门气象站,对重要洞窟进行观测记录。为保证龙门石窟的长久安全,20世纪70年代以来,文物保护专家开始对威胁石窟安全的三大病害——围岩崩塌、洞窟漏水、雕刻品风化展开技术攻关。1971—1977年,中央和省内文物保护专家联合对龙门石窟奉先寺和宾阳三洞、潜溪寺等洞窟的造像,采用以丙酮和糠醛稀释的环氧

---

[1] 参见:田宜龙、郭歌《"三区"融合发展 打造龙门样板》,《河南日报》客户端,2020年10月22日。

树脂对围岩裂隙灌浆加固,并结合圆钢锚杆加固的方法,较成功地解决了石窟围岩崩塌的病害。这是中国第一个大型石窟维修加固工程。其后,对裂隙、渗水等也进行了加固维修,并为一些洞窟建造了雨棚,完善了连接洞窟的梯道和栈道。2016年3月10日,洛阳龙门石窟首度对外开放"特窟"——看经寺,窟内雕刻有世界现存最完整、规模最大的29尊罗汉群像,从摩诃迦叶到菩提达摩二十九代传法罗汉,身高均在1.80米左右,神态各异。其中菩提达摩雕像,为西土禅宗第二十九祖,曾在嵩山少林寺面壁九年,又被称为"中土禅宗第一祖"。洞顶的石刻莲花藻井,是目前现存最大的阴刻莲花,精美绝伦。由于看经寺石窟历经千年风化和漏水侵蚀,一些造像已十分脆弱,佛像外的彩绘也已斑驳。为防止触摸、碰撞带来的人为损坏,景区管理方在罗汉造像外设置了玻璃隔断。①

在旅游开发方面,龙门石窟管理部门依靠科技,大胆探索,积极推进文化遗产旅游可持续发展。如为给游客一个全新的游览视觉,龙门石窟管理局经过两年的技术论证,投资480万元运用先进的智能网络控制技术,在遵守世界文化及自然遗产保护公约的基础上,以现在自然环境为依托,集中运用各种现代照明技术,展现出夜间龙门石窟美景。在景观效果设计上,主要以奉先寺为中心,突出重点洞窟,形成连贯的金线,用灯光修饰小洞窟,使其亮度辐射到整个山体(面),以烘托石窟艺术的完美。为突出体现奉先寺卢舍那大佛的神秘壮观,运用现代科技手段将光、雾进行了完美的结合。造型各异的佛雕造相通过夜间灯光的表现手法让游客对每一尊佛像有了更深刻的了解。奉先寺那气势磅礴令人赞叹的景象展现在游客面前,各种灯光此起彼伏共同将奉先寺卢舍那大佛那庄重、大气、神奇而梦幻般的夜间佛教氛围推向高潮,游客将被意想不到的景象所陶醉,填补了我国世界文化遗产地夜间游览的空白。为进一步满足游客夜间观赏龙门石窟的需求,2020年1月龙门石窟景区重新改造升级"夜游龙门"文化旅游项目。新推出的"夜游龙门"文旅项目在避免过度彩化亮化、充分尊重龙门石窟历史文化背景、注重文物保护和自然生态的前提下,采用轮廓灯和基础照明的方式,对景区适度亮化,保证文物安全,满足夜游

---

① 参见:董飞《龙门石窟看经寺首度开放 二十九代罗汉露真容》,中国新闻网,2016年3月10日,https://www.chinanews.com.cn/cul/2016/03-10/7792296.shtml。

场景需求,营造"静、禅、雅、悦、悠"的"夜游龙门"景象。①

2019年8月16日,龙门石窟世界文化遗产园区管理委员会和中国移动河南公司洛阳分公司联合宣布龙门石窟景区实现移动5G网络全覆盖,不仅可以为景区内的游客提供高速的5G网络服务,而且为龙门智慧旅游、安全管理等提供全方位支撑奠定了良好的网络基础。对游客来说,通过远程VR旅游、AR游龙门等特色应用,坐在家中就可以身临其境游龙门、观大佛;龙门石窟景区的日接待曾超过7.5万人次,在5G网络下就能解决客流量大的情况下通话上网拥塞的问题,会给游客打电话、上网、娱乐、支付等带来更好的体验。龙门石窟景区也是河南省首个5G网络全覆盖的5A景区。②

二、安阳殷墟守正创新讲好汉字故事

安阳殷墟坚守世界文化遗产保护利用正道,遵循文化发展规律,不断推进文化遗产理论创新、实践创新,推进文化工作走深走实走活,在守正创新中发展优秀世界文化遗产。

安阳殷墟坚持"保护为主,抢救第一,合理利用,加强管理"的工作方针,逐步完善了法律法规建设,把殷墟保护工作纳入了法制化轨道。尤其是,2001年9月29日,河南省第九届人民代表大会常务委员会审议通过了《河南省安阳殷墟保护管理条例》(以下简称《条例》),并于同年10月10日正式施行。该《条例》把殷墟重点保护范围内密集的文物遗址区划定为特别保护区加以保护,对各种违反《条例》的行为,做出了具体的处罚规定。《条例》的出台,使殷墟的保护有了更为具体的"尚方宝剑"。2002年,国家文物局批准了《安阳殷墟文物保护与利用总体规划》。2003年,河南省政府颁布《安阳殷墟保护总体规划》,使殷墟的利用和保护走上了科学化道路。2019年,《殷墟国家考古遗址公园规划》经国家文物局批准实施。2021年1月,成立了河南省殷墟保护研究利用工作领导小组。2021年3月12日,《中华人民共和国国民经济和社会发展第十四个五年规划和2035年远景目标纲要》(以下简称《规划和纲要》)(全

---

① 常书香:《"夜游龙门"文旅项目今日启动》,《洛阳晚报》2020年1月23日,第A05版。
② 参见:赵晖、沈会阳《智慧旅游开启 洛阳龙门石窟实现移动5G全覆盖》,中国新闻网,2019年8月16日,http://www.chinanews.com.cn/cj/2019/08-16/8929148.shtml。

文)正式发布,加强安阳殷墟遗址保护传承被明确列入《规划和纲要》社会主义文化繁荣发展工程。2021年7月30日河南省第十三届人民代表大会常务委员会第二十六次会议审议通过《河南省安阳殷墟保护条例》自2021年10月1日起施行。

在依法管理的同时,安阳殷墟还成立了专业保护管理机构,负责遗址的文物保护、行政管理和游览服务,形成较为完备的保护和管理机制,有效保护了古代遗址的真实性和完整性。同时,综合运用多种方法,科学展示遗址,既保护了深埋地下的遗迹,又取得了良好的展示效果,提高了文物遗址的可观赏性。特别是安阳市政府与中国社会科学院考古研究所合作,建造了集中收藏、保护、展示殷墟出土可移动文物的殷墟博物馆。博物馆投资3000万元,由安阳市政府承建,藏品由社科院考古所提供,双方共同管理博物馆的事务。这种中央单位与地方政府合作双赢的模式,有效解决了考古成果社会化、普及化的问题,取得了良好的经济和社会效益。通过这一系列的措施,把殷墟遗址打造成了具有较高质量、兼顾保护和展示的大遗址公园。

我们知道,一般"申遗"成功后,游客增加都在10倍到30倍之间,尤其是境外游客、高端游客将大幅增加。这种效益已在殷墟申报的过程中凸显出来。自从殷墟启动申报世界文化遗产后,安阳市旅游产业发展迅速,游客增长非常迅猛。据统计,2005年,安阳市共接待入境游客比2003年增长30%,接待国内旅游者比2003年增长了近30%。2006年"五一"期间,安阳市实现旅游总收入2.82亿元,与去年同期相比增长17.93%,同比增长12%。而殷墟博物苑接待的游客数量每年以30%的速度上升,2005年接待游客已达35万人。仅2006年上半年,游客就达15万人之多。① 同时,殷墟申遗后,极大地带动了当地特色美食和土特产品的发展。如滑县的道口烧鸡,内黄的大枣,林州的核桃、花椒,汤阴的剪纸等,还有带有地方特色的旅游产品,如甲骨文及后母戊鼎等的仿制品。近年,安阳市加快推进旅游产业转型升级,旅游指标大多处于全省前五的位置,其中入境游增速连续多年位于全省第二,旅游总收入2016年增速位居全省第二。2018年"五一"期间,全市共接待游客104.07万人次,同比增

---

① 张志立、李文波:《世遗赢得机遇——申遗成功带来产业发展机遇》,《大河报》2006年7月14日。

长14.24%;实现旅游收入7.45亿元,同比增长14.97%。2018年1月至6月,安阳市接待国内游客2874.15万人次,同比增长15.43%;实现国内游客旅游收入291.39亿元,同比增长18.29%;接待入境游客3.8073万人次,同比增长0.99%;实现入境游客旅游收入786.42万美元,同比增长3.56%;接待国内外游客2877.96万人次,同比增长15.41%;实现国内外游客旅游收入291.9亿元,同比增长17.05%。①

殷墟申遗成功后,为了克服殷墟的外在展示不足这一制约其旅游业发展的瓶颈问题,安阳市在增强其观赏性方面下大功夫,要建一个涵盖殷墟的三大展示区,即宫殿遗址(现在的殷墟博物苑)、王陵遗址和商城遗址的大遗址公园,建成一个集文物保护、旅游、娱乐为一体的大型公园。同时,造一组"商魂"青铜雕塑,城市周边建筑风格逐步向殷墟主题靠拢。②

目前,宫殿遗址和王陵遗址的地上建设已经初具规模,建造大遗址公园的工作重点就在商城遗址。与此同时,依据我国《文物保护法》规定,对不可移动文物进行修缮、保养、迁移,必须遵守不改变文物原状的原则,因此,在开发利用殷墟商城遗址文化资源时,对商城遗址地下封存的不可移动文物实施严格保护,在地上建造与原不可移动文物1∶1仿古建筑,通过仿制品让游客更直观了解到地下的状况。"商魂"青铜雕塑将成为殷墟的代表作,把殷商时代的历史故事浓缩到雕塑中去展示。

三、郑州建设国际文化旅游名城

作为省会城市的郑州发挥着核心增长极的作用,不断提升郑州旅游业在全省的首位度,担当起在全省旅游业挑大梁、走前头的责任。近年来,郑州市大力发展文化旅游,延伸社会文化服务功能,深入挖掘市场因子和文化产业要素,使发展文化产业和繁荣文化事业互为依托、协调发展,在文化资源传承创新和建设国际文化旅游名城的过程中,积累很多值得借鉴的经验。

(一)保护与开发相结合

郑州作为中原经济区的核心城市,历史赋予了她更多的责任和要求。郑

---

① 张璐、李阳:《风景这边更好——我市旅游产业发展纪实》,《安阳日报》2018年8月14日,第01版。
② 郭富收,等:《殷墟申遗:走了5年路》,《河南商报》2006年7月14日。

州曾有不少美誉,比如"二七名城""绿城""纺织城""商贸城"等等,而今,这些符号或已成为美好的回忆,或缺乏广泛的认同和影响,与此相关联的建筑、产品或人物,也在逐步淡出人们的记忆,只有二七纪念塔,从它建立至今一直是郑州的象征。

保护历史遗存,让历史文化内涵真正融入郑州人的生活,这是作为中国八大古都之一的郑州,作为建设现代城市文明、培育现代城市气质的郑州,所应做的最基础的工作。因此,为贯彻落实《中华人民共和国文物保护法》,促进郑州文物保护的持续发展,郑州市文物局联合北京大学编制了《郑州大遗址片区保护利用战略规划》,郑州市文物局委托清华大学编制了《郑州市全域文物保护利用示范区总体规划》,郑州市文物局修订印发了《郑州市文物事业"十四五"发展规划》。郑州市坚持采取小规模、渐进式方法,保护传统格局,维护老城肌理,加强历史文化名城、历史文化街区、历史建筑的保护与利用。积极推进商都历史文化片区、古荥大运河历史文化片区、百年德化历史文化片区、二砂文化创意园区"四大文化片区"和列子故里小镇建设,其中,"四大文化片区"项目预计总投资739亿元,已经被市委、市政府作为建设国家中心城市的形象展示窗口和重要文化品牌,作为增强郑州的综合承载能力、竞争实力和城市品质的重点工程。全面启动生态保遗专项工程,2017年至2020年,连片建设中心城区、城市毗邻区、城郊地区3个遗址生态文化公园文化带,75处生态文化公园,以生态绿化方式让古遗址"活"起来,打造市民文化休闲活动主题公园,延续城市文脉。①

为充分发挥古都郑州丰富的文物资源优势,为经济发展服务,一方面积极与旅游业紧密合作,对现有资源进行整合包装,规划了一批具有浓郁特色的文化项目,如以郑州商代遗址为核心的商城遗址公园、以史前文明为特色的大河村原始文化生态园、以汉文化为主要内容的古荥汉文化生态苑和以民俗文化为主题的城隍庙商业步行街等项目。通过发展文化旅游和特色旅游,为郑州社会经济发展提供原动力。登封、新郑、巩义等地的旅游产业无不是紧紧依附于文物资源而生存和发展的,无论是目前发展较好的以少林文化为代表的嵩

---

① 左丽慧:《我市16个重大文化项目集中开工:国家中心城市建设再添文化新动能》,《郑州日报》2018年5月22日,第08版。

山古建筑群世界文化遗产游,还是以黄帝文化为代表的新郑寻根游,都是如此。大型实景表演《禅宗少林》在嵩山正式演出,吸引大批游人。农历"三月三"黄帝故里拜祖大典引来十万海内外游子,黄帝故里的游人一度攀升至每天20万人。随着这些文化精品活动的火爆,郑州城市形象提升,经济发展和投资增多。

(二)发展新型文化业态

建设国际历史文化名城,以开发与利用为主题,立足于中原文化资源,加快业态创新、模式创新、技术创新、管理创新、理念创新,强化服务意识,打造一批特色明显、展现中原风貌、具有国际影响的文化品牌,提升服务水平,发展新型文化业态,增强中原文化旅游社会美誉度。2005年以来,郑州市以文化体制改革为契机,以市场为导向,实施精品带动战略,挖掘文化事业单位潜力,鼓励文化经营单位开拓市场,大力发展文化产业。为加快建设国家中心城市,大力发掘文化资源优势,进一步提升郑州的文化软实力,5月18日,在郑州市举行的2018年第三批重点项目集中开工仪式上,商都历史文化片区、百年德化历史文化片区、二七华侨城、宋城·黄帝千古情项目等16个重大文化项目集中开工,总投资606亿元。目前郑州市文化企业数量达到17469家,市场主体数量3年实现翻番,其中规模以上企业584家,营业收入超亿元文化企业138家,实现增加值288亿元,占全市GDP比重为3.56%,占全省文化产业增加值的比重为23.8%。①

对文化事业单位,郑州市坚持从实际情况出发,挖掘自身潜力。以院团为例,借《风中少林》的成功,郑州歌舞剧院联合河南建业集团、宇通集团成立"郑州中远演艺娱乐有限公司"。郑州天人文化旅游有限公司投资建设的大型实景剧《禅宗少林·音乐大典》,同样取得了巨大成功,与《风中少林》一起,为传播少林文化和郑州的历史文化旅游资源,发挥了很好的作用。郑州歌舞剧院的以大型原创舞剧《风中少林》为代表的精品剧目,自2004年10月首演以来在全球巡演超过300场,票房收入数千万元,《风中少林》先后获得"荷花奖""文华奖""五个一工程"奖以及国家舞台艺术精品工程"十大精品剧目"等

---

① 左丽慧:《我市16个重大文化项目集中开工:国家中心城市建设再添文化新动能》,《郑州日报》2018年5月22日,第08版。

多项国家级大奖。①

对影剧公司这样的文化经营单位,郑州市鼓励它们主动走出去,以独立法人身份积极走入市场。目前郑州市影剧公司与北京保利集团"东方神龙"影业公司合作筹建五星级电影城项目有了突破性进展,签订了投资总额近亿元的合作协议。该项目的运作迈出了面向市场、走入市场的一步,将对公司的发展产生积极影响。

(三)构建多元化投资机制

无论是修复古建筑,还是新建文化旅游景区,或者改造郑州市遗产地周边环境,使其能够表现郑州的古韵,都是需要大量资金投入的,资金短缺也是郑州必须面对的问题。在建设国际文化旅游名城的过程中,郑州市探索出政府主导多元化资金模式。

近年来,郑州市高度重视历史文化资源基础设施建设,投入大量资金修复文物遗迹,建设文化设施。由市政府投资240万元修复的郑州城隍庙,投资3000多万元复建的郑州文庙,已对公众开放。近年来郑州市实施了跨越式发展工程,由文化局承担的有4项,分别是商城遗址公园、郑州歌舞剧院、郑州市新图书馆和大河村原始文化生态园,项目总投资达31.6亿元人民币。登封市投资2.3亿元建设嵩山少林武术博物馆,投资1.6亿元建设嵩山少林禅修中心,投资15.5亿元建设少林禅宗国际学院,投资14亿元建设舍利博物馆。这些项目的建设,使郑州市文化基础设施进一步完善,为文化产业发展打下良好基础。2018年4月郑州市出台了《郑州市加快文化产业发展若干政策》,设立2个亿的文化产业专项资金,扶持文化企业发展壮大。2018年度,郑州市谋划推进了57个市县两级重大文化产业项目,总投资达到1913亿元,本年度计划投资281亿元。

再如大河村遗址博物馆计划采取招商的方式,让民间资金参与到遗址的保护建设中。大河村遗址博物馆提供相关规划材料,确定开发利用主题和具体项目、法规政策支持,由大河村遗址和投资方联合实施大河村遗址原始文化苑项目,文化苑建成后所有基础设施产权归大河村遗址原始文化苑所有,由文

---

① 刘洋:《舞剧〈风中少林〉揭幕"河南省精品剧目展演周"》,《河南日报》2015年4月21日,第03版。

化苑和投资方共同经营管理。投资方按照投入份额,可以取得长短不等的经营权,从中逐年回收投资成本并获得相应的经济收益。

(四)打造登封国际文化旅游名城

登封市抢抓加快中原经济区和郑州都市区建设的战略机遇,紧紧围绕打造"国际文化旅游名城、郑州都市区的文化旅游主体功能区"的战略定位,以新型城镇化引领"三化"协调发展,全力推进文化旅游产业发展,实现全域旅游,突出山城特色,城景一体,建设美丽登封。

一是构建新型城镇体系。探索以新型城镇化引领"三化"协调发展的路子,按照"全市一盘棋,城乡一体化"的原则,努力建设一城三区、两个示范镇、五个新市镇、六个特色镇和16个新型农村社区,构建节约集约、生态宜居、和谐发展的新型城镇体系,成为国际文化旅游名城建设载体。

二是构建现代产业体系。加快市产业集聚区、文化旅游产业集聚区(旅游新城)、农业产业集聚区、循环经济工业园、三里庄高新技术园区、中岳文化苑和22个乡镇特色产业园建设,3年内实现50万亩核桃等经济作物种植、300万头猪、5000万只鸡、1000万游客、100亿元旅游收入和500亿元工业增加值的阶段性目标,加速产业发展,为建设国际文化旅游名城夯实经济基础。

三是构建国际化服务体系。按照全域旅游要求,以国际惯例为标准,制定各行各业服务规范,构建以旅游服务为主体、功能完备的旅游要素服务体系,提升国际化服务水平,与国际接轨。

四是构建"中"文化建设体系。以"中"文化为统领,突出"中"文化特色,各行各业都营造"中"文化氛围,力求使到登封的游客都能认识"中"字,培养市民的认同感和自豪感。

五是构建社会管理创新体系。以网格化管理为载体,积极推进社会管理创新,以解决群众反映强烈的突出问题为重点,不断提升网格化管理水平,切实改善民生,扩大就业,减少贫困,努力建设法治登封、平安登封、和谐登封、幸福登封。

六是构建生态文明体系。按照国家环保认证标准体系和国际标准,加大生态廊道、生态水系、山体保护、生态林业、生态矿区、环境保护力度,打造绿水长流、和谐优美的自然环境,建设生态环境能够自我修复的生态田园城市、生态登封、美丽登封。

最值得一提的是2012年9月,在登封成功举办首届"天地之中(嵩山)——华夏文明与世界文明论坛"后,在登封建设嵩山论坛——华夏历史文明传承创新示范工程(嵩山论坛文化产业区),主要内容为"一道五区"建设,这里的"一道"即沿环嵩山旅游公路建设华夏历史文明大道,"五区"即沿环嵩山旅游公路两侧建设嵩山论坛主题区、道教文化及民俗展示体验区、国学教育培训及文化创意集聚区、佛教文化展示体验区、养生休闲度假及文化创意集聚区,使之成为"世界文明交流的平台、华夏文明的传播中心、文化产业发展的示范区、中原经济区对外交流的窗口"。

四、鹿邑全国老子文化高地建设

鹿邑古为华夏腹地,气候温和,资源丰富,地理条件优越,是中华文化的摇篮,独特的地理位置和地域文化孕育了鹿邑丰富的旅游资源。鹿邑是我省直管县市。近年来,鹿邑县不断加大旅游开发的力度,成功创建了"中国旅游强县",举办了"老子国际学术研讨会",曲仁里老子文化产业园区被命名为"省级文化产业园区",并不断创新营销渠道,积极探索区域合作模式,进一步扩大了鹿邑在海内外的知名度和影响力。

在中原文化品牌化建设的过程中,鹿邑县为实现由资源开发型向产业发展型转变、由资源大县向经济强县转变、由文化大县向文化强县转变,制定鹿邑县历史文化可持续发展的战略,突出老子文化特色,积极推动文化发展思路创新、内容创新、形式创新、体制创新和工作机制创新,在创新中增强文化发展的动力和活力,为实现文化强县、建设和谐鹿邑创造良好的文化环境,提供强大的精神动力,推动鹿邑县全国老子文化高地建设。

(一)加强文化遗产保护利用

文物保护工作要认真贯彻实施《中华人民共和国文物保护法》和《省文物保护条例》,按照"保护为主、抢救第一、合理利用、加强管理"的工作方针,完善各项文物保护措施。在做好国家级文物保护单位太清宫、老君台文物保护工作的基础上,重点做好太清宫遗址展示(展示项目包括古碑园、唐宋中门基址、洞宵宫西配殿基址和老子故里经纬碑);按照博物馆库房安全要求,对库房进行升级改造,同时加快实施鹿邑县博物院建设项目;继续深入开展全国第一次可移动文物普查工作,认真做好现有的县级文物保护单位建档、立碑工作,公布一批新的县级文物保护单位;做好城市基本建设中的考古发掘和文物保护勘探工作。

建立健全非物质文化遗产传承体系,充分运用相关的调查手段,深入扎实开展非物质文化遗产的普查、发掘、整理、评审、研究等工作,对非物质文化遗产进行真实、系统、全面的记录和保存,编辑整理出版县级非物质文化遗产概论;对列入非物质文化遗产名录的代表性传承人,采取命名、授予称号、表彰奖励、资助扶持等方式,鼓励和支持其开展带徒授艺等传习活动,确保鹿邑优秀非物质文化遗产的传承弘扬。

(二)实施文化惠民工程

加快构建完善公共文化服务体系建设步伐,更广泛地满足人民群众基本文化需求,更好地保障人民群众基本文化权益。做好老子文化研究中心入驻前的各项筹备工作,保证交付后能够立即运行开展工作;建设鸣鹿办事处、真源办事处两个文化支中心;积极培育乡镇特色文化,打造各自的文化品牌,使乡镇自成一体,各具特色;加大村级农村文化设施建设,结合行政村实际因地制宜,完善文化设施规划布局,特别是充分利用完善文化信息资源共享室、阅览室等文化基础设施功能,提高使用率,更好地发挥县、乡、村三级文化信息资源共享服务网络的作用,提高资源共享支中心和基层服务点的运转能力、服务质量和工作水平,全面提升鹿邑农村公共文化设施水平。

实施文化惠民工程,开展丰富多彩的文化活动,让广大群众共享更多的公共文化成果。推进"送"文化到基层,深入开展"春满中原""舞台艺术送农民""五进""百城万场"等活动;实施文艺精品工程,切实做好文艺创作选题规划工作,集中优势资源创作生产文艺作品,鼓励广大文艺工作者深入农村、社区、企业等基层一线,坚持"三贴近"的方针,组织演出一批高品位的文化精品节目,努力使文艺活动真正达到愉悦群众身心、普及文化艺术知识、提高城乡居民文化素质的良好效应。

(三)拓宽文化产业路子

深入挖掘鹿邑丰富、厚重的文化内涵,以老子文化为载体,通过老子学院、老子研究院、老子博物馆、李氏宗亲寻根拜祖、老子文化国际论坛等,有效提升老子故里知名度和老子文化传播空间,进一步凸显根亲文化、宗教文化等特色文化内涵,提升全县旅游开发的文化品位,将鹿邑打造成为省内知名的文化体验旅游目的地。

贯彻落实省委、省政府关于加快文化产业发展的意见,完善文化产业发展政策,拓宽文化产业路子,创造良好发展环境,全面提升太清宫景区创建水平,向"5A"景区和"国家文明风景旅游区"冲刺,着力老子文化传承、老子休闲养生、老子文化旅游开发等基础设施建设,努力打造世界一流有关老子文化的学习、研究、传承、养生、娱乐、休闲为一体的中国古典文化活动基地;指导推进做好曲仁里老子文化产业园区项目分期建设,确保园区项目建设顺利进行;重点培育一批上规模的民营文化企业,鼓励小微企业发展壮大,加快传统手工技艺(观堂剪纸、马铺虎头鞋虎头帽)的开发,做大做强鹿邑特色传统工艺产业,提高鹿邑文化产业的规模化、集约化、专业化水平。

(四)加大人才培养培训

大力加强以文化行政人才、文化管理人才和文化艺术专业人才为主体的文化人才队伍建设,建立充满生机与活力的人才工作新机制,重点做好县、乡、村三级专兼职文化队伍培训,包括县文化馆、图书馆、艺术表演团体和乡镇文化站(社区文化中心)工作人员,以及这些基层文化单位指导的村(社区)文化活动室、农家书屋、群众业余文艺团队等业余文化工作者和社区文化志愿者等的培训,着力营造有利于优秀文化人才大量涌现、健康成长的良好氛围,实现文化人才总量稳步增长,文化人才队伍素质明显提高。

(五)创新宣传推介方式

鹿邑县进一步加强与福建省泉州市国家5A级景区清源山、洛阳市栾川县国家5A级景区老君山、灵宝市函谷关景区、山西省周至楼观台以及永城市芒砀山景区联手互推,设立老子故里旅游区宣传牌;通过"大道西行·重走先哲出关路"、豫陕自驾逍遥游等旅游推介活动,签订了豫陕两省五地四景区合作联盟战略协议,实行资源共享、线路同推、门票互通;联盟三十六洞天、七十二福地,在鹿邑举行结盟活动,加强沟通、交流、线路同推、客源互送、门票互通、利益共赢;通过老子庙会、老子诞辰拜祭大典、老子文化大讲堂和全国列车屏幕、报纸杂志以及网络媒体做好老子故里宣传推介;与宋河老子国学教育基金会和省直机关工委联合举办宣讲活动,让《道德经》宣讲进省城,进省直机关;与郑州大学合作举办郑州大学老子学院,编辑出版老子文化系列丛书,整理出版《老子翼》等经典,编辑出版《道苑》,办好"中华老子网站";继续搞好涉及海内外、海峡两岸的文化交流活动,诸如李氏宗亲寻根拜祖、老子文化国际论坛等,有效提升老子故里知名度和老子文化传播空间;通过河南省宗教文化研究会整合鹿邑宗教资源,弘扬鹿邑宗教文化,加强宗教文化研究,更好地引导、促进宗教界人士和信教群众在鹿邑经济建设社会发展中发挥积极作用;配合央视国际频道《走遍中国》栏目拍摄《鹿邑:老子不老》专题片并播出,实现在央视播出老子故里专题片的突破;协助完成越调电影《老子》的拍摄工作;与省直单位联合开展老子文化学会、协会,持续扩大老子文化和老子故里的影响。

五、淮阳公共文化服务体系示范区

淮阳位于河南省东南部,是中华文明的发祥地之一,历史上曾三次建国、五次建都。淮阳是太昊伏羲氏建都长眠之地,近年来该县整合了以太昊陵为代表的历史文化资源和以龙湖为代表的自然生态资源,将县域打造为"生态、自然、现代、宜居"的旅游度假区,叫响了"中国休闲福地、国学文化源地、中华朝祖圣地"三张文化旅游名片。

近年来,我省淮阳县以创建公共文化服务体系示范区为契机,不断加大财政力度,搭建文化发展平台,完善文化基础设施建设与保障机制,积极开展公益文化活动,让民众共享文化发展的成果。其中,通过政府主导,建立政府与社会的协作机制,健全公共文化网络设施,建设高素质文化人才队伍,完善公共文化制度设计,创新公共文化服务,调动公众参与公共文化服务体系建设的积极性,为淮阳实现现代公共文化服务体系的建设提供了必要的前提条件。

(一)加强公共文化服务设施建设

淮阳县委、县政府高度重视现代公共文化服务体系建设,县上下形成了党政齐抓共管、部门各司其职、群众热情参与的大创建格局。此外,县委、县政府还把公共文化服务体系建设纳入到财政预算并加大投入。在建设公共文化服务体系的过程中,淮阳县结合当地特色文化资源,如伏羲文化、姓氏文化、农耕文化以及八卦文化等,制定了有淮阳特色的公共文化服务体系建设战略,突出"羲皇故都、陈楚故地、古城淮阳"特色,积极推动文化发展思路创新、内容创新、形式创新、体制创新和工作机制创新,在创新中增强文化发展的动力和活力,为建设和谐淮阳创造良好的文化环境,提供强大的精神动力,推动淮阳县文化大发展大繁荣。淮阳依托中原古韵——中国(淮阳)非遗展演活动的举办,利用中国传统重大节日开展形式多样的文化活动等,为淮阳公共文化服务创造亮点。

淮阳县进一步加强公共文化服务设施建设,充分发挥县、乡(镇)、村三级公共文化设施作用,通过开展系列文化活动,活跃群众生活,努力形成覆盖城乡、高效便捷的公共文化阵地网络,不断完善和提升基层公共文化服务设施的实际效果。同时,在公共文化服务上,淮阳县以文化促发展,以文化促和谐,以文化促基层,持续深化管理,稳定重点做好基层农村公共文化服务和管理,并动员更多农村基层文化志愿者广泛参与,加强文化志愿者服务队伍建设,切实增强文化志愿者组织活力。在管理模式的创新上,淮阳推进数字图书馆建设,通过"县总分馆"建设,打造"网上图书馆",把服务延伸到基层,打通公共文化服务的"最后一公里",让老百姓拥有更多的文化获得感。

(二)加快村级综合性文化服务中心全覆盖

2017年以来,淮阳县借力河南省公共文化服务体系示范区创建、百县万村工程、脱贫攻坚等中心工作,主攻贫困村综合文化服务中心建设,在2018年上半年按照"八个一"标准完善提升黄集乡的后家、白楼的劳楼等28个贫困村文化中心后,实现了全县综合文化服务中心达标覆盖145个贫困村。[①] 同时,淮阳县文广新局按照"一村一策""一村一方案"的原则制定了《非贫困村综合文化服务中心建设项目实施方案》,成立了项目建设领导组,将非贫困村综合文化服务中心项目建设纳入到了脱贫攻坚督查的范畴。

(三)加大对非物质文化遗产的传承与保护

被誉为"真图腾、活化石"的泥泥狗,是淮阳当地独有的民间艺术品,历史

---

① 参见:淮阳县文广新局《淮阳县将实现村级综合性文化服务中心全覆盖》,河南省文化和旅游厅网站,2018年8月23日;侯俊豫《我市将实现村级综合性文化服务中心全覆盖》,《周口日报》,2018年11月22日,第02版。

悠久,具有很高的文化价值。为此,淮阳加大对非遗泥泥狗制作艺术的传承和保护,通过积极开展研究和培训,让传统的泥塑艺术焕发出新的光彩,取得巨大成效。淮阳县于2015年被国家民协命名为"中国泥彩塑(泥泥狗)文化之乡",同时,淮阳也成立了"中国泥彩塑文化(淮阳)研究中心",为中原传统美术保护、传承、利用提供了理论支撑,也为淮阳公共文化服务打造了又一新的平台。淮阳县文化馆淮阳泥泥狗陈列馆作为全国一流的县级陈列馆,收集展品1200件,并于2016年又成功创建国家一级馆。① 目前,县图书馆、文化馆和乡镇综合文化站等常年向社会免费开放,取得了"文化发展成果由人民共享"的良好成效。

淮阳县积极组织开展文化下基层活动,重视并加大对非物质文化遗产的传承与保护,依托"中国泥彩塑(泥泥狗)文化之乡"的称号,成立了中国泥彩塑文化(淮阳)研究中心,并自2010年以来,成功举办了七届中原古韵——中国(淮阳)非物质文化遗产展演活动,这不仅推动了非物质文化遗产成果的保护与传承,更是为淮阳县拓展了公共文化服务新平台。②

(四)开展文化品牌活动

自2010年起,淮阳已连续成功举办九届中原古韵——中国(淮阳)非遗展演活动。其中,2016年举办的第七届非遗展有65个非遗项目参与,包含2个世界级、13个国家级,参与演职员3000多名,惠及群众300余万人次。另外,在中国传统重大节日,淮阳各乡镇积极开展形式多样的文化活动,如王店乡的担经挑、郑集的舞龙、豆门乡的舞狮、白楼镇的打花提、曹河乡的竹马与旱船、新站镇的高跷与肘歌等。2016年河南省文化厅授予的"河南省民间文化艺术之乡"荣誉称号,使得以泥泥狗、担经挑、竹马、旱船等378支1万余人的民间艺术表演队伍成为淮阳县公共文化服务的一大亮点。③ 此外,淮阳积极利用当地特色文化彰显文化软实力,每年通过伏羲文化研究会、"陈文化"研究会等民间文化研究机构,组织若干不同规模的"伏羲文化""陈文化"研讨活动。

---

① 窦凤祥、刘矿:《淮阳:积极推进公共文化服务建设》,《中国文化报》2016年11月18日,第04版。
② 侯俊豫、豆文灵:《淮阳:让群众乐享文化盛宴》,《周口日报》2016年12月9日,第01版。
③ 窦凤祥、刘矿:《淮阳:积极推进公共文化服务建设》,《中国文化报》2016年11月18日,第04版。

(五)做好公共文化服务体系建设考核工作

现代公共文化服务体系建设绩效考核指标内容详尽具体、目标清楚、责任明确、指示高、量化细、要求严。为此,淮阳县于2018年10月29日召开了现代公共文化服务体系建设绩效考核协调会,对基层公共文化服务体系建设进行全面的检验和促进。① 具体而言,淮阳公共文化服务体系考核工作的开展,主要围绕以下三个方面:一是各部门要高度重视,充分认识现代公共文化服务体系建设考核工作的重要性,同心协力,狠抓落实;二是要明确绩效考核工作的总体目标和重点,全面掌握考核内容,查漏补缺,力争达到要求;三是要强化组织领导,坚持齐抓共管,严格督查问责,以更加坚定的信心、更加务实的作风、更加精细的工作,圆满完成考核任务。

六、淇县中原历史文化旅游区建设

作为全省县区旅游前二十强的淇县以"大旅游"的工作思路开发、建设、宣传、推介、管理淇县的旅游资源,取得良好的经济效益和社会效益。近年来,淇县重点发展以淇河、云梦山、古灵山、纣王山"一河三山"为龙头的历史文化旅游、生态山水旅游、观光度假旅游,加快推进文化旅游业和发展旅游服务业,加快建设淇县历史文化旅游区的步伐,全面推进中原文化传承创新。其中,云梦山风景名胜区是国家级文物保护单位、全国鬼谷子文化研究基地、中国古代军事思想研究基地、国家4A级景区、"中国最佳旅游景区"、河南省"风景名胜区"、河南省"十佳魅力景区",主要由战国古军庠、云梦五里鬼谷大峡谷游览区和云梦大草原游览区三部分组成,现存主要景观有鬼谷祠、鬼谷墟、舍身台、映瑞门、水帘洞、仙牛洞、孙膑洞、庞涓洞、毛遂洞、王老圣母洞、太阳洞、月亮洞、青龙泉、仙泉、鬼谷井、映瑞池、五里井、一线飞瀑、清溪、五里鬼谷、天书崖、魔壁、演兵岭、八卦阵、剑秀峰、青龙背等100余处,是以战国军事文化为特色的历史文化类风景旅游区。

(一)创新管理

淇县政府成立"淇县旅游开发管理委员会",以利于思想统一和工作协调,

---

① 参见:淮阳县广播电视台《淮阳县召开现代公共文化服务体系建设绩效考核协调会》,搜狐网,2018年11月1日,https://www.sohu.com/a/272684574_769901。

并促进淇县旅游业的发展。淇县旅游开发管理委员会对景区开发中所遇到的各种问题进行统一协调,解决景区发展中所遇到的各种问题,特别是在各景区的用地、功能等问题上要处理妥当,以促进各景区之间的协调、有序发展。到旅游开发后期,"管委会"的主要任务则转移到对景区的监督职能上来,采用法律、经济和行政等手段来强化旅游行业管理。如近年来,淇县旅游开发管理委员会招商引资占到景区项目建设总投资的80%以上,仅云梦山总投资累计就达两亿多元,八卦城、南天门打造成了国内著名精品旅游景点;云梦大草原通过修建环崖步道,形成一个具有中原旅游极品的十里画廊;五里鬼谷通过基础设施建设,开发天坑、溶洞、地下河、一线天、孙膑墓、千佛洞等,形成新的旅游热点;中华第一古军校景区原基础设施老化,地面、标识、台阶都重新修复;2010年初签约的投资11.6亿元的世界军事历史文化风情园正在规划建设中。

在旅游开发中,始终坚持"先规划,后开发""规划到位,分期实施"的方针,按照总体规划—详细规划—设计—建设的程序,确保开发的层次性、序列性和科学性,避免其他众多景区出现的"建设性破坏"和"破坏性建设"等现象的发生。严格依照《河南省旅游业管理条例》及其《实施细则》来规范旅游开发过程,实现淇县与鹤壁、新乡、安阳、濮阳、焦作、郑州、洛阳、开封、商丘等市以及山西晋城、长治、山东菏泽、济宁、河北邯郸、邢台等地各景区的深度合作,联手推出高新农业观光游、商纣王足迹游、豫北精品旅游线等。

(二) 人才强旅

"旅游兴衰,关键在于人才。"众所周知,旅游行业是人服务于人的行业,必须有规范的管理与优质的服务,才能增强旅游的吸引力。为此,必须加强旅游行业管理,加大旅游人才培训力度,以高素质的人才队伍、高标准的管理和规范化的服务,赢得旅游产业的发展。

首先,淇县应做好县域内旅游人才需求预测,按发展大旅游的需要,做好多层次人才引进和培训计划。特别是要重点提高对旅游管理者的学历、业务水平、道德水准等方面的要求,提高行业管理水平;要按照有关标准和要求建立一支专业化的导游队伍和一批经营服务标准化的景区、宾馆、饭店,要加强对家庭旅馆、景区商业服务点等其他从业人员的教育和规范化管理,从而全面提高旅游服务行业的整体水平。

其次,应加强自身的研究力量,营造深厚的学术氛围。现有的鬼谷子文化研究会已难以满足旅游业发展的需要,可以更名为淇县历史文化传承创新研究会,并扩大规模,提高水平,多出成果,多举办活动,以扩大影响。

(三) 发展特色旅游

旅游特色是旅游开发的灵魂,没有特色就没有效益。中国旅游研究院学术委员会主任魏小安曾经指出:"特色是旅游之魂,文化是旅游之基,环境是旅游之根,质量是旅游之本。"[1]当前我国旅游市场以观光旅游为主,而国际旅游市场的消费结构具有多层次性,商务旅游、康复旅游、生态旅游、文化旅游、探险旅游、游船旅游、主题旅游等是发展前景很好的旅游产品。[2]

旅游在本质上属于一种文化活动,旅游资源特色与文化的正确定位和开发层次是提升旅游产品档次的关键,也是旅游资源转化为高效益旅游产品的重要条件。[3] 因此,淇县坚持"人无我有,人有我新,人新我奇,出奇制胜"的开发方针,重点发展"军事文化游""军训基地游""休闲度假游",利用鬼谷子的名人效应,结合奇特的高山草原自然景观,以"中华第一古军校"为龙头和品牌,以"中原最秀美壮观的高山草原"为突破点,以宗教旅游为补充,突出文化内涵,增加参与性、娱乐性、科学性、真实性,使其成为河南省众多旅游景点网络中独具特色的军事文化及自然观光的精品旅游区。

比如作为国家级文物保护单位、国家 AAAA 级旅游景区、全国最佳旅游景区、河南省十大魅力景区、河南省十佳旅游景区、河南省文明景区、河南省风景名胜区的云梦山旅游区内以民间香客居多,为了提高旅游区的档次,体现军事文化的主题,在规划建设中一定要围绕军事文化而展开,增加知识性、科学性的内容,整个旅游环境要有军事特点。如从旅游区的大门到旅游区内的干道,以及旅游区内的专用车辆等,都要有一定的军事符号,甚至还可以让服务人员穿上古代军服,为游客进行服务,等等。在此基础上,把《鬼谷子》电影向游人展示,利用多种艺术造型及现代先进的声、光、电科学技术,强化表现效果,使其形象化地再现,集科学性、知识性、艺术性和娱乐性于一体。为了吸引游客,

---

[1] 梁晓尉:《特色是旅游之魂 文化是旅游之基 环境是旅游之根 质量是旅游之本》,《渭南日报》2009 年 9 月 29 日,第 03 版。
[2] 郭鲁芳:《试论国际旅游市场消费结构特点及其趋势》,《江苏商论》2005 年第 4 期。
[3] 苏林忠:《河南文化旅游简论》,《开封大学学报》2009 年第 3 期。

设计要创新,艺术水平要高,要同时考虑观赏性和参与性,使游客在观赏的同时,能够身临其境地参与体验,以激发游客的兴趣。

(四)注重宣传

旅游经济是市场经济,也是知名度经济。有了知名度,有了市场,就有了旅游发展的动力和条件。淇县内除云梦山、摘星台等景区具有较高知名度外,其他景区的知名度还比较低,拥有的市场也很有限。因此,必须加大旅游宣传与市场促销,以吸引八方旅游者。

淇县的市场定位应以国内客源市场为主(尤其是省内鹤壁、新乡、安阳、濮阳、郑州、洛阳、开封等地的城市居民),国际客源市场为辅;在旅游形式上以双休日寻古探幽、休闲观光游为主;在旅游推介的具体细分群体上,以青少年学生、工商业人员求学考察和中老年人的游乐、健身为主。

在营销时,既要各景区携手进取,形成整体合力,又要尽可能突出特色。淇县可考虑举办"中国·淇县·云梦山军事文化旅游节""中国·淇县·武庚湖垂钓节""中国·淇县·古灵山文化庙会""中国·淇县·鬼谷文化国际学术研讨会""中国·淇县·云梦山摄影大赛""中国·淇县·古灵山摄影大赛""中国·淇县·殷商文化旅游节""中国·淇县·殷商文化学术研讨会"等。采用营销方式主要有:

1.借势促销策略

借势促销就是充分利用现有的或别人已成功的条件来推销自己的旅游产品。淇县旅游区旅游业发展的基本依托是第一古军校、高山草原、女娲传说遗迹等景观,以最大限度地吸引客源市场。能否成功借势开发事关旅游区旅游开发营销的成败。如1994年10月,淇县注册成立了河南省鬼谷子学术研究会,并召开"全国首届鬼谷子学术会议"。2001年,鹤壁市成功举办了"全国鬼谷子与纵横家思想学术研讨会"。两届会议对鬼谷子的事迹、思想和著作进行了广泛探讨,在全国掀起了鬼谷子研究的热潮,有力地推动了云梦山旅游业的发展。2009年8月27日至29日,中国先秦史学会鬼谷子研究会成立大会暨第三次全国鬼谷子研讨会在鹤壁召开,来自我国军事、外交、旅游等方面的70多位专家学者参加了本次研讨会。研讨会上,与会专家纷纷发言,围绕鬼谷子其人、其书,鬼谷子与区域经济发展等问题进行讨论,进一步强化鬼谷子文化旅游。

2.主题促销策略

主题促销主要是针对特殊市场需求,确定一个明确主题,来进行促销宣传。根据旅游不同阶段、年月时序,不断增加新景点,使游客有一个新鲜感。本旅游区应根据未来游客的消费需求,采取相应的旅游市场促销主题。如2009年6月,为拉动暑期旅游市场,鹤壁市旅游局牵头组织,淇县旅游局积极配合针对本市各校,推出"放松身心·军校圆梦,3元钱畅游云梦山"有奖旅游活动,学生持优惠券不但可用3元钱游云梦山,还可凭票在现场刮奖,凭优惠券抵购书款等,吸引了大批学生。据了解,近两年,云梦山仅接待各地参观学习的中小学生就已超过百万人次。①

3.直接宣传促销策略

旅游开发者要积极组织配合合作单位参加省组织的各种旅游展览会、博览会、交易会和促销招商活动,增强全民旅游促销意识,全社会共同塑造云梦山旅游区的整体形象。淇县旅游市场开发也由过去一年到外面开几次推介会改变为有计划促销、有方向推销,宣传推介也由粗放型、大呼隆型转变为品牌营销、体验营销、整合营销和互动营销。在淇县文物旅游局,组建数十人的专职营销队伍长年奔波在营销城市,与著名旅游策划机构实行市场托管营销,与多家旅行社门店建立合作关系,形成了一个覆盖河南、山东、河北、山西、北京等省市的旅游营销网络。同时,他们还积极参加全国各类旅游交易会,到主要客源地市场召开淇县旅游推介会,主要客源市场由以前的半径100公里以内扩展到现在的1500公里,还吸引来了一些海外来客。②

第四节　中原文化旅游融合发展模式

文化是旅游的灵魂,旅游是文化的载体。文化使旅游的品质得到提升,旅游使文化得以广泛传播。中国特色社会主义进入新时代,我国社会主要矛盾已经转化为人民日益增长的美好生活需要和不平衡不充分的发展之间的矛

---

① 冯新生:《让"鬼谷子"走出云梦山》,《中国旅游报》2009年8月3日,第06版。
② 尹新婷:《淇县旅游:从宣传到营销的转变——淇县旅游系列报道之营销篇》,《鹤壁日报》2011年7月23日。

盾。在此背景下,做好文化旅游融合发展的大文章,是更好满足人民群众美好生活需要的题中应有之义。2018 年,我国居民人均 GDP 接近 1 万美元,恩格尔系数已降至 28.4%,法定假日为 115 天,带薪休假制度逐步落实,为文化旅游融合发展提供了机遇,提供了更为广阔的发展空间。[①] 对于中原文化传承创新模式研究,既要注意宏观问题的研究,还要兼顾微观问题的研究,既要理论探讨,又要有的放矢。因此,对中原文化旅游发展模式研究,可以是宏观研究和微观研究。所谓中原文化旅游模式宏观研究主要是对遗产旅游资源分区域整体研究,提出可供选择的模式,以便于给文化旅游部门提供参考和借鉴;所谓中原文化旅游模式微观研究是对某一具体中原文化旅游资源进行定量分析,然后结合中原历史文化资源的特点和文化产业发展趋势,综合中原历史文化遗产可持续发展理论模型和运行机制,有针对性地提出遗产旅游发展的模式。在这里,我们侧重中原文化旅游的宏观研究模式。

一、综合旅游模式

针对种类繁多、价值多极、影响深远的中原文化资源,在发展文化旅游的时候,可以根据不同遗产的价值和特色,采取综合旅游开发的模式,以便于历史文化遗产的保护、开发、传承与发展。对占地面积较小、景点相对独立,且生态或文化较脆弱的遗产地,或者对土壤、耕地、植被等遗产地周围环境有很大依赖作用的人文景观、自然景观,在每年或每个旅游旺季开放一部分景区(点),让景区(点)轮流休整,以缓解其保护压力,更好保护遗产地。如对于河南省首批世界文化遗产龙门石窟,可以在对各个洞窟进行编号的基础上,定期开放其中的一部分,而让其余的洞窟"休整"。由于文化遗产的独特性,在洞窟"休整"期间,应针对各个洞窟的特点进行保养和维护,为科学研究和下一轮迎接游客参观做好准备。

同时,在文化旅游的过程中,可以将物质遗产和非物质遗产综合到一起进行整体开发,这也是一种有效的遗产旅游模式。如以郑州商城遗迹的考古发现为体裁,制作关于"郑州商城"的探索与发现节目,拍摄商汤大帝的电影、连续剧,制作歌舞剧等,甚至可以开发一部商汤大帝的电子游戏,在各个城市主

---

① 洪永平:《做好文化旅游融合发展大文章》,《经济日报》2019 年 11 月 27 日,第 12 版。

要进出口树立商汤大帝的雕像,把城市主要街道更名为与商汤有联系的名字,全方位吸引人们的眼球,广泛、密集地进行轰炸式宣传,使郑州市商文化深入人心,既提高郑州商城旅游产品的底蕴和内涵,又弘扬了博大精深的中华文化。再如黄帝故里拜祖大典自2006年举办至今,每年一次,已经由区域性纪念活动发展成为海内外炎黄子孙寻根团聚的盛大节日。2008年,黄帝故里拜祖大典被国务院认定为国家级非物质文化遗产,已经打造成了当代"国典"式文化精品工程,助推了中原经济区和郑州航空港经济综合实验区的发展。每年大典期间,河南省、郑州市都要签订一批经济效益好、带动能力强的投资合作项目,八年来累计签约项目总金额数千亿元,极大地增强了郑州市和河南省的发展后劲。①

二、专业旅游模式

徐光春在《中原文化与中原崛起》一书中,对中原文化进行了全面、准确、系统、深刻的解读,把博大精深、源远流长的中原文化分为史前文化、神龙文化、政治文化、圣贤文化、思想文化、名流文化、英雄文化、农耕文化、商业文化、科技文化、医学文化、汉字文化、诗文文化、宗教文化、民俗文化、武术文化、姓氏文化、戏曲文化等18个方面,②基本上全面概括出了河南省文化资源的内容和特点。

张新斌在《中原文化解读》一书中,把中原文化分为史前文化、夏商文化、汉魏文化、北宋文化的时代文化类,始祖文化、姓氏文化、名人文化的寻根文化类,都城文化、村镇文化、山水文化的地理文化类,易学文化、诸子文化、道教文化、佛教文化的思想文化类,商业文化、军事文化、教育文化的社会文化类,天文文化、农耕文化、陶瓷文化、冶铸文化、医药文化的科技文化类,汉字文化、书画文化、诗文文化、戏剧文化的文艺文化类,武术文化、节庆文化、传说文化、饮食文化的民俗文化类等8大类30种文化。③贾文丰在《中原文化概论》一书中,选取了诗词文化、散文文化、书画艺术、戏曲艺术、民间艺术、道家文化、儒

---

① 《黄帝故里拜祖大典成为当代"国典"式文化精品工程》,《郑州晚报》2014年3月31日,第AA06版。
② 徐光春:《中原文化与中原崛起》,河南人民出版社,2007。
③ 张新斌:《中原文化解读》,文心出版社,2007。

家文化、法家文化、佛教文化、墨家文化、兵家文化、阴阳家文化、农家文化、科技文化、民俗文化、名胜文化、饮食文化、教育文化等18种文化。[①] 根据前述中原文化的内涵,除去重复和交叉部分,我们认为中原文化主要包括政治文化、诸子文化、宗教文化、名人文化的思想文化类,始祖文化、姓氏文化、神龙文化、河洛文化的根祖文化类,习俗文化、节令文化、传说文化、武术文化的民俗文化类,汉字文化、诗文文化、书画文化、戏曲文化的艺术文化类,农耕文化、医药文化、天文文化、陶瓷文化的科技文化类,豫菜文化、名酒文化、器具文化、养生文化的饮食文化类,治水文化、节水文化、调水文化、崇水文化的水文化类等7大类28种文化。因此,在传承发展文化旅游的过程中,要做好专业旅游市场的调研,开发出河南山水游、人文游、都市游、乡村游等专业文化旅游市场,打造古都文化旅游、中国功夫旅游、拜祖寻根旅游、中原红色旅游、黄河小浪底滨水休闲旅游,以及伏牛山、南太行、鸡公山休闲度假旅游,以满足不同层次的旅游者的需求,从而促进文化资源旅游的可持续发展。

如发展郑州都城文化旅游一定要从打造一批特色明显、展现郑州风貌、具有国际影响的文化品牌入手,要以文化为魂、旅游为体、商业为力,着力推动文化旅游化、旅游文化化、文化旅游市场化,发挥郑州古都历史文化优势,突出华夏腹地文化交融的地域特色,整合以古都文化、殷商文化、功夫文化、根亲文化、佛道文化、农耕文化、黄河文化、裴李岗文化等为代表的文化旅游品牌,着力开发以古都、名寺、祖根、功夫、宗教为特色的文化观光、寻根朝觐以及休闲度假、生态观光旅游项目,形成多层次、多功能、多样化的文化遗产旅游产品,丰富和拓展文化遗产的内容和形式,以适应新形势下人们对文化多样性的要求,走出一条具有中原特色的文化资源开发的新路子,为郑州建设国家中心城市做出贡献。

三、遗产生态旅游模式

生态文化旅游是国际旅游消费发展的大趋势,在美国、德国、意大利分别有77%、82%、94%的消费者在出行旅游时会考虑生态环境因素。消费者选择生态旅游不外乎两种动机:一是从自身利益考虑,为了保护自身安全和健康;

[①] 贾文丰:《中原文化概论》,中州古籍出版社,2010。

二是从承担社会责任角度考虑,旨在保护生态环境,在旅游消费中减少资源浪费和环境污染,以保证这种物质与非物质文化遗产旅游的可持续发展。① 生态旅游是以欣赏和研究自然景观、野生生物及相关文化特征为目标,为保护区筹集资金,为当地居民创造就业机会,为社会提供环境教育,有助于自然保护和可持续发展的自然旅游。② 生态旅游的主旨是"回归大自然",以原生、和谐的自然生态和文化生态系统为旅游对象。保护是生态旅游的核心,这十分切合可持续发展的宗旨。③

首先生态旅游提倡保护资源完整性,吸引游客到独特而又可进入的旅游区中去,不破坏资源,不对资源整体构成损蚀,尊重当地的文化和环境、经济发展和传统、生活方式、当地居民的行为以及社会体制;其次生态旅游重视对资源内在价值的认识,旅游项目的规划设计和经营管理遵循因便就简、就地取材、追求生态、追求璞真的原则,游客对于旅游资源的内在价值和外加价值,相比之下更关注资源内在价值,他们会按照自然的原始模式去接受它,而不是从自身的便利和需要出发去改造它;再次游客满意度以观赏或教育的获益来衡量,而不是寻求刺激,也不是物质上的收获,强调在与自然环境和谐相处的过程中获得第一手的具有启迪教育和激发情感意义的共享经历。④

在中原文化传承过程中,可以选择一些风景优美、人文资源丰富、传统文化特色鲜明的文化资源发展生态旅游,因为发展遗产生态旅游,旅游者不仅能够参观、欣赏原始保存和保护的文化遗产,还可以与当地居民同吃同住同乐,体验当地人日常生活和劳动的过程,享受在长期历史发展过程中流传下来的鲜活的文化习俗,而且有利于保护文化遗产资源,不破坏生态环境,提高文化资源旅游投资回报,增强文化旅游业可持续发展的积极性和自觉性,实现遗产旅游的可持续发展。如以黄河文化为主线,以黄河滩地自然、历史人文景观为依托,发展黄河生态旅游精品线路,重点发展三门峡黄河白天鹅生态苑、黄河

---

① 彭希喜:《生态旅游可持续发展对策研究》,《国际市场》1998年第3期。
② 姚晓莉、刘永焕:《河南发展生态旅游的SWOT分析》,《河南机电高等专科学校学报》2006年第1期。
③ 张河清:《民族地区旅游业可持续发展的文化解读》,《求索》2005年第1期。
④ Erlet Cater and Gwen Lowman, *Ecotourism: a sustainable option* (West Sussex: John Wiley & Sons, Inc., 1994); Ercan Sirakaya, "Attitudinal compliance with ecotourism guidelines," *Annals of Tourism Research* 24, no.4(1997):919-950.

小浪底景区、濮阳生态旅游景区、黄河故道森林公园、湿地鸟类保护区、黄河滩区生态农业园等,不仅将黄河母亲河建设成绿色生态走廊,而且还要使之成为人文底蕴浓、生态环境优越的遗产生态旅游带。

四、文化社区旅游模式

社区文化指的是特定社会区域当中人们各方面的行为所构成的文化生态系统。它既包括这一区域内人们的生产方式和生活方式,也包括该区域内社会成员的理想追求、价值观念、道德情操、生活习俗、审美方式、娱乐时尚等。①社区旅游即"景区旅游,社区休闲"开发模式,就是把文化旅游与社区相结合,在社区开发出各具特色的街区和文化体验活动区,旅游者在遗产景区游览后,到社区的特色街区、特色文化体验区从事购物、娱乐、餐饮、参观等休闲活动或度假的旅游模式。②

国外20世纪六七十年代兴起的社区旅游,现在已较为成熟。我国从20世纪90年代开始,在一些大城市开展社区旅游,如北京的胡同游,上海的石库门、里弄游。③ 郑州市域的荥阳市贾峪镇松鼠部落森林假日公园、二七区马寨镇申河社区申家大院、金水区富田丽景社区广场、登封市少林街道办事处雷家沟村嵩山心意风车农场、新郑黄帝故里等是郑州有代表性的社区旅游。仅2020年中秋国庆长假,新郑各大景区(点)共接待游客超29万人次,旅游总收入1300多万元。其中,黄帝故里成为有效拉动文旅消费的创新先锋。④

由于文化社区旅游模式超越了传统的遗产旅游,只关注遗产景观的范围,让旅游者不仅游览遗产景观,还能体验文化资源地的人文特色,满足了旅游者多元化的旅游需求,增加了旅游者的旅游价值,也使旅游企业的开发行为延伸到社区,降低对景区的过度开发。因此,在文化旅游发展的过程中,发展文化社区旅游,能促进社区经济、文化、环境、社会的发展,使社区朝着良性方向进化,使居民受到更多好处。如平顶山文化社区游,旅游者除游览石人山、石漫

---

① 龚贻洲:《论社区文化及其建设》,《华中师范大学学报(哲学社会科学版)》1997年第5期。
② 参见:唐顺铁《旅游目的地的社区化及社区旅游研究》,《地理研究》1998年第2期;邓明艳《世界遗产资源保护性开发模式新思考》,《北京第二外国语学院学报》2004年第3期。
③ 保继刚、文彤:《"社区旅游"发展评述》,《桂林旅游高等专科学校学报》2002年第4期。
④ 参见:张莉娜、程倩《中秋国庆长假,新郑接待游客超29万人次》,《河南日报》客户端,2020年10月9日。

滩水库风景区等自然景观和应国墓地、风穴寺、汝窑遗址、三苏坟、叶县明代县衙等人文景点外,还可到平顶山商业街购物,到河南省工人疗养院享受温泉,到汝瓷厂参观汝瓷烧制工艺,游览被誉为"中原第一红石古寨"之称的临沣寨,到"全国魔术之乡"——赵庄感受民间魔术文化艺术,品尝汝州凉皮、郏县饸饹面、鲁山揽锅菜等地方风味小吃,欣赏平顶山新城区城市文化与现代文化交融的新景象。

文化社区旅游就是以社区为载体,运用厚重的中原文化,创造出广大人民群众喜闻乐见、易教易学、休闲娱乐的文化社区,丰富中原文化的表现形式和传播手段,增强中原文化的参与度和影响力。如依托郑州、开封、洛阳、安阳四大古都历史文化优势,建立古都文化社区,把河南打造成为以中华历史文化为主题的古都名城体验区域,使之成为驰名中外的中华古都名城旅游重要目的地。依托以河洛文化为代表的华夏历史文明圣河,以洛阳等地为代表的华夏历史文明圣城,以嵩山为代表的华夏历史文明圣山,以姜太公、老子、庄子、许慎、张衡、张仲景、吴道子、杜甫、韩愈等为代表的华夏历史文明圣贤,建设一批具有较高艺术水准、便于文化交流与产业融合、能够承载较大国际影响的主题文化社区和特色文化体验区,充分展示华夏历史文明传承创新区的独特魅力。截至 2017 年底,全省 4.8 万个行政村(社区)已建成综合文化服务中心的有 2.6 万个。[1] 2017 年以来,淮阳县借力河南省公共文化服务体系示范区创建、百县万村工程、脱贫攻坚等中心工作,主攻贫困村综合文化服务中心建设,在 2018 年上半年按照"八个一"标准完善提升黄集乡的后家、白楼的劳楼等 28 个贫困村文化中心后,实现了全县综合文化服务中心达标覆盖 145 个贫困村。[2]

---

[1] 袁凯声主编《河南蓝皮书:河南文化发展报告(2018)》,社会科学文献出版社,2018,第 198 页。
[2] 参见:淮阳县文广新局《淮阳县将实现村级综合性文化服务中心全覆盖》,河南省旅游和文化厅网,2018 年 8 月 23 日。

第六章　中原商业文化传承创新路径

中原商业文化是豫商的精神家园,是华夏历史文明之基、中华商业文化之源。传承创新中原商业文化是建设现代化河南的重要载体,是谱写新时代中原更加出彩绚丽篇章的历史使命。传承创新中原商业文化就要以"创新、协调、绿色、开放、共享"的新发展理念为指导,坚持"取其精华、留存优秀、去粗取精"的基本原则,遵循"保护为主、古为今用、强化传承、合理利用"的核心要义,创新保护传承利用理念、改革管理体制、建立多元投资机制、实施文化遗产保护展示工程、推动文化和旅游融合发展以及构建新型宣传推介体系,讲好新时代"中原商业文化故事",推动中原商业文化高质量发展,为新时代中原更加出彩凝聚强大精神力量。

第一节　中原商业文化传承创新的意义

历史时期我国著名商业人物具有时代性、地域性和特殊性的特征。自古代到南宋为止,河南一带的中原地区一直是全国的文化、政治、经济中心。历史上著名商人王亥、子贡、范蠡、弦高、子产、计然、白圭、桑弘羊及绝代政商吕不韦等都是河南人,是古代河南著名商人。明清以来的河南商人,诸如怀庆府的怀商、巩义康百万家族等同样闻名。

中原商业文化是一种具有可持续性发展潜力的文化资源,是一种能推动河南社会经济文化发展的文化生产力。但是,中原商业文化资源是不可再生的,面对自然力和人为破坏往往难以抵御。一般来说,历史文化遗产具有不可再生性、不可替代性、珍稀性,以及毁损原因的多样性与复杂性的特征。① 一些生态环境遭到破坏尚有可能恢复,而文化遗产一旦破坏就不可真实和完整地再现。文化遗产是人类适应自然、改造自然和发展、完善自身的历史积淀。② 同样,中原商业文化也具有这样的特征。

因此,中原商业文化作为中原历史上著名商业人物和劳动人民智慧的结晶,是无法替代的文化资源,具有独特的存在价值,对其科学保护并使其完整传给子孙后代是历史赋予当代人的重大使命,也是实现文化传承创新的内在要求。因此,中原商业文化传承创新对于推进文化强省、弘扬中原人文精神、加快中原经济区建设、实现"建小康富人民、兴河南强中原"的中原梦、全面推进现代河南建设、让中原更加出彩、早日实现"两个一百年"奋斗目标和中华民族伟大复兴的中国梦,具有重要的现实意义。

一、提升中原商业文化的软实力

河南的商业文化历史久远,根源自商族,繁荣于先秦,发达于汉唐宋。商业文化是中原文化的主干,是历史发展的动力源泉。梁启超曾经说过:"凡一国之能立于世界,必有其国民独具之特质,上自道德法律,下至风俗习惯文学美术,皆有一种独立之精神。祖父传之,子孙继之,然后群乃结,国成。"③

所以说,文化传承创新在经济社会发展中有着重要的作用。长期以来,由于区位因素、资源劣势、人口压力等原因,河南的发展相对落后。在现代河南建设的时候,应抓住机遇,突破瓶颈,实现中部崛起的宏伟蓝图,这就需要挖掘中原商业人文精神的核心内涵,增加人们的精神认同,而这种精神认同的思想基础是我们的中原商业文化。河南作为中国商人、商业和商业文化的发源地,孕育的"兼容并蓄、勤俭内敛、重德尚义、商道济世"的商业文化内涵,成为中华商业文化的精髓。从弦高、范蠡、子贡、白圭、吕不韦等杰出的古代豫商身上,我们可以学习到古代豫商爱国、惠民、公平、诚信等优秀品格,不仅有利于克服

---

① 参见:刘建华、姚兆《我国历史文化遗产保护科技成果推广转化现状及对策研究》,《东南文化》2005年第4期;鲍展斌《关于历史文化遗产的哲学思考》,硕士学位论文,浙江大学,2002。
② 中国文物保护技术协会、国家文物局:《2020年中国历史文化遗产保护领域科学和技术发展研究》,载周光召主编《2020年中国科学和技术发展研究(下)》,中国科学技术出版社,2004。
③ 梁启超:《新民之议》,转引自刘成纪《中国精神的传统基源与现代转换》,《决策与信息》2013年第6期。

商业经营中存在的唯利是图、假冒伪劣等不良现象,而且还能提升豫商竞争力。

通过对中原商业文化的传承和创新,如对爱国济民、重德尚义、诚实守信、勤俭敬业和中原商圣文化传统美德的继承,能够丰富社会主义核心价值体系,引导人们抵制当前的庸俗、低俗、媚俗不良之风,从而树立正确的世界观、人生观、价值观、道德观和法制观。传承创新中原商业文化为我们聚精会神搞建设、一心一意谋发展,为现代河南建设提供了坚实的思想基础。

二、增强中原商业文化的凝聚力

《关于实施中华优秀传统文化传承发展工程的意见》是中共中央办公厅、国务院办公厅为建设社会主义文化强国,增强国家文化软实力,实现中华民族伟大复兴的中国梦印发的文件。中原商业文化作为中华商业文化的重要组成部分,传承创新中原商业文化有助于讲好中原商业故事,推动中原文化走出去,培养高度的文化自觉和文化自信,从而增强整个中原商业文化的凝聚力和向心力。

传承创新中原商业文化就要充分发挥中原商业文化根魂资源优势,挖掘王亥、子产、弦高、范蠡、白圭、子贡、吕不韦、桑弘羊等历史中原著名商业人物的商业思想以及康氏家族、怀帮怀商群体的文化资源,开展寻根拜祖商业文化活动,办好"全球最具影响力的十大根亲文化盛事"之一中国商丘国际华商节,打造祭拜商圣大典、商道文化论坛、豫商大会、中国南阳范蠡文化节、药王孙思邈医药文化节、中国中草药四大怀药产业展览交易会、中国洛阳河洛文化旅游节、中国开封菊花文化节、郑州国际少林武术节、唐人故里·闽台祖地中原(固始)根亲文化节等主题商文化品牌,提升具有中原商业特质的文化内涵,增强中原人民的凝聚力,让中原成为中华商业文化的精神家园和心灵故乡的主要承载地。如中原商业文化的厚重历史和商业伦理对中华民族的精神塑造发挥了重要作用,为河南文化建设提供了丰厚的资源禀赋,是建设现代河南的助推器。其实从19世纪80年代开始,海外华人在河南寻根就取得了很大进展,有30个姓氏先后组团到中原进行寻根和联谊,形成了中华姓氏文化节,并多次举办祭祀祖先的活动;旅游部门还精心打造了旅游线路,如炎黄子孙拜祖线等,形成了根文化旅游品牌。因此,中原商业文化也要以寻根为主题,挖掘经济效益,以姓氏寻根、商人寻根、商圣拜祭为抓手全面推动河南寻根经济的发展,带动河南由文化资源大省向文化产业强省转变,不断提升中原商业文化在现代河南建设中的凝聚力。

三、激发中原商业文化的创新力

《国务院关于支持河南省加快建设中原经济区的指导意见》明确提出挖掘整合旅游资源,推动文化旅游融合发展,建设中原历史文化旅游区。对于中原商业文化而言,《中原历史文化旅游区总体规划》提出整合中原地区自然人文资源,建设体现地方特色和文化内涵,集人文景观、自然景观游览和城市游憩、生态休闲于一体的文化旅游区,把中原历史文化旅游区建设成为弘扬中华优秀传统文化的核心区域和华夏历史文明传承创新区的重要载体。

传承创新中原商业文化,能够带动相关文化产业链的发展,而产业链凝聚出的产品能更好地吸引人们去了解中原商业文化。通过实施"商业文化+"工程,大力发展"文化+名人""文化+论坛""文化+旅游""文化+互联网",提升"华商节""大宋·东京梦华""商魂""怀庆药都""禹州中医药交易会"等品牌价值,做大做强郑州国际文化创意产业园、中国·郑州中原国际文化智汇港、郑州现代文化产业创新示范区、开封宋都古城文化核心展示区、洛阳河洛文化展示体验核心区、安阳殷墟大遗址文化旅游体验区、濮阳龙文化体验示范区、许昌三国文化展示体验旅游核心区、桐柏—大别山红色旅游区等文旅产业品牌,激发全中原地区文化创造活力,把中原商业文化资源建设成为集文化传承、历史怀古、民俗体验、文旅融合等于一体的综合性文化旅游示范区,不断提升中原商业文化软实力,使文化能够得到更好的传承和创造。

第二节 中原商业文化传承创新的基本原则

2021年6月,文化和旅游部在《"十四五"文化和旅游发展规划》中提出以改革创新为根本动力,把创新作为引领发展的第一动力,全面推进模式创新、业态创新、产品创新,以满足人民日益增长的美好生活需要为根本目的,为建设社会主义文化强国做出积极贡献。因此,中原商业文化建设,以"创新、协调、绿色、开放、共享"为指导,坚持"共抓大保护、不搞大开发"原则,以传承与创新为主题,基础在传承,关键在创新,①立足于中原,充分挖掘中原商业文化资源,打造豫商文化品牌,走"保护→开发→利用→发展→保护"的可持续发展之路,为全国文化改革发展探索新路,为中原经济区建设和现代化河南建设做出应有的贡献。

一、可持续发展

在中原商业文化传承创新的过程中,要正确处理文化资源的传承、创新和利用的关系。通过文化资源的可持续发展实现地球环境多样性和人类文化多样性的可持续发展,这是遗产开发利用的最高原则。② 从可持续发展的观点看,中原商业文化建设始终贯穿"传承创新,基础在传承,关键在创新,在传承中创新,在创新中传承"的思路,坚持"保护为主、合理开发、科学规划、永续利用"的原则,保护是开发的前提,开发是保护的基础。③

在中原商业文化传承的过程中,必须更新观念,正确处理中原商业文化的规划、保护和开发的关系。我们所传承的中原商业文化不仅表现为思想理念,还体现为生活中的文化。传承创新中原商业文化既要彰显中原文化的特点,同时又要具有豫商文化的表征,具备中原大文化精神,符合现代文化发展理念,而且具有国际竞争力和影响力,能够代表国家文化软实力。

推进中原商业文化资源可持续发展,就要做好传承与创新两篇大文章,在传承中创新,在创新中发展,在发展中提升,加快文化强省建设,促进中原崛起河南振兴。④ 因此,加强文化资源保护是中原商业文化传承的根本保证。在中原商业文化传承创新的过程中,文化建设必须科学规划,分步实施,整体推进,形成规模效应,避免对文化资源散乱无序状态的开发。每一个文化资源的开发项目,都必须经专家审核论证,⑤以保持文化资源的原有风貌与特定内涵。

---

① 赵素萍:《务实推进华夏历史文明传承创新区建设》,《河南日报》2012年3月2日,第02版。
② 罗佳明:《中国世界遗产管理体系研究》,复旦大学出版社,2004,第158页。
③ 王星光、贾兵强:《中原历史文化遗产可持续发展的问题与对策》,《河南社会科学》2008年第4期。
④ 李立新:《关于华夏历史文明传承创新区的几点思考》,《黄河科技大学学报》2012年第3期。
⑤ 贾兵强:《建设开封历史文化旅游区的路径选择》,《华北水利水电大学学报(社会科学版)》2014年第3期。

二、市场导向

中原商业文化传承创新既要考虑经济效益,同时又要兼顾社会效益。在贯彻"五大发展"理念的前提下,坚持以市场为导向是中原商业文化发展的价值导向。目前,大遗址规划保护、文化旅游和新文化业态已成为文化产业发展的基本趋势和方向,也是中原商业文化传承创新推进华夏历史文明区建设的发展方向。

传承创新中原商业文化不仅是经济产业,还是一项综合性经营产业,在旅游经济新常态下目前已进入买方市场,所以中原商业文化传承的过程中,商业文化发展必须既考虑自身的优势,又考虑旅游市场的需求形势。只有坚持协同效应原则,才能够充分发挥文化旅游效益最大化的作用。因此,在中原商业文化传承中,文化地标建设要始终坚持经济效益、社会效益和环境效益第一的原则。

传承中原商业文化就要在以文化品牌建设为载体的前提下,满足庞大文化市场需求,激活商业文化资源、深挖文化潜力、盘活文化资本、培育文化企业,形成文旅消费新格局,走"保护—开发—利用—保护"商业历史文化资源可持续发展的道路,构建人与自然和谐相处的生态文明社会。

三、多元发展

推进中原商业文化传承,既要着眼于社会经济发展需要,又要不断满足人民群众日益增长的精神文化需要;既要立足于传承保护历史文化资源,又要传承开发新文化业态;既要服务于中原经济区建设需要,又要弘扬中华优秀传统文化,是一个多层次、多维度、全方位的多元化开发利用过程。

比如中原商业文化建设要紧跟智慧旅游发展趋势,应逐步从自然观光旅游产品转向度假类、休闲类、参与类等的旅游产品,追求旅游产品的多元化就是为了满足不同层次市场的需求。对于中原商业文化传承创新而言,利用我省丰富的商业文化资源可以大力开展历史文化考察、文物古迹考察、社会主义核心价值观教育等文化旅游活动,同时还可适时适地发展生态观光、高新农业观光和休闲度假文旅融合项目。

四、特色品牌

特色是中原商业文化传承创新生命力的体现,没有特色就容易形成千篇一律的局面,不能彰显中原元素、河南符号在中原商业文化传承中的地位和作用。多一份特色就多一份竞争力,在一定程度上可以说,有特色就有效益,有特色就有发展。

打造中原商都和商祖品牌,发挥"华商之源"品牌引领功能,郑州、洛阳、商丘要高举中原大商文化的大旗,推出"老家商道""老家商业""老家商人""老家会馆"等系列"老家"品牌,形成支撑"老家河南"形象的旅游品牌体系。推进中原商业文化传承创新就要凸显中原文化特色、河南地域优势、中华商业文明源头、中华商业思想内核,还要注重做好顶层设计、凝练特色品牌、规模经营、协同创新发展,走出一条具有中原特色的商业文化品牌建设的新路子,为中华商业文明的传承与创新做出贡献。

在中原商业文化建设的过程中,如果没有特色,文化产业就很容易产生视觉疲劳,没有很强的发展远景。如"邯郸学步""东施效颦"旅游文化产业发展思路,没法实现文化产业效益最大化。因此,以文化特色建设推进中原商业历史文明传承,一定要本着"人无我有,人有我新,人新我奇,以奇制胜"的原则,尽量满足历史文化体现者的"求新、求奇、求特、求美"的需要,积极打造中国商丘华商节、商圣范蠡故里文化节、中国开封菊花文化节、"中华源"国际文化旅游节等活动,建设开封市祥符区朱仙镇、社旗县赊店镇、滑县道口镇、淅川县荆紫关镇等商业文化名镇,不断提升豫商文化品牌影响力。如郑州可以制作关于"郑州商城"的探索与发现节目,拍摄商汤大帝的电影、连续剧,制作歌舞剧等,甚至可以开发一部商汤大帝的电子游戏,在郑州德化步行街树立商汤大帝的雕像,把城市主要街道更改为与商汤有联系的名字,全方位地吸引人们的眼球,广泛地、密集地进行轰炸式宣传,使郑州市商文化深入人心。

五、传承为要

中原商业文化是中华商业文化传承的主干,也是习近平总书记所说的"中华优秀传统文化"的重要组成部分。传承中原商业文化就要依托厚重的中原思想文化、姓氏文化、河洛文化、名人文化、都城文化、民俗文化、饮食文化,建成具有中原特色、河南元素、中国风貌的中原商业文化品牌,让中原商业文化在传承中不断创新发展,不断提升文化软实力和增强中原人民凝聚力,助推中华优秀商业传统文化可持续发展。

推进中原商业文化传承创新,要充分发挥中原商业文化品牌优势,大力弘扬中华商业优秀传统文化,把跨越时空、超越地域、具有当代价值的中原商业精神传承起来,打造全球华商根亲文化圣地,把继承中原优秀传统文化又弘扬时代精神、立足中原又面向全国的当代中国文化创新成果传播出去,凝聚实现中华民族伟大复兴中国梦的强大正能量。

推进中原商业文化传承创新,要依托厚重的中原商业文化,打造广大人民群众喜闻乐见、易教易学、休闲娱乐的文化品牌,丰富中原商业文化的传承形式和传播手段,增强中原商业文化的参与度和声誉度。如依托都城文化优势在郑州、安阳、洛阳、开封等地建设古都商业文化品牌,让参观人民能够近距离触摸和体验到历史文化名城,提升都城文化的愉悦度。依托中原的赊店镇、朱仙镇、道口镇、周家口、紫荆关镇、红旗渠、丹江口等,建设中原山水小镇,打造地域特色鲜明的"美丽乡村"村镇旅游文化和休闲旅游品牌。同时还可以充分利用河南商业名人文化、山陕会馆文化、关公文化、怀商商帮等优势,建设名人故里文化品牌和特色文化体验区,充分展示中原商业文化传承的独特魅力。

综上所述,中原商业文化传承创新是以社会主义核心价值体系为引领,以传承创新为原则,大力弘扬中原优秀商业传统文化,肩负起时代赋予的历史重任,发挥文化传承功能和经济建设功能,为我省在实现中华民族伟大复兴中国梦进程中让中原更加出彩做出新的应有的贡献。

第三节　中原商业文化传承创新的路径选择

中原地区是中华文明的摇篮,也是中华商业文化的源头和核心地域。河南是华夏文明的重要发祥地,是中华商业思想的诞生地。河南省委原书记徐光春在《中原文化与中原崛起》一书中,曾用形象的语言"一部河南史半部中国史"[1]来概括和评价中原历史文化在中国历史文化发展进程中的地位和

---

[1] 徐光春:《中原文化与中原崛起》,河南人民出版社,2007,第1页。

作用。

目前,中原商业文化传承创新仍然处在探索阶段,对中原商业文化的利用、保护与开发等方面有很多可以选择的发展模式和可供尝试的路径。借鉴国内外发展经验,①结合河南省情,我们认为传承创新中原商业文化,必须按照文化强国战略的总体部署和《河南省国民经济和社会发展第十四个五年规划和二〇三五年远景目标纲要》的要求,坚持"共抓大保护、不搞大开发"理念,以商业人物故居庄园、商业会馆、商业历史文化名城名镇保护为重点,遵循"科学规划、突出保护,古为今用、强化传承,优化布局、合理利用"的基本原则,以改革为动力,创新发展模式,运用"互联网+",大力发展文化创意旅游业,加大传承与创新区在重要媒体上的宣传力度,塑造中原商业文化精神,在传承与创新中推动中原文化的大发展大繁荣,实现文化与经济社会的协调发展,加快建设文化强省的步伐,全面推进现代河南建设,为中原在实现中华民族伟大复兴中国梦中更加出彩做出应有的贡献,努力谱写中原崛起河南振兴富民强省的新篇章。

一、深入研究阐释

科学研究是传承创新中原商业文化的首要目的,这是因为任何一种历史文化都凝聚了中原先民对事物本质和规律的认识和利用,文化蕴涵着自然与人文科学研究的巨大研究价值。不同学科的学者可以从各个角度讨论遗产的科学价值,如遗产的可视性美学价值、精神价值、历史价值、社会学价值、科学价值、原真性价值、符号价值。② 因此,中原商业文化传承创新是以商业文化为发展平台,以科研院所为依托,以市场为导向,以人民大众需求为出发点,逐步形成园区与大学、科研机构、企业一体化的成果快速转化体系,建立多元化、多层次的综合性产学研结合新模式。依托郑州大学中原文化资源与发展研究中心、河南大学黄河文明可持续发展研究中心、河南工业大学粮食经济研究中心、商丘师范学院汉梁文化研究中心、南阳师范学院汉文化研究中心、洛阳师

---

① 王星光、贾兵强:《国外历史文化遗产保护机制及其对我国的启示》,《广西民族研究》2008年第1期。
② 钱薏红:《中国世界遗产管理制度的创新》,载滕藤、郑玉歆主编《可持续发展的理念、制度与政策》,社会科学文献出版社,2004,第189页。

范学院河洛文化国际研究中心、平顶山学院伏牛山文化圈研究中心、安阳师范学院甲骨学与殷商文化研究中心和周口师范学院豫东南文化传承与发展研究中心等河南省普通高校人文社科研究基地研究团队，中国商业史学会商业人物专业委员会和豫商史专业委员会等全国性学术平台，河南牧业经济学院豫商文化研究所和郑州商学院豫商文化研究中心等科研机构，深入开展以商业文化、河洛文化、中华元典文化、中华姓氏文化等为重点的文化研究，举办中国商丘华商文化国际学术研讨会，推动研究、保护、展示中华商业文化专业化发展，形成中华商业文化研究学术高地、世界文明对话专业平台，为华夏历史文明重要传承区建设奠定坚实的理论基础，努力打造华商文化研究中心、河洛文化研究中心、中原文化遗产研究中心、中原文化产业研究中心、中原商业名人研究中心等学术研究高地。

传承创新中原商业文化，要持续做好研究阐释工作，有研究才能有开发，才能形成独具特色的豫商文化品牌。研究历史上中原商业名人出现的原因和历史条件，弄清楚中原大地产生商业人物的必然性；进一步梳理商业人物在中原名人文化中的地位和作用；深入挖掘中原商业人物的价值观、伦理思想内涵和时代价值，豫商、怀商与晋商、徽商、沪商的文化耦合和互动交流；利用商业文化资源，做好商业文化传承创新，讲好中原商业故事。如郑州市应当充分认识中原商业文化潜在价值，遵循历史上业已形成的内在文化脉络，实现文化资源开发与现代河南建设的深度融合，利用"商都文化"资源发展郑州大都市经济，以中原商业文化资源构建城市经济群落，形成点、线、面发展格局，加快中原经济区建设发展进程，从而彰显文化底蕴和文化特色，更好地展示中原商业文化独有的内涵。

二、创新发展理念

中原商业文化传承创新以习近平总书记关于弘扬中华优秀传统文化重要论述为根本遵循，坚持"共抓大保护、不搞大开发"理念，深入挖掘和弘扬商业文化的现代价值，推动优秀传统文化创造性转化、创新性发展，走"保护→开发→利用→发展→保护"的永续利用之路，促进中原商业文化资源传承保护与社会、经济发展的良性互动，实现中原商业文化资源可持续发展。

传承创新中原商业文化,保护是根本,传承是方向,利用是动能。① 在中原商业文化开发利用过程中,正确处理文化资源保护、开发和利用的关系。从可持续发展的观点看,始终坚持"保护为主、合理开发、科学规划、永续利用"的原则,保护是开发的前提,开发是保护的基础,规划是利用的关键。② 传承创新中原商业文化要以保护为前提,与文化资源和环境的承载力相协调,通过合理利用开发中原商业文化资源,实现中华商业文化资源可持续发展。如郑州商城是郑州作为国家历史文化名城和中国八大古都之一的主要载体,郑州市委、市政府历来十分重视并致力于商城遗址的保护工作。1985 年郑州市商城遗址保护管理所成立,主要负责郑州商城遗址的保护与管理工作。1995 年郑州市人民政府编制《郑州商代遗址保护规划》。2000 年郑州市政府颁布《郑州商代遗址保护管理规定》。1991 年以来,依法拆除违章建筑 1.5 万余平方米,建成绿化景区 7 个,面积 4 万多平方米,有效保护地上城墙 1800 多米,城墙护坡绿化近 5000 平方米。为进一步加强对郑州商城遗址保护及环境整治工作的领导,2004 年,郑州市政府启动了"郑州市商城遗址保护及环境整治"项目,成立了以市长为组长的"郑州市商城遗址保护及环境整治工作领导小组"。项目计划投资超过 5 亿元,其中大部分资金用于拆除商代城墙上及周围重点保护区内的建筑物、构筑物,旨在对郑州商城主体的有效保护和周边环境的美化绿化,进一步改善商文化遗产的保护环境,进一步改善城市居民的生活条件,从而实现商文化创造性转化、创新性发展。2021 年 10 月 12 日,郑州商代遗址入选国家文物局《大遗址保护利用"十四五"专项规划》"十四五"时期大遗址名单。

合理开发是传承创新中原商业文化的重要手段与举措。"保护第一"并不是不要开发,而是"不要破坏",是只能"在有效保护的前提下"进行开发利用。在保护的前提下把商业文化资源的内涵及其部分外延逐步向社会展示,通过内涵的发掘、形象的"包装",将其内在的文化价值呈现出来,让文物走出历史,将其变成供观众欣赏和游览的资本。如我省滑县建立了历史文化保护利用会商协作机制,强化了河务、水利、住建、乡镇、土地、公安、文物、旅游等部门的沟通与协作。滑县以运河文化和商业文化为中心,依托对古城墙、商贸古街、创

---

① 范周:《大运河:文化引领、融合创新》,《社会科学报》2019 年 5 月 30 日,第 06 版。
② 王星光、贾兵强:《中原历史文化遗产可持续发展的问题与对策》,《河南社会科学》2008 年第 4 期。

意产业中心等的有效利用,建设集大运河、道口古镇、非物质文化遗产保护、旅游、观光、娱乐、休闲、饮食等文化产业于一体的历史文化传承创新示范区。被誉为中国第一大庄园、中原三大官宅之一的康百万庄园专门设立康百万庄园保护所和巩义市康百万庄园管理处,主要负责康百万庄园文物安全及保护管理、规划实施、旅游接待等工作。

总之,中原商业文化传承创新必须遵循"共抓大保护、不搞大开发"的理念,始终贯穿"传承创新,基础在传承,关键在创新,在传承中创新,在创新中传承"的思路,充分发挥其展示历史、弘扬优秀商业文化的独特功能,不能以损害文化资源为代价,开发时要特别注意防止建设性破坏。更要注重真实性、完整性和延续性原则,推进商业文化遗产管护,对商业庄园、会馆、故城、墓葬的修建和文物保护单位区域进行科学的控制,旅游设施应尽量选择在不破坏周边文化遗产的地方;在生态环境保护修复上,坚持可持续发展理念,以自然地貌为基础,避免城市化规划设计;商业文物保护控制区使用以太阳能或电能为能源的交通工具等,避免游客进入核心保护区域。

三、改革管理体制

中原商业文化不论从概念还是价值上来讲都是一个整体,但目前对其的管理和使用都是分段的。文化遗产的管理分属于文物、文旅、国土规划、发改革、公安等不同部门,不同地区之间又有行政区划的界限,部门之间许多具体事务和实施层面的细节没建立方便有效的协调途径和常态化的合作机制。因此,为加快中原商业文化管理体制改革进程,建立协调机制并开展有关专门立法、专项立法工作,以保障传承创新中原商业文化有章可循、依法行政,可以借鉴大运河文化带的做法。2009年在国家层面建立了跨部门、跨地区的协调机制——大运河保护与申遗省部际会商小组,颁布并实施了《大运河遗产保护管理办法》,加强大运河文化遗产的保护,弘扬优秀文化,传承人类文明,促进经济社会协调可持续发展。因此,推进豫商文化旅游综合执法改革,文化旅游、交通运输、公安、工商等部门应按照职责分工,加快构建省、市、县三级旅游质监执法队伍,对旅游市场秩序实施综合监管。

中原商业文化传承创新既要体现"历史文化",也要突出"传承",更要凸显"创新",逐步改变管理体制中政出多门、分头管理的弊端。因此,传承创新中原商业文化应建立省、市、区三级建设管理委员会，包括文物、环保、旅游、文化、城建、商业、交通等相关部门，使之具有权威性和高效性。省级管理委员会履行中原商业文化建设职责，行使管理权和监督权，进行垂直管理。市级管理委员会指导县区级文化资源的开展工作，并制定合理的管理政策，保护文化知识产权，维护文化市场秩序，提供信息服务等，对遗产保护、开发和利用等重大问题做出科学统筹决策。同时，理顺地方政府与文化资源地管理机构工作职责，确立政府责任制度，协调好各部门利益关系，形成合力，共同推动中原商业文化建设。各级行政主管部门，要减少行政审批，下放审批权限，充分发挥各级文化遗产单位和旅游部门的作用，积极支持行业协会工作，最终形成政府规划实施、行业协调管理、企业自主开发的良性循环格局。与此同时，建立完善文化旅游部门与公安、交通运输、工商、气象、林业、水利、国土资源、住房城乡建设、统计等部门的数据共享机制，加强旅游部门与通信运营商和大型互联网企业的战略合作，开展大数据应用，定期发布全省旅游大数据报告。

推进以所有权、管理权、经营权"三权分离"为重点的旅游景区管理体制改革，建立现代企业制度。根据文化产业发展的要求和文化遗产相关标准，把中原商业文化资源划分为资源保护性遗产和营利性遗产两类。资源保护性遗产，主要指资源本身的保护与经营管理，如遗产地重点文物保护单位的保护性开发与门票经营等。营利性遗产是指以历史文化资源为依托所进行的餐饮、住宿、交通、运输、购物、文化娱乐、运动项目、旅游服务以及价值一般的民居建筑、文物等的开发经营。对于不同类别的遗产资源，要采取不同的经营管理模式。对于资源保护性遗产来说，为了符合中原商业文化遗产保护的特殊要求，避免企业化经营带来的保护激励失效，这类项目经营应在遗产管理行政部门指导下，深化门票价格改革，合理区分政府指导价与市场调节价，其门票收入除用于管理人员的工资和必要的管理费用以外，其余只能用于历史文化遗产的保护和维修。对于营利性遗产，应在文化遗产职能部门的领导下，实行特许权经营，引进先进的管理经验，提高经营管理水平，提高旅游经营效率，促进中原商业文化遗产的可持续发展。

四、多元投资

在传承创新中原商业文化投资体制上，加快投资体制改革，拓宽融资渠道,力争投资结构多元化,为中原商业文化建设提供资金保障。政府在加大对文化产业投资的同时,还应积极探索文化资源所有权、管理权、经营权相分离的路子,逐步理顺管理体制。政府制定相关历史文化资源保护、经营和开发政策,坚持"谁开发,谁管理,谁投资,谁受益"的原则,鼓励有实力、有市场运作经验的企业、民间资本和涉外资金投资,通过兼并、参股、收购、特许经营、租赁承包、建设—经营—转让(BOT)、移交—经营—移交(TOT)等多种合资合作方式参与文化旅游资源开发和经营,走政企联合、区域合作等投资及运作模式,逐步改变传统文化遗产资源拥有者无力开发资源潜能的现状。成立于2018年7月的洛阳历史文化保护利用发展集团有限公司职责之一就是保护、发展、投资洛阳历史文化遗产,2018年12月成立的三门峡市文化旅游交通发展集团有限责任公司职能是整合、投资、开发和运营管理全市文化、旅游、体育、酒店类资源,为中原商业文化在文化投资体制改革的有益探索。

政府除了加大财政投入之外,也可借鉴国外经验,设立专项基金,用于文化遗产的保护、开发、人才培训、紧急救援、宣传、咨询、考察、教育、交流等一系列工作。政府制定相关的社会资助政策,给资助企业和个人在政策和税收方面提供优惠。政府鼓励以个人名义设立基金,尤其欢迎港、澳、台及国外知名企业为保护和开发文化资源设立基金。还可以向旅游、交通运输、餐饮等部门征收一定的文化资源税或以冠名权等形式,扩大资金来源。加强旅游投资引导,合理引导房地产、矿产、钢铁等领域资金转投乡村旅游、度假旅游、文化旅游、在线旅游、研学旅游、自驾旅游等高成长性旅游项目。同时,要进一步建立健全文化资源相关的法律法规体系,依法规范文化资源管理与旅游开发市场,将资源遗产单位、文化旅游经营企业、旅游者以及有损于中原商业文化资源可持续发展的环境现象置于法律法规监督之下。

五、科学展示

当今社会,科学技术已成为推动经济发展、促进社会进步的主导力量。同样,科学技术也是应对文化遗产被毁被盗危机、扭转遗产保护严峻形势的关键途径。如日本先后于1930年和1952年成立的东京国立文化财产研究所和奈良国立文化财产研究所,已经成为亚洲地区的文物保护研究和教育的基地。①再加上,历史文化遗产的不可再生性和不可替代性,决定了历史文化遗产保护科学技术研究与应用的高度严谨性、交叉性、综合性。② 因而,中原商业文化传承创新就要加强文化传承保护与修复的基础科学研究,实施关键技术攻关行动,建立中原商业文化遗产展示保护基地,推进传统核心科技体系的科学化、现代化进程;充分利用系统工程研究方法,开展文化资源保护发展战略与相关政策研究;实施文化资源的科学调查评估行动,全面掌握商业文化资源;利用生态经济学、生态法学、可持续发展经济学等学科成果,对商业文化资源生态价值进行评估,建设好商业文化遗址保护主题公园,建立科学合理的评估测定体系和生态利益补偿机制。

以中原商业文化为内核,启动"商业文化+"计划,通过商业名人、商业名城、商业古镇、商业集市、商业民俗载体,推进商业文化遗存与所在地历史文化、经济发展、城市建设、生态文明深度融合发展。加快商业文化重点涉旅区域的互联网、物联网、信息互动终端等智慧旅游基础设施建设。通过云计算和大数据,利用3D仿真技术和虚拟技术,实施中原商业文化数字化战略,将文化资源制作成各种类型的影像,如三维立体、动画等,来展示遗产生动的原貌,提高商业文化资源的展出率和效果,模拟地展示尚未挖掘或已经湮灭了的遗址、遗存,整合历史文化资源,推动文化遗产进入数字化时代,科学展示中原商业文化开发和利用的现代化成果,实现文化遗产保护工作的可持续发展。如通过建设博物馆、遗址博物馆、城镇会馆的方式,推动博物馆由静态展示向文化创意、参与体验转型,对商业文化进行保护和展示,大力发展以中国商文化博物馆、豫商文化馆和山陕会馆等为代表的博物馆游。如位于河南省商丘市睢阳区商丘古城西南的中国商文化博物馆,是中国首座集中展示商文化历史文明的博物馆。中国商文化博物馆基本陈列分为商丘古代文明展和商业文明展两部分,展现了商丘的厚重文化和中国商业文明的精彩篇章。再如通过许昌学院中原农耕文化博物馆、河南经贸职业学院豫商文化馆、社旗山陕会馆、商

---

① 吕志祥:《中国境内世界遗产的保护现状及法律对策》,《安徽商贸职业技术学院学报》2006年第3期。
② 刘建华、姚兆:《我国历史文化遗产保护科技成果推广转化现状及对策研究》,《东南文化》2005年第4期。

丘山陕会馆、洛阳山陕会馆、唐河山陕会馆和邓州山陕会馆等系统展示河南农业经济以及山西、陕西和中原的商业贸易和往来。

六、文旅融合

国务院《关于推进文化创意和设计服务与相关产业融合发展的若干意见》指出,推进文化创意和设计服务等新型、高端服务业发展,促进与实体经济深度融合,是培育国民经济新的增长点、提升国家文化软实力和产业竞争力的重大举措,是发展创新型经济、促进经济结构调整和发展方式转变、加快实现由"中国制造"向"中国创造"转变的内在要求,是促进产品和服务创新、催生新兴业态、带动就业、满足多样化消费需求、提高人民生活质量的重要途径。全国休闲标准化技术委员会主任、中国旅游协会休闲度假分会秘书长魏小安曾经指出:"特色是旅游之魂,文化是旅游之基,环境是旅游之根,质量是旅游之本。"①因此,中原商业文化是旅游开发的灵魂,没有特色就没有效益。旅游在本质上属于一种文化活动,旅游资源特色与文化的正确定位和开发层次是提升旅游产品档次的关键,也是旅游资源转化为高效益旅游产品的重要条件。特色是旅游产品生命力的体现,没有特色就难以形成强大的旅游吸引力,没有特色就不能激发人们的旅游动机。在一定程度上可以说,有特色就有效益,有特色就有发展。如郑州作为商城具有优越的区位和交通条件,周边文物古迹星罗棋布,郑州市规模最大、保存最完整的明清古建筑群郑州城隍庙、始建于东汉明帝永平年间的郑州文庙,以及子产祠旧址、夕阳楼旧址等遍布其左右。通过对郑州商文化的旅游开发和文化基础设施建设,构建新的文化旅游产业发展平台,完善文化产业结构体系,开发新的旅游资源,建设商都文化苑等,营造商业古都特色城市形象,使郑州成为古韵悠远、民风淳厚的文化旅游名城,形成以历史风貌街区为主体的商文化旅游景区,提升城市文化品位。2014年,郑州市人民政府也明确提出,培育优势文化创意旅游产业,建设智慧旅游城市,到2019年,郑州文化创意旅游产业增加值及旅游总收入均突破1000亿元。②

---

① 孙自豪,等:《用旅游激活城市 以激情创造明天》,《洛阳日报》2013年4月4日,第002版。
② 《市十四届人大一次会议隆重开幕》,《郑州晚报》2014年2月21日,第A35版。

实现中原商业文化和旅游融合发展,要在文化内涵挖掘上下功夫,活化商业文化的独特基因与精神内核;要在丰富产品供给上下功夫,为游客提供更加多元和个性的旅游服务;要在品牌体系建设上下功夫,向游客讲好"中原商业故事";要在完善基础设施上下功夫,提升商业文化旅游景观条件;要在推进融合拓展上下功夫,推动文化旅游与地方特色产业融合。对于传承创新中原商业文化而言,利用中原商业文化资源可以大力开展历史文化考察、文物古迹考察、豫商文化教育等专项旅游活动,同时还可适时适地发展生态观光、高新农业观光和休闲度假旅游。如南阳市宛城区黄台岗镇,利用三十里屯村的范蠡祠和石碑石刻等遗存,建设范蠡大道、范蠡小学、范蠡村、范蠡祠和范蠡广场,打造范蠡故里文化旅游景区,并借助南阳民俗文化,展示传统特色的戏曲、民间杂耍、秧歌、旱船、大头舞、盘鼓等民俗文化表演,大力发展南阳民俗体验游。再如位于巩义河洛镇七里铺村的洛口仓,是当时全国最大的粮仓。当年的洛口仓已不复存在,但在开发利用商业文化资源过程中,结合国家正在河南实施国家粮食生产核心区战略,可以在巩义七里铺村隋唐洛口仓的遗址上建立中国古代粮仓博物馆,展示历史时期农业发展成就,不仅可以科学展示商业文化遗产,而且还可以为当下河南由"天下粮仓"向"国人厨房"跨越式发展提供文化引领作用。

七、注重传播

在信息社会和互联网时代,随着移动终端的普及,媒体融合已成为现代传播发展趋势,因此,传播中原商业文化、讲好中原商业故事必须要适应融媒体发展,加快形成立体多样、融合发展的现代传播体系,以形成传播效果的合力。这就要求我们在利用传统手段进行传播的同时,更要充分利用网络传播平台,对体现中原商业文化的人物和行为进行多重介质的集中传播,并尽可能规避有损中原商业文化的信息和言论,利用网络生活与网络文化的力量,运用微博、微信、抖音、今日头条、知乎和贴吧等新兴媒体平台,不断进行传播内容和传播形式的创新,构建立体的互联网信息传播空间和体系,实现不同媒体之间的优势互补,以达到最好的传播效果,实现传播效果的合力。

传承创新中原商业文化,要大力宣传商业文化,加大市场促销,努力扩大市场份额,充分利用现代网络技术和新媒体(微博、微信和手机报)的便捷性,积极开展网络团购和微博、微信、微视促销等营销方式,逐步建立和完善现代网络促销新格局;分期分批邀请海内外媒体记者、作家和旅行商前来实地考察和采访;实施"引客入豫"行动,加强主要客源市场开发,实施资源共享、客源互送的互游计划和定向精准营销以及宣传促销活动,开辟在客源地区直接宣传的渠道;与有关省市旅游主管部门广泛开展旅游业务合作,签订互为市场、互送客源的合作协议书,努力实现"资源共享,客源共有",多渠道、多方位地宣传中原商业文化资源,弘扬优秀的商业文化,以期实现中原商业文化所在城镇经济社会的全面可持续发展。

与此同时,传承中原商业文化要把商业文化的传播与商业文化遗存所在地的历史记忆、城市生态建设、旅游文化功能、经济建设发展、文化自信、民族复兴等方面相融合,构建"中原商业文化+某地历史传承""商业文化+文化自信"等全方位的特色传播体系。如作为三商之源的商丘,省内市场要突出以"三商之源 华商之都""殷商之都 通达商丘"为主题的宣传,形成"游商丘古城、读华夏文明史"的良好氛围。国内市场,要以周边地区为基础,突出以"殷商之源 文化中原"为主题的宣传,加强经济发达地区的宣传促销活动。在大力发展传统促销的同时,加大电视广告和户外广告的分量;注重中原商业文化与影视文化媒体的结合来宣传中原商业文化资源,可以借鉴以南水北调工程建设为主题的八集大型文献纪录片《水脉》、纪录片《中原大发现》《河之南》、中国实景演出《禅宗少林·音乐大典》《大宋·东京梦华》以及河南卫视名牌栏目《梨园春》《武林风》等文化宣传品牌,利用河南省社会科学院主办的《中原文化研究》、河南省博物院主办的《中原文化》、大象出版社主办的《寻根》等期刊,大河网的"学术中原"和映象网的"理论频道",构建立体化全景式中原商业文化传播体系,为实现中原更出彩做出豫商文化应有的贡献。

八、人才建设

习近平总书记指出,发展是第一要务,人才是第一资源,创新是第一动力。[1] 当前,我们正面临着以创新为主题特征和决定因素的第三次历史机遇,人才是创新驱动的引领力量,是传承提升的核心支撑,打造人才建设"升级版"

---

[1] 参见:《习近平在广东代表团参加审议重要讲话引热烈反响》,央广网,2018年3月8日,http://country.cnr.cn/focus/20180308/t20180308_524157843.shtml。

是中原商业文化传承创新的人才支撑。

中原商业文化传承创新是高成长服务业,必须有规范的管理与优质的服务,才能增强文化传承创新的吸引力。为此,政府相关职能部门和行业协会坚持内生培育与外源引进并举、坚持政策扶持与市场运作并进、坚持整体设计与基层创新并重,实施"走出去、请进来"战略,加大人才培养、引进和继续教育力度,以高素质的人才队伍、高标准的管理和规范化的服务,构建政策、项目、平台和综合环境的全方位人才服务体系,努力释放传承创新"正能量",打造人才建设"升级版",实现中原商业文化可持续发展。

特别大力引进专兼职院士、海外高层次人才、国家高层次人才特殊支持计划入选者、长江学者,提高对管理者的学历、业务水平、道德水准等方面的要求,提高行业管理水平;依托郑州大学、河南大学、河南财经政法大学等省内高校旅游院(系)教育资源建设以文化旅游为特色的国家中部旅游人才教育培训基地、产学研相结合的实训基地和河南旅游智库。要按照有关标准和要求建立一支专业化的新文化业态队伍和一批经营服务标准化的景区、宾馆、饭店,要加强对宾馆、景区商业服务点等其他从业人员的教育和规范化管理,从而全面提高整体服务水平。建立完善旅游从业人员岗位培训、资格认证、技能考核、岗位考核、级别认证等制度,强化对导游等一线旅游从业人员的技能培训,定期开展旅游行业技能大赛、优秀从业人员评选等活动。

对于创新文化发展的有效途径——文化资源旅游开发而言,旅游景区要在旅游市场竞争中加快发展,需要各类旅游人才,包括旅游企业管理、行业管理人才、旅游服务人员及宣传促销、形象策划的人才等,这是实现中原商业文化旅游可持续发展的必备条件。旅游主管部门和各景区景点应与有关高校、科研机构建立良好的关系,定期举办"诸葛会",为旅游发展出谋划策,还要定期举办岗位培训,不断提高从业者的业务水平和服务技能,逐步建立公平竞争机制。

总的来说,中原历来是我国政治、经济、文化的核心区域,中原商业文化在一定程度上成为中华商业的大文化和元文化。传承创新中原商业文化不仅是增强我国文化软实力的重大举措,更是提升民族自信心与自豪感、强化民族向心力和凝聚力的战略选择,而且在推进文化强国、弘扬中华优秀传统文化、践行社会主义核心价值体系方面具有十分重要的现实意义。传承创新中原商业文化,以商业文化为载体,必须弘扬中原文化,必须在立足传承的基础上推动中原商业文化创新,在历史文化传承、文化体制改革、文化产业基地建设、公共文化服务体系示范区建设、弘扬中原人文精神等方面进行创新,充分保护和科学利用资源,培育具有中原风貌、中国特色、时代特征和国际影响力的文化品牌,为中原更加出彩凝聚精神力量,推动文化强国战略建设步伐,提升国家文化竞争力和国际知名度,续写千年商业文化的新篇章。

结　语

党的十九大报告明确了新时代文化建设的基本方略。中共中央办公厅、国务院办公厅在《关于实施中华优秀传统文化传承发展工程的意见》中，明确提出实施中华优秀传统文化传承发展工程，不断增强中华优秀传统文化的生命力和影响力。《河南省国民经济和社会发展第十四个五年规划和二〇三五年远景目标纲要》指出文化软实力实现更大提高，文化旅游融合发展达到更高水平，文化强省建设取得新成效。《华夏历史文明传承创新区建设方案》也提出传承弘扬中原文化，提升文化软实力。由此可见，中原文化传承创新是国家赋予河南的重大文化使命，也是河南承担国家文化发展战略的历史责任。

河南是文化资源大省，文化积淀厚重，文化类型多样。河南地处中原，是中华文明的发祥地之一，从夏至明清的3000多年中，曾有20多个王朝在此建都，作为全国的经济、政治、文化中心长达3000多年，孕育并形成厚重的中原文化。据统计，截至2020年年底，全省现有不可移动文物65 519处，其中世界文化遗产5项24处，全国重点文物保护单位420处，省级文物保护单位1170处，国家考古遗址公园13处；全省共普查非物质文化遗产资源各类线索180万余条，其中基本立项22万余条，3个项目列入联合国教科文组织人类非遗代表作名录，113个项目列入国家级非遗名录，728个项目列入省级非遗名录；已登记在册的古籍有180多万册（件），其中一、二级珍贵古籍1.5万余册（件），有205部入选《国家珍贵古籍名录》，534部入选《河南省珍贵古籍名录》；国家级历史文化名城、名镇、名村20个，省级历史文化名城、名镇、名村112个，中国传统村落123处，省级传统村落811处；全国文化先进县26个、文化先进社区14个、特色文化广场5个、中国民间文化艺术之乡74个，省级文化先进县58个、文化先进乡镇（办事处）382个、群众文化活动先进社区103个、民间文化艺术之乡190个；中国八大古都河南占4座，世界地质公园4个，国家地质公园7个,国家级生态旅游示范区5个,温泉度假区41家。全省共有A级旅游景区580家,其中5A级景区14家,4A级景区189家,3A级景区273家,2A级景区103家,1A级景区1家。①

文化是民族的血脉,是人民的精神家园。中原文化是中华民族之根、华夏文明之源。无论是口头相传的史前文明,还是有文字记载以来的文明肇造,都充分体现了这一点。从"盘古开天""女娲造人""三皇五帝""河图洛书"等神话传说,到对早期的裴李岗文化、仰韶文化、龙山文化和二里头文化的考古发掘,河南省有大量遗址遗物。夏、商、周三代,被视为中华文明的根源,同样发端于河南。作为东方文明轴心时代标志的儒道墨法等诸子思想,也正是在研究总结三代文明的基础上而生成于河南的。② 为此,中国文化产业创新与发展研究基地办公室主任、上海交通大学胡慧林教授说:"如果没有中原文化,我们都会失去回家的路,我们的灵魂将无所皈依。中原,是中国人的精神家园,是中华之源、中国之源。"③

中原商业文化是中原文化的核心,是中华商业文明的精髓。如何使中原商业文化在传承中不断创新发展,培育具有中原风貌、中国特色、时代特征和国际影响力的文化品牌,不断提升文化软实力和增强中华民族凝聚力,成为"十四五"时期河南文化事业发展的一项亟待解决的时代命题。以历史上中原著名商业人物为支撑的中原商业文化传承创新对于加快华夏历史文明传承创新区建设,对于打造富强河南、文明河南、平安河南、美丽河南"四个河南"乃至弘扬中华优秀商业文化具有重要作用。

中原是中国商人、商业和商业文化的核心区域。中原是商品、商路和商业传播的孕育地区。历史上中原著名商业人物在中原地区的商业活动给中原大地留下了丰厚的商业经营思想和商业文化遗产,在中华商业文化史上具有重要地位。比如以商业始祖王亥、儒商子贡、商圣范蠡、爱国商人弦高、尊商重法子产、商业理论家计然、产业商人白圭、重商理论的倡导者桑弘羊及政商吕不

---

① 参见:河南省文化和旅游厅《河南旅游概况》,河南省人民政府网,2021年3月15日,http://www.henan.gov.cn/2006/09-12/308421.html。
② 参见:《中原文化的显著特点》,河南省人民政府网,2019年6月8日,http://www.henan.gov.cn/ztzl/system/2009/06/08/010139034.shtml。
③ 桂娟:《提升文化自信 传承华夏文明——解读河南"华夏历史文明传承创新区"建设》,《河南日报》2011年10月22日,第01版。

韦为代表的中原著名商人提出了交换物品和经商理论,制定了商业规则和商业标准,并以其商业道德和商业行为孕育了中华商业精神,成为我国商业文化的源头。西周时期洛阳的职业商人、春秋时期郑国颁布的商业法典《质誓》、春秋时期商丘征收的关税、唐代洛阳城管理市场职官、北宋汴京城商业行会、明清康百万家族和怀庆府商帮等开创了中华商业史上的举不胜举的"第一"。《史记·货殖列传》开史书专门记述从事商业活动的杰出人物的类传。《尚书》《论语》《质誓》《荀子》《左传》《吕氏春秋》《史记》和《淮南子》等文献典籍,开封朱仙镇、周口周家口、社旗赊店镇和滑县道口镇、淅川荆紫关镇、山陕会馆、《清明上河图》和康百万庄园等商业遗存,为研究历史上著名商业人物的商业经营之道和商业活动提供了宝贵的史料,形成了历史上长期隐而不彰的中原商业文化。

厚重的中原商业文化是现代化河南建设的资源禀赋,是新时代中原更加出彩的精神力量。中原商业文化资源传承创新取得了显著成效,比如在郑州、安阳、洛阳和开封建设商业文化古都,在社旗赊店镇、开封朱仙镇、滑县道口镇和淅川紫荆关镇建设中原商业城镇以及河南商业名人文化、山陕会馆文化、关公文化沉浸式文化体验区,持续打造华商国际文化节、大宋·东京梦华、商魂、怀庆药都、禹州中医药交易会等商文化品牌,做大做强中国·郑州中原国际文化智汇港、开封宋都古城文化核心展示区、洛阳河洛文化展示体验核心区、安阳殷墟大遗址文化旅游体验区、中国商文化博物馆和范蠡故里文化旅游区。但也应该看到,中原商业文化传承创新还仅仅局限在物质文化遗存方面,如遗址、城址、碑刻、故居等文物古迹,而非物质文化遗产如商业人物、历史故事、商业精神等方面还有很大的提升空间和维度。在传承创新过程中,中原商业文化还存在传承理念滞后、管理模式落后、创新程度偏低、同质品牌竞争激烈、文旅软实力较弱、投入资金相对不足、整合资源力度不够等问题,在一定程度上,制约和影响中原商业文化作用和价值发挥。

传承创新中原商业文化仍然处在探索阶段,要实现商业历史文化资源的可持续发展,需要坚持不忘本来、吸收外来、面向未来原则,不断汲取国内外文化遗产开发利用的成果经验,为中原商业文化高地建设和文化强省建设提供借鉴。美国、英国、法国、意大利、澳大利亚和日本等主要发达国家的合理的投入机制、完善的保护体系、科学的保护理念、完备的法律保障等为中原商业文化保护提供了范式,国内世界文化遗产武当山、世界自然遗产武陵源和国家历史文化名城中的以丽江和平遥为代表的世界文化遗产可持续发展为中原商业文化传承提供了样板。省内的洛阳龙门、安阳殷墟、郑州商城、鹿邑老子文化、淮阳伏羲文化、淇县鬼谷子文化等中原文化资源品牌化建设和中原文化旅游融合发展模式,为中原商业文化传承提供了河南方案。如我省的洛阳龙门打造石窟寺保护利用新标识、安阳殷墟守正创新讲好汉字故事、郑州建设国际文化旅游名城、鹿邑全国老子文化高地建设、淮阳公共文化服务体系示范区和淇县中原历史文化旅游区建设是文化传承创新中的特色品牌。作为中国老子文化之乡、河南省十大文化强县的鹿邑县通过打造"老子故里·中国鹿邑"文化品牌和举办纪念老子诞辰公祭大典、李氏宗亲寻根祭祖大典等活动,充分展示了鹿邑厚重的老子文化与风土民情,树立了老子故里新形象。

中原商业文化传承创新不仅有利于提升中原商业文化的软实力、增强中原商业文化的凝聚力和激发中原商业文化的创新力,而且还是建设现代化河南的重要资源、谱写新时代中原更加出彩的动力。传承创新中原商业文化要以新发展理念为指导,坚持"取其精华、留存优秀、去粗取精"的基本原则,遵循"保护为主、古为今用、强化传承、合理利用"的核心要义,全面把握传承与创新的辩证关系,在扬弃中继承弘扬,在创新中改造提升,用新文化业态、新表现形式、新传播手段赋予中原商业文化新生命、新魅力,进一步增强中原商业文化的吸引力、感染力和影响力。

中原商业文化传承创新要立足于文化资源优势,挖掘商圣文化、名人文化、都城文化、商道文化、河洛文化、商帮文化等根祖文化资源,打造中华商业根魂文化品牌;以商业人物故居庄园、商业会馆、商业历史文化名城名镇保护为重点,通过传统文化产业升级改造、现代公共文化服务体系建设、推进公共数字文化工程、文化遗产可永续利用、发展文化创意旅游业等形式,在传承与创新中推动中原商业文化的大发展大繁荣,构建特色鲜明的中原商业文化传承创新示范区。中原商业文化传承创新还要坚持以改革为动力,创新发展模式,改革管理体制,建立多元投资机制,实施文化遗产保护展示工程,推动文化和旅游融合发展,构建新型宣传推介体系,讲好新时代"中原商业文化故事",推动中原商业文化高质量发展,为新时代中原更加出彩凝聚强大精神力量。

综上所述,中原商业文化传承创新必须以习近平新时代中国特色社会主义思想为指导,按照《河南省国民经济和社会发展第十四个五年规划和二〇三五年远景目标纲要》中"社会主义精神文明和物质文明协调发展、文化事业和文化产业发展进入全国先进行列、文化旅游全面深度融合和文化软实力显著增强"的要求,以"华商之源 大美中原"为核心,坚持"可持续发展原则、多元化经营原则、市场导向原则、特色发展原则"指导思想,通过"传承为先、创新为魂、复兴为要、服务为基"的路径,强化顶层设计,创新发展模式,提升宣传效果,加快建设文化强省的步伐,在新时代中国特色社会主义现代化建设新征程上让中原更加出彩。

参考文献

一、专著

[1] 吕不韦.吕氏春秋.上海：上海古籍出版社,1989.

[2] 司马迁.史记.上海：上海古籍出版社,1997.

[3] 班固.汉书.北京：中华书局,1962.

[4] 刘安.淮南子.北京：中华书局,1954.

[5] 杜预.春秋经传集解.上海：上海古籍出版社,1978.

[6] 范晔.后汉书.北京：中华书局,1965.

[7] 孟元老.东京梦华录.北京：中华书局,2007.

[8] 阮元.十三经注疏.北京：中华书局,1980.

[9] 段玉裁.说文解字注.上海：上海古籍出版社,1981.

[10] 郑观应.盛世危言.北京：华夏出版社,2002.

[11] 马非百.桑弘羊年谱订补.郑州：中州书画社,1982.

[12] 王利器.盐铁论校注（定本）.北京：中华书局,1992.

[13] 何宁.淮南子集释.北京：中华书局,1998.

[14] 李梦生.左传译注.上海：上海古籍出版社,1998.

[15] 杨伯峻.春秋左传注.北京：中华书局,2009.

[16] 李民,王健.尚书译注.上海：上海古籍出版社,2012.

[17] 胡寄窗.中国经济思想史（上）.上海：上海人民出版社,1962.

[18] 滑县地方史志编纂委员会.滑县志.郑州：中州古籍出版社,1996.

[19] 河南省商丘县志编纂委员会.商丘县志（清·康熙四十四年）.郑州：中州古籍出版社,1989.

[20] 社旗县地方史志编纂委员会.社旗县志.郑州：中州古籍出版社,1997.

[21] 全汉昇.中国行会制度史.上海:新生命书局,1934.

[22] 李文治.中国近代农业史资料.上海:生活·读书·新知三联书店,1957.

[23] 吴慧.中国古代商业史(第一册).北京:中国商业出版社,1983.

[24] 南阳地区商业志编纂委员会.南阳地区商业志.北京:中国展望出版社,1989.

[25] 朱英.辛亥革命时期新式商人社团研究.北京:中国人民大学出版社,1991.

[26] 唐力行.商人与中国近世社会.杭州:浙江人民出版社,1993.

[27] 张海鹏,张海瀛.中国十大商帮.合肥:黄山书社,1993.

[28] 范文澜.中国通史.北京:人民出版社,1994.

[29] 马敏.官商之间:社会剧变中的近代绅商.天津:天津人民出版社,1995.

[30] 程民生.宋代地域文化.开封:河南大学出版社,1997.

[31] 王兴亚.明清河南集市庙会会馆.郑州:中州古籍出版社,1998.

[32] 河南省古代建筑保护研究所.社旗山陕会馆.北京:文物出版社,1999.

[33] 吕友仁.中州文献总录.郑州:中州古籍出版社,2002.

[34] 刘红婴,王健民.世界遗产概论.北京:中国旅游出版社,2003.

[35] 张弘.战国秦汉时期商人和商业资本研究.济南:齐鲁书社,2003.

[36] 罗佳明.中国世界遗产管理体系研究.上海:复旦大学出版社,2004.

[37] 费孝通.费孝通文化随笔.北京:群言出版社,2017.

[38] 胡廷积.河南农业史.北京:中国农业出版社,2005.

[39] 程有为,王天奖.河南通史.郑州:河南人民出版社,2005.

[40] 赊店历史文化研究会.中国历史文化名镇:赊店.郑州:大象出版社,2005.

[41] 程峰.怀商的历史与文化.郑州:河南人民出版社,2007.

[42] 王兴亚.河南商帮.合肥:黄山书社,2007.

[43] 孙学敏.康百万庄园兴盛四百年的奥秘.郑州:河南人民出版社,2007.

[44] 戴庞海,陈隆文.古代豫商列传.郑州:河南人民出版社,2007.

[45] 张民服,戴庞海.豫商发展史.郑州:河南人民出版社,2007.

［46］徐光春.中原文化与中原崛起.郑州:河南人民出版社,2007.

［47］张新斌.中原文化解读.郑州:文心出版社,2007.

［48］王星光,贾兵强.中原历史文化遗产可持续发展研究.北京:科学出版社,2009.

［49］贾文丰.中原文化概论.郑州:中州古籍出版社,2010.

［50］房秀文,林锋.中华商业文化探源.北京:中国经济出版社,2011.

［51］程民生.古代河南经济史.郑州:河南大学出版社,2012.

［52］黄绍筠.商道流芳录:中国商业文化百例.杭州:浙江工商大学出版社,2013.

［53］许檀.清代河南山东等省商人会馆碑刻资料选辑.天津:天津古籍出版社,2013.

［54］王力.豫商的崛起.北京:北京工业大学出版社,2014.

［55］赵爱华,等.中原文化概论.北京:经济管理出版社,2015.

［56］张明来,张含梦.中国古代商业文化史.济南:山东大学出版社,2015.

［57］王伟.洛阳山陕会馆研究.郑州:中州古籍出版社,2016.

［58］闫红霞.河南文化旅游产业强省发展战略研究.北京:中央编译出版社,2017.

［59］程有为.中原文化通史.郑州:河南人民出版社,2019.

［60］程有为.河南史纲.郑州:河南人民出版社,2019.

［61］王刚.中州文献整理史稿.郑州:中州古籍出版社,2019.

［62］徐春燕,田冰.河南城镇史.郑州:大象出版社,2020.

［63］薛凤旋.清明上河图:北宋繁华记忆.上海:上海人民出版社,2020.

［64］张琼.华商始祖王亥.郑州:河南美术出版社,2006.

二、期刊论文

［1］李全根.中国最早的商人和商人称谓的历史考证.南京经济学院学报,1996(03):22-23+19.

［2］苏斌,等.定量求解SWOT模型最优方法与决策效用.技术经济与管理研究,2001(05):51-52.

［3］赵梦涵,周军心.论范蠡的经济思想.山东大学学报(哲学社会科学

版),1990(03):102-106.

[4]王伟琴.豫商起源问题研究.河南商业高等专科学校学报,2013(05):32-36.

[5]王守民.论《左传》中的郑国子产.陕西师大学报(哲学社会科学版),1989(02):107-113.

[6]王雷松.试论郑国子产治国理政思想.兰台世界,2015(09):44-45.

[7]邓明艳.国外世界遗产保护与旅游管理方法的启示:以澳大利亚大堡礁为例.生态经济,2005(12):76-79.

[8]邓辉,法念真.基于城市形态发生学的商丘归德府古城空间特征分析.地理科学,2016(07):1008-1016.

[9]唐新,王洪连,徐国兴.河南淅川荆紫关镇.文物,2015(01):72-76+96.

[10]任俊华,李朝辉.汉代的效率与公平之争:《史记·平准书》经济伦理思想新探.管子学刊,2017(02):56-59+65.

[11]刘太恒,张振国.浅谈范蠡的朴素唯物主义与商业经营思想.河南财经学院学报,1989(01):40-43.

[12]刘永涛.朱仙镇传统建筑形态与格局的当代衍变.民间文化论坛,2006(02):48-58.

[13]刘玉娥.子贡、儒商文化与现代企业经营.甘肃社会科学,2001(05):80-81.

[14]刘建华,姚兆.我国历史文化遗产保护科技成果推广转化现状及对策研究.东南文化,2005(04):83-87.

[15]刘斐.朱仙镇商业兴衰探源.河南社会科学,2010,18(03):114-116.

[16]许庆贺.中原文化高地建设视野下豫商文化的弘扬与传播.天中学刊,2019(05):134-139.

[17]吴朋飞.商丘古城发展研究:兼析明代商丘城市的历史地理问题.商丘师范学院学报,2010(02):20-26.

[18]宋朝丽.豫商文化资源产业化开发的问题解析.河南师范大学学报(哲学社会科学版),2015(02):46-51.

[19]张井.郑商人弦高.商业经济文荟,1984(06):55.

[20]张民服.明代中原商路与商品经济.史学月刊,2004(11):32-38.

[21] 张民服.豫商历史及其贡献概述.中州学刊,2007(03):172-175.

[22] 张朝枝,保继刚.美国与日本世界遗产地管理案例比较与启示.世界地理研究,2005(04):105-112.

[23] 李全根.中国最早的商人和商人称谓的历史考证.南京经济学院学报,1996(03):22-23.

[24] 李静雯.康百万庄园对现代豫商的启示.河南牧业经济学院学报,2016,29(05):70-73.

[25] 杜维夏.中国商业与商祖起源考辩.黄河科技大学学报,2006(02):37-39.

[26] 邵毅平.先秦秦汉历史文献中所见的商业与商人.历史文献,2013(00):353-381.

[27] 阿芳.司马迁笔下的商人.河北学刊,1982(03):153.

[28] 周建波.范蠡的平粜思想与封建国家干预经济的早期实践.东岳论丛,2010(02):110-115.

[29] 孟维巍.论豫商伦理的特点、基本规范及现代意义.武汉科技大学学报(社会科学版),2014(06):616-619.

[30] 姜鹏.从牧羊人到"御用羊倌"、"关内侯"、御史大夫 卜式:汉朝"财产申报"第一人.人民论坛,2013(04):78-79.

[31] 赵梦涵.论桑弘羊的经济思想.齐鲁学刊,1985(05):75-81.

[32] 唐金培.子贡儒商精神的历史意蕴与当代价值.河北学刊,2015(03):60-63.

[33] 夏挽群,陈江风.河南非物质文化遗产的历史、现状及抢救保护.河南社会科学,2007(01):35-37.

[34] 徐春燕.明清时期豫商的发展及其特点.中州学刊,2013(11):126-129.

[35] 秦礼峰.中原文化视阈下的豫商文化探析.牡丹江大学学报,2013(01):132-134.

[36] 秦礼峰.儒商精神观照下的豫商文化基因.河南商业高等专科学校学报,2015(03):94-97.

[37] 袁思源."康百万"对现代豫商文化的启示.河南商业高等专科学校学

报,2015(01):29-32.

[38]贾兵强,普戡倪.桑弘羊财政思想及其当代价值.学理论,2020(04):82-84.

[39]高树印.从古豫商精神看新豫商文化.协商论坛,2007(08):17-19.

[40]梁鹏.商人概念的历史考察.河北法学,2010(02):140-144.

[41]渠滔.河南巩义康百万庄园的营建技术探析.河南大学学报(自然科学版),2010(01):105-110.

[42]彭庆旨.范蠡的生意经.江淮论坛,1962(02):69-70.

[43]曾今实.桑弘羊与盐铁争议:兼论桑弘羊的经济思想和实践.厦门大学学报(哲学社会科学版),1974(01):35-45.

[44]曾潍嘉.明清时期豫商商业伦理的内涵及特点探析.中州学刊,2014(08):140-143.

[45]程峰.明清时期怀商崛起的原因.南都学坛,2007(04):44-45.

[46]路向峰.历史演进、理论内涵与建构路径:豫商伦理精神的当代阐释.武汉科技大学学报(社会科学版),2014(06):611-615.

[47]孟祥晓.明清时期卫河与沿岸中小城镇的变迁:以道口镇为例.中原文化研究,2018,6(02):121-128.

[48]刘亚轩.豫商精神的形成、发展及传承.河南商业高等专科学校学报,2011(02):1-5.

[49]赵莉.从古豫商文化传统看新豫商精神价值.河南商业高等专科学校学报,2014(03):1-6.

[50]王兴亚.明清时期的河南山陕商人.郑州大学学报(哲学社会科学版),1996(02):1-8.

[51]陶善耕.商都郑州传承大商文化的思考.河南财政税务高等专科学校学报,2005(01):3-6.

[52]王复华,夏远湘.桑弘羊的财政思想及其对现代理财观的指导意义.中央财经大学学报,2001(09):8-11.

[53]程卫进,宋航.开封清明上河园文旅融合发展探讨.人文天下,2020(14):11-15.

三、报纸

[1] 王瑞平.王亥与中国商业贸易的肇端.光明日报,2004-06-01(B3).

[2] 孙玉林,刘先琴.商丘是中国商业的发源地.光明日报,2004-06-14(A2).

[3] 商业文化:中华商业文明的精髓.河南日报,2007-03-16(9-10).

[4] 曹克.寻找豫商的"财富精神".郑州日报,2006-07-12(6).

[5] 杨虹.历史转折期的商人形象.光明日报,2007-08-10(11).

[6] 吴红.桑弘羊:成就汉武伟业的理财家.光明日报,2007-08-17(9).

[7] 邬静娜.话说"康百万"商业精神的复归.中国经营报,2007-08-27(6).

[8] 孙立群.弘扬范蠡精神 促进社会进步.光明日报,2007-12-15(6).

[9] 平萍.弘扬豫商精神 展示河南形象 积极回报家乡.河南日报,2008-03-21(1).

[10] 罗孝友.怀商:书写中国商业史辉煌的一页.中国企业报,2008-04-18(11).

[11] 马国福.子产:首颁成文法典 终结秘法时代.河南法制报,2012-02-24(15).

[12] 习近平出席中国科学院第十七次院士大会、中国工程院第十二次院士大会开幕会并发表重要讲话.人民日报,2014-06-10(1).

[13] 韩琦,赵佳琦.战国白圭的商业智慧:长于"知时"善行"仁术".中国企业报,2014-07-29(15).

[14] 杨峰,李岚.康百万庄园 豫商精神之家园.大河报,2015-01-19(A13).

[15] 桑东辉.子产与孔子.光明日报,2015-08-10(16).

[16] 单纯.商政文化与子贡之问.中华读书报,2015-09-30(13).

[17] 程水金.《尚书·酒诰》译文.光明日报,2016-02-22(16).

[18] 窦凤祥,刘矿.淮阳市:积极推进公共文化服务建设.中国文化报,2016-11-18(4).

[19] 杨良成.历史上的理财人:桑弘羊.中国会计报,2017-08-04(12).

[20] 王中亚.王亥:从部落首领到华商始祖.中国商报,2018-06-27(P08).

[21]清风.卜式:放羊倌的大志向.学习时报,2020-05-29(7).

四、学位论文

[1]党会先.桑弘羊思想研究.兰州:兰州大学,2006.

[2]谭经龙.通江连海:明清时期中原商镇与水运网络的兴衰研究.青岛:中国海洋大学,2008.

[3]郭海波.先秦两汉商业思想研究.太原:山西财经大学,2011.

[4]强进前.简析春秋战国时期的商人.兰州:兰州大学,2012.

[5]张斌.西汉商人研究.上海:上海师范大学,2012.

[6]胡丝佳.清代豫商康百万.郑州:郑州大学,2012.

[7]吴志远.清代河南商品经济研究.天津:南开大学,2012.

[8]田海花.先秦两汉子贡形象的特征与演变.重庆:西南大学,2014.

[9]翟伟原.明清时期怀庆府道地药材历史地理研究.兰州:西北师范大学,2014.

[10]朱绍祖.方志所见明清时期河南商人传记研究.重庆:西南大学,2016.

[11]王林林.明清晋豫商路兴衰探析.郑州:郑州大学,2018.

[12]李静雯.社会主义核心价值观引领豫商文化建设研究.焦作:河南理工大学,2018.

[13]余召臣.商丘历史名人文化资源的保护与利用研究.武汉:华中师范大学,2020.

附录1 历史上中原著名商业人物一览表

序号	时期	姓名	籍贯	主要成就	出处	备注
1	商代	王亥	商丘	商人、商品、商业开创者	《世本·作篇》	华商始祖
2	春秋	单旗	洛阳	子母相权论	《国语·周语》	单国国君
3	春秋	弦高	新郑	弦高犒师	《史记·晋世家》	爱国商人
4	春秋	子产	新郑	重商护商	《左传·昭公十六年》	郑国宰相
5	春秋	邓析	新郑	买卖原则	《吕氏春秋·离谓篇》	郑国人
6	春秋	计然	民权	计然之策	《史记·货殖列传》	宋国人
7	春秋	范蠡	淅川	辞官经商	《史记·越王勾践世家》	道商鼻祖
8	春秋	端木赐	浚县	求善价而沽	《论语·公冶长篇》	中华儒商
9	战国	白圭	洛阳	贸易致富	《史记·货殖列传》	魏国人
10	战国	吕不韦	禹州	择地生财 贱买贵卖 奇货可居	《史记·吕不韦列传》	
11	西汉	卜式	洛阳	耕种畜牧为业	《史记·平准书》	
12	西汉	桑弘羊	洛阳	盐铁官营	《汉书·食货志》	
13	西汉	师史	洛阳	货运致富	《史记·货殖列传》	物流贸易商人
14	西汉	孔仅	南阳	盐铁专卖	《汉书·食货志下》	撰《上言盐论》
15	西汉	桓宽	上蔡	酒盐铁官卖	《汉书·艺文志》	撰《盐铁论》
16	西汉	樊重	唐河	池鱼牧畜	《后汉书·樊宏阴识列传》	
17	东汉	吴汉	南阳	贩马自业	《后汉书·吴汉传》	
18	五代	王建	舞阳/沈丘	贩私盐	《新五代史·前蜀世家》	前蜀开国皇帝
19	北宋	王氏族人	开封	香料调料	《东京梦华录》	兴隆堂创建者
20	明朝	康守信	巩义	饭馆为业	明洪武《巩县志》	康百万家族的始祖
21	明朝	康绍敬	巩义	经营盐业	明洪武《巩县志》	康百万家族第六代传人
22	明末清初	耿耀	太康	贸布供养	《中州先哲传·孝友》	撰《弦垣诗文草》
23	清朝	岳梦渊	汤阴	事盐铁农桑	《国朝耆献类征·文艺十一》	撰《海桐书屋诗钞》
24	清朝	吴鼎立	固始	井盐生产	清同治《富顺县志》	撰《自流井风物名实说》

续表

序号	时期	姓名	籍贯	主要成就	出处	备注
25	清朝	康大勇	巩义	兴工造船	清康熙《巩县志》	康百万家族第十二代传人
26	清朝	康应魁	巩义	棉布生意	清道光《巩县志》	康百万家族第十四代传人
27	清朝	康道平	巩义	购地修寨	清咸丰《巩县志》	康百万家族第十五代传人
28	清朝	康无逸	巩义	捐资修路	清光绪《巩县志》	康百万家族第十六代传人
29	清末民初	靳法蕙	焦作	开办矿山	清同治《修武县志》	怀庆府怀帮商人
30	清末民初	秦永年	修武	煤矿铁矿	民国《修武县志》	怀庆府怀帮商人
31	清末民初	康建德	巩义	兴办新学	清光绪《巩县志》	康百万家族第十七代传人
32	清末民初	康建璧	巩义	捐款赈灾	民国《巩县志》	
33	清末民初	康建勋	巩义	行医济世	民国《巩县志》	
34	清末民初	康子昭	巩义	救危扶贫	民国《巩县志》	

附录 2　河南省全国重点文物保护单位之商业文化遗存名单

编号	名称	时代	所在地	备注
1	社旗山陕会馆	清	社旗	第三批全国重点文物保护单位
2	隋唐洛阳城遗址	隋唐	洛阳	第三批全国重点文物保护单位
3	北宋东京城遗址	北宋	开封	第三批全国重点文物保护单位
4	商丘归德古城	明	商丘	第四批全国重点文物保护单位
5	太昊陵庙	明、清	淮阳	第四批全国重点文物保护单位
6	周口关帝庙	清	周口	第四批全国重点文物保护单位
7	山陕甘会馆	清	开封	第五批全国重点文物保护单位
8	康百万庄园	清	巩义	第五批全国重点文物保护单位
9	潞泽会馆	清	洛阳	第五批全国重点文物保护单位
10	荆紫关古建筑群	清	淅川	第五批全国重点文物保护单位
11	中岳庙	清	登封	第五批全国重点文物保护单位
12	百泉	明、清	辉县	第五批全国重点文物保护单位
13	宋国故城	周	商丘	第六批全国重点文物保护单位
14	卫国故城	周	淇县	第六批全国重点文物保护单位
15	黄国故城	周	潢川	第六批全国重点文物保护单位
16	共城城址	周	辉县	第六批全国重点文物保护单位
17	滑国故城	周	偃师	第六批全国重点文物保护单位
18	叶邑古城	周	叶县	第六批全国重点文物保护单位
19	轵国故城	周	济源	第六批全国重点文物保护单位
20	关林	明至清	洛阳	第六批全国重点文物保护单位
21	洛阳山陕会馆	清	洛阳	第六批全国重点文物保护单位
22	大运河商丘南关码头遗址	隋至宋	商丘市睢阳区	第七批全国重点文物保护单位
23	浚县古城墙	明	浚县	第七批全国重点文物保护单位
24	寨卜昌村古建筑群	明至清	博爱	第七批全国重点文物保护单位
25	邓城叶氏庄园	清	商水	第七批全国重点文物保护单位
26	郏县山陕会馆	清	郏县	第七批全国重点文物保护单位
27	西蒋村马氏庄园	清至民国	安阳	第七批全国重点文物保护单位
28	庙上村地坑窑院	清至民国	陕县	第七批全国重点文物保护单位
29	张祜庄园	清至民国	巩义	第七批全国重点文物保护单位
30	刘镇华庄园	民国	巩义	第七批全国重点文物保护单位

续表

编号	名称	时代	所在地	备注
31	黎阳故城遗址	西汉至北宋	浚县	第八批全国重点文物保护单位
32	崤函古道石壕段	唐宋	三门峡陕州区	第八批全国重点文物保护单位
33	安阳永和桥	北宋	安阳县	第八批全国重点文物保护单位
34	轵城关帝庙	金、清	济源	第八批全国重点文物保护单位
35	龙泉澧河石桥	明	叶县	第八批全国重点文物保护单位
36	怀邦会馆	清	禹州	第八批全国重点文物保护单位

附录3　全国商业文化研究主要学术团体

一、北京用友基金会

为深入发掘中华民族优秀商业文化传统,保护与传承中华民族商业文化遗产,弘扬中华商业文化,本着企业对历史、对社会、对民族高度负责的态度,2016年7月由用友网络科技股份有限公司捐赠成立了国内首家专注于中国商业文化遗产整理与保护的非公募基金会——北京用友基金会。用友基金会以"传承中华民族商业文化,促进中国商业文明发展"为发展目标,通过基金会独立实施、与专业机构合作实施、购买专项服务等多种途径和挖掘、整理、出版、展示等多种方式,支持中国商业文化遗产相关的理论研究、学科建设、专业博物馆和数字博物馆建设及商业文化遗产保护等,以助力传承和弘扬优秀的中华民族商业文化,促进商业文明发展。

用友基金会"商的长城"项目旨在资助以中国的商业文化遗产为对象的研究活动,为该领域的学者提供支持,为社会公众参与中国商业文化遗产保护搭建平台,以聚集更多相关领域的学者与专业人士,共同构筑起"商的长城"。该项目于2017年7月正式启动,每年举行一届,每年聚焦一个研究主题,如第三届(2019年)主题是"历史上中国商业经济范畴内的商业技术、工具及信用制度",第四届(2020年)主题是"历史上中国商业经济范畴内的商业技术与工具",第五届主题(2021年)是"商业技术及其对应的思想与理念"等。

此外,用友基金会还将开发面向社会大众的商业遗产普及项目,通过录制口述史、纪录片、网络公开课,建设商业文化遗产相关的专业博物馆、展览馆等手段,以"泛文化"的方式让"中国商业文化遗产"走向社会公众、走进百姓生活,让公众更方便、更有趣味地了解中国商业文化遗产及商业文明史,更便捷有效地参与保护中国商业文化遗产,为中国的新商业环境产生积极影响,实现中国商业文化遗产的保护与传承,促进中国商业文明发展。

二、中国商业史学会

中国商业史学会成立于1985年,是中华人民共和国民政部登记的国家一级学会,主管单位是国务院国有资产监督管理委员会。学会是全国高等院校、科研单位、史志编辑单位、企业、行政管理部门和致力于商业史研究的人员自愿结成的全国性、学术性、非营利性学术团体社会组织。

学会团结全国商业史学研究专家,致力于中国古代、近代、现代各时期商人、商业组织、商品流通、商业文化、区域商业、城市商业等的发展史及海外华商史的研究,组织开展商人史、商帮史、商品史、企业史、管理思想与文化史、外贸史、民营工商史、地方商业史、商业志等的研究和交流。近年来,学会主动服务国家战略,大力实施"中国商贸经典文化工程",构建"一带一路"历史文化体系,以丝绸之路文化研究为重点,围绕茶路、粮路、盐路、商帮、商号等商贸历史广泛展开学术研讨;主动服务职业商贸文化教育教学,主动服务地方省市商业部门商贸文化基础工程建设,主动服务北京市政府"大运河文化带"建设。

学会设立有盐业史专业委员会、商帮史专业委员会、对外贸易史专业委员会、万里茶道专业委员会、鲁商史专业委员会、川商史专业委员会、秦商史专业委员会、老字号专业委员会、品牌专业委员会、苏商史专业委员会、企业史专业委员会、一带一路专业委员会、商业人物专业委员会和豫商史专业委员会等分支机构。其中,成立于2019年4月的豫商史专业委员会是研究豫商历史、弘扬豫商文化的地域商业史研究团体,为豫商史研究、豫商文化传播和地方经济社会发展搭建新平台,有力推动豫商史研究成果不断深化和豫商文化传承创新。2019年12月成立的商业人物专业委员会是全国商业人物研究专门学术组织,是全国商业人物研究的重要地方,为商业人物研究搭建了相互交流的平台,标志着全国商业人物研究进入了一个崭新的发展时期。商业人物专业委员会还专设豫商文化馆,是国内外目前唯一一家豫商文化主题展馆。目前,商业人物专业委员会正积极筹建"中国杰出商业人物展"的主题展馆。

目前,学会形成了总会主导、各专业委员会配合协同的学会工作运行机制,学会商贸历史文化的研究、传播和弘扬实现了新的突破,推进优秀商贸传统文化教育进课堂等工作取得突破性发展,在社会上形成广泛影响力。

三、中国经济史学会

中国经济史学会成立于1986年12月,是中华人民共和国民政部登记的国家一级学会,由中国社会科学院主管,挂靠在中国社会科学院经济研究所。学会于2002年7月21日在阿根廷布宜诺斯艾利斯召开的国际经济史学会第13届年会上加入国际经济史学会,成为其团体会员。学会由中国社科院经济所、历史所、近代史所、世界经济与政治所,北京大学、中国人民大学、中央党校、北京师范大学、国家计委经济研究所、财政部财政科学研究所、原商业部商业经济研究所、中国人民银行金融研究所、中国历史博物馆以及原红旗杂志社等16个单位的经济史工作者发起筹备。

学会是中国经济史学工作者自愿组成的全国性学术团体,其宗旨是广泛团结中国经济史研究与教学工作者,加强相互联系和学术交流,共同促进经济史学科的发展。学会设立有中国古代经济史专业委员会、中国近代经济史专业委员会、中国现代经济史专业委员会和中国经济史学会外国经济史专业委员会,主要对经济史上的传统经济、小农经济、城市发展、市场发育、经济组织、区域经济、经济增长、制度·生态·环境、商路商帮等问题展开学术交流和研究,对推动经济史教学与研究起到了重要作用。学会编辑有《中国经济史学会通讯》(后停办)和中国经济史学会会刊《中国经济史论丛》(后更名为《中国经济史评论》)学术期刊。

四、中国农业历史学会

中国农业历史学会成立于1987年9月,其前身是"中国农学会农业历史学会",由刘瑞龙、王发武、梁家勉等发起,1993年2月8日经中华人民共和国民政部批准,成为全国性群众性学术团体,并改名为"中国农业历史学会",同年加入中国科协,挂靠单位全国农业展览馆(中国农业博物馆)。

学会是由从事和热心农业历史研究的单位和人士(包括农业管理工作者、农业企业家)自愿结成的全国性、学术性、非营利性社会组织。学会坚持"百花齐放""百家争鸣""古为今用""洋为中用"的方针,团结和组织广大农业历史工作者,大力开展农业历史特别是中国农业科技史、农业文化史、农业遗产的科学研究,开展农业古籍、农业文物、农业谚语的整理研究,编写重要农史著作,探索中国农业的发展特点和规律、总结其历史经验,参加国际农史学术活动,为繁荣和发展我国农业历史和农业文化事业,为实施乡村振兴战略、建设有中国特色的社会主义新农村和现代化农业服务。学会下设三个分支机构:当代农史专委会、畜牧兽医史专委会和农学思想与《齐民要术》专委会。学会会刊《中国农史》常设"农业科技史""农业经济史""农村社会史""农业文化遗产保护"等栏目,刊发有真知灼见的农业史学理论和农业历史研究论文,以及经过科学考证、鉴定的重要农业历史文献和资料,富有学术价值的农业史学新著评论、读史札记、农业史坛信息等。

后 记

《中共中央 国务院关于新时代推动中部地区高质量发展的意见》中明确提出:"深入挖掘和利用地方特色文化资源,打响中原文化、楚文化、三晋文化品牌。传承和弘扬赣南等原中央苏区、井冈山、大别山等革命老区红色文化,打造爱国主义教育基地和红色旅游目的地。"因此,深入研究中原文化是党中央国务院赋予我们的历史重任。

中原商业文化是中原文化的重要组成部分,是中华商业文化的源头和内核。"中原文化"是我校汉语国际教育专业本科生和专业硕士学位研究生开设的专业方向课,邀我承担教学任务,源于中原文化是我的研究方向之一并承担完成《中原文化资源开发与提升河南文化发展能力问题研究》《郑州都城文化资源开发与利用研究》《建设中原历史文化旅游区的路径选择》《华夏历史文明传承创新区研究》《华夏历史文明传承创新区的功能构建与路径选择研究》等相关课题,合著出版《中原历史文化遗产可持续发展研究》学术著作。在讲授"中原文化"课程时,我通过查阅杨玉厚的《中原文化史》(文心出版社,2000年)、徐光春的《中原文化与中原崛起》(河南人民出版社,2007年)、张新斌的《中原文化解读》(文心出版社,2007年)、李民的《中原文化大典·总论》(中州古籍出版社,2008年)、贾文丰的《中原文化概论》(中州古籍出版社,2010年)和赵爱华的《中原文化概论》(经济管理出版社,2015年)等文献成果,发现均没有涉及中原商业文化专门论述。2017年暑假,河南大学的闵祥鹏博士给我转发《北京用友公益基金会首届"中国商业文化遗产整理与保护"资助项目申报通知》,申报指南上列有"历史著名商业人物的资料整理与研究"。结合教研情况,我以"历史上中原著名商业人物的资料整理与研究"为题申请北京用友公益基金会项目并获准立项。

这本书就是我主持北京用友公益基金会项目研究成果,但该项目研究时断时续，原因有两方面。一是在课题研究过程中，虽然中原商业名人在中华商业文化发展中具有重要地位，但发现中原著名商业人物主要集中在先秦两汉，且文献记载寥寥无几、语焉不详，前期的相关研究成果大部分也是陈陈相袭，这无疑增加了课题研究难度。所以，课题研究思路和框架不断调整并优化。二是自然灾情突发。2020年春季席卷全球的新冠肺炎疫情，使课题调研基本处于中断期。2021年郑州"7·20"暴雨灾害和疫情叠加，课题最终成果出版事宜又按下暂停键。在课题研究过程中，我申请的教育部2018年中西部高等学校青年骨干教师国内访问学者获批，到中国人民大学访学和韩国仁荷大学研修，也使研究工作时断时续，但更多的是对书稿如何在前人研究成果基础上进行创新的思考，写作框架反复修改和推敲……

感谢引领我走上学术道路的硕士研究生导师向安强老师、博士研究生导师王星光老师、博士后合作导师梁留科老师和国内访问学者合作导师赵珍老师，他们的授业和指导也是本书成稿的重要原因。在本书的写作和出版过程中，我得到了华北水利水电大学、北京用友公益基金会、中国商业史学会、河南省历史学会等相关部门的大力支持和指导。北京用友公益基金会冯丽婕女士为课题申报研究、经费划拨和出版结项给予全过程的悉心指导，中国商业史学会豫商史专业委员会副主任戴庞海教授提供大量学术支撑并为本书作序，河南大学出版社责任编辑张雪彩付出了辛劳。我所指导的研究生普猷倪、田飞、闫欣珂、陈婕、宋俊博和郑梦薇等同学也积极参与相关资料的搜集整理。在本书付梓之际，我们向所有支持帮助本书出版的前辈、师友、同学表示诚挚的谢意。

最后，感谢家人多年来的理解、支持与奉献，给我提供了一个良好的学习工作环境，使我顺利完成学业并安心工作，我将终生感谢他们。

由于豫商文化的研究涉及多学科且内容繁杂，加之作者的知识水平所限，本书难免出现这样或那样的不足，敬请各位专家学者和读者们批评指正。

贾兵强
2021年7月于郑州